문제행동 예방

성공적 예방전략 핸드북

문제행동 예방

성공적 예방전략 핸드북

Preventing Problem Behaviors

A Handbook of Successful Prevention Strategies

Bob Algozzine · Pam Kay 편저

조정연 옮김

Preventing Problem Behaviors

A Handbook of Successful Prevention Strategies

Edited by Bob Algozzine & Pam Kay

English language edition published by CORWIN PRESS, INC., A Sage Publications Company, Thousand Oaks, through Agency One Korea, Seoul.

역자 서문

정서행동 문제를 가진 이들의 교육봉사 블런티어(volunteer) 4년, 현장교사 16년을 거쳐, 정서행동 문제를 가진 이들을 적극적으로 도와줄 수 있는 치료사를 양성하는 학과의 교수로 있으면서 현장을 떠나지 못해 다시 시작한 임상연구소 운영이 4년째다. 임상경력만 24년.

예비 교사들과 치료사들에게 종종 말한다. 다른 직종의 일을 25년 가까이 했으면 아마 요즘 TV에 나오는 달인이 되었을지 모르겠지만, 인간을 변화시키는 교육 쪽 일은 알면 알수록 어렵고 고민도 많으며 심지어 두렵기까지 하다고….

특히 요즘 연구소를 찾아오는 학령기 학생들과 부모들의 상담내용을 들어보면 참으로 안타깝기 그지없다. 간혹 제대로 이끌어 줘야 할 학교 현장에서 마음의 상처를 입고 더 큰 문제행동을 하게 되는 사례가 있기 때문이다. 아이들을 학교에 보내는 것은 그들이 아직 미숙하고 사회인으로 살아가는 데 익혀야 할 것이 많기 때문이다. 즉, 학교는 그들에게 올바른 사회인으로 살아가는 데 필요한 여러 가지 것들을 가르치기 위해서 존재하는 곳이다. 그런데 학교가 그들을 오히려 문제아로 만들어가는 경우가 있기 때문이다. 책 속의 지식을 전달하고 기억하게 하는 데 급급하고 아이들을 바라보는 관점의 기준 역시 학업성취에 두다 보니, 가장 중요한 그들의 **존재 가치를 살리고 특성을 존중하는 접근**은 하지 못하는 경우가 있는 것 같다.

행동은 환경을 통해서 학습되는 것이다. 문제행동을 하는 당사자 개인을 둘러싸고 있는 생태학적 환경에서 살펴보면, 어릴 때는 부모의 영향이 크겠지만 학령기 학생 시절에는 또래나 교사의 역할 비중이 상당히 큰 만큼 영향력도 엄청나다. 때문에 학교를 다니는 학생들을 대하는 태도나 말 한마디 등을 의미 있게 전달할 필요가 있으며, 잘 이끌어 줘야 할 것이다.

항상 어떻게 하면 제대로 된 접근으로 도와줄 수가 있을까 생각하고 집필을 고민하던 중 나와 같은 고민을 하면서 작성한 『문제행동예방』을 샌디에이고에서 개최된 제34차 ABAI(국제행동분석학회)에서 발견하게 되었다. 빨리 내용을 전달하고 싶었지만, 부족한 실력과 일부 문화적 차이가 있는 내용의 파악 등으로 이제야 정리를 하게 되었고, 본질적인 접근법을 이해하는 데 초점을 두고 번역을 하였다.

이 책이 현장에서 아이들을 지도하는 모든 교사들과 행정가, 관련인, 예비 지도자들에게 많은 도움이 되길 바라는 마음이다.

2011년 3월 28일

초록꽃행동치료연구소에서

저자 서문

1990년 동료들과 나는 『학교 정문에서: 정서·행동 문제를 보이는 아동을 위한 프로그램과 정책에 대한 고찰』(Knitzer, Steinberg, & Fleish, 1990)을 썼다. 그 책은 많은 관심을 받았고 학습 면이나 행동 면에서 어려운 상황에 처해 있는 사람들이 성공적으로 수행할 수 있도록 도왔다. 10년 후, Bob Algozzine과 Pam Kay가 편저한 『문제행동 예방』의 서문을 내가 쓴다는 사실이 매우 기쁘다.

나는 이 책이 몇 가지 이유에서 중요하다고 생각한다. 첫째, 정책입안자와 정치가들이 시급하게 요구하는 목표들을 성취하기 위해 교사와 학교가 적용할 수 있는 실제 도구란 사실에 주목할 수 있다. 이 도구들은 단지 학습 면이나 높은 기준을 마련하는 데만 초점을 두지는 않으며, 실제 학습 환경이 반영되는 것처럼 학습방법을 얻는 행동에 초점을 두고 있다. 그래서 이 책은 현 시점에서 중요한 가능성을 시사하고 있다. 모든 아동들(이민자의 아동, 무주택자 가정의 아동, 중산층의 아동, 폭력에 노출된 아동, 너무 공격적인 아동 등)에게 적용해도 성공을 거둘 수 있는 학습 환경을 조성할 수 있는 것에 관해 단순하게 논의하고 있다.

둘째, 이 책의 핵심 부분은 연구에 기초한 지식에 바탕을 두고 있다. 여기에서 설명되고 있는 접근법은 교육부의 특수교육 프로그램 담당 부서에 의해 기초된 6개 연구 팀의 업적을 발전시킨 것이고, 대부분의 장(場)은 연구를 바탕으로 얻은 결과와 참고 자료를 포함하고 있다.

세 번째는 매우 중요한 것으로, 이 책은 긍정적인 학습 환경을 증진시키기 위한 일관된 과정을 발전시키려는 교직원들에게 하나의 골격을 제공한다. 중재는 교실에 기초를 두고 있는 전략에서부터 총체적 질 교육(Total Quality Education, TQE)과 같은 학교, 부모, 교사 간 전체 파트너십 등을 모두 포함해 설명하고 있다. 동시에 중재의 기초를 이루고 있는 것은 증거를 바탕으로 한 신뢰이다. 행동치료사가 아동을 돕는 것은 아동의 학습에서 출발할 수 있다. 즉, 그들에게 새로운 행동을 가르치고 높은 기대를 심어 주고 긍정적인 행동에 대해서는 보상하며, 긍정적인 또래와의 교류를 증진시킬 필요가 있다. 이런 것들은 항상 할 수 있는 것이 아니다. 사실 이 책조차도 교사들이 아동을 칭찬하기보다는 야단치는 데 더 많은 시간을 할애하면서 얻게 된 깨달음으로써 연구된 것이다.

이 책은 기본적으로 문제행동의 위험성을 띠고 있는 아동을 중재하기 위해 학교가 어떤 일을 할 수 있는가에 관해 미리 생각하게 해 주는 하나의 지침서이다. 이 책은 정보를 직접적으로, 어떤 종류의 상황하에서 어떤 종류의 전략이 가장 효과적인지에 관한 조언도 포함하여 쉽게 이용할 수 있도록 보여 주고 있다. 더 깊이 들어가면 저자는 교사와 교육자들이 일상적이고 습관적으로 해 왔던 일의 방식에 대해 근본적으로 재고할 것을 요구하고 있다. 가장 중요한 메시지는 변화의 책임이 학생에게만 있지 않다는 것이며, 이러한 생각이 가장 보편적인 관점이다. 앞서 말한 전제는 따르기 힘들지만 매우 민감하게 받아들일 것을 도전과제로 내세우고 있다. 교사와 기타 교직원들은 만약 그들 자신이 변화하려고 노력(교실을 구조화하는 방법을 변화시킨다든지, 학생들과 때로는 학생의 가족들과 상호 교류하는 방식을 변경한다든지)만 기울인다면 아동이 더 나은 학생이 되도록 도와줄 수 있다. 그것으로 나의 희망은 이 책이 아동을 포기하지 않는 이 나라와 지속적으로 도전하고 있는 학교에 중요한 자원이 되는 것이다.

—Jane Knitzer, Ed.D.
National Center for Children in Poverty
Mailman School of Public Health
Columbia University

참고 문헌

Knitzer, J., Steinberg, Z., & Fleish, B. (1990). *At the schoolhouse door: An examination of programs and policies for children with behavioral and emotional problems*. New York: Bank Street College of Education.

감사의 말

미국 교육부의 특수교육 프로그램(OSEP)은 이 책의 핵심 구성인 여섯 가지 연구 프로젝트를 지원하였다. 그 보조금 H237F40012, H237F50014, H237F50019, H237F50028, H237F50036, H023A40019는 장애인 교육법 또는 IDEA에 적립되어 있다. 이 장에는 저자들의 의견이 표현된 것이지 반드시 미국 교육부나 연구실에 의한 것이 아니다.

OSEP 프로젝트 사무실, Helen Thornton의 지원과 격려에 깊이 감사드린다. 그녀의 비전은 우리가 이 책을 비롯한 다양한 공동 출판물을 제작 협력하는 오랜 시간 동안 앞으로 계속 나가도록 하였다. 학장님과 부모님, 선생님, 학생들 자신의 삶을 우리에게 안내해 준 개개인에게 고마움을 전한다. 또한 이외에 다음 장의 특정 이름의 저자들에게 감사한다.

6장: Marge Coahran, Margo Rabon, Gail Rose, Amy Ryan, Cyndi Snyder, Penny Bishop, 그리고 ABC 프로젝트의 부모 연락에 봉사한 사람들

7장: Mary D'Ovidio, Jen Oppenheim, Michelle Miller는 학습과 연관하여 많은 초등학교의 교장과 교사, John and Margo Richters, 그리고 가장 중요한 아이들과 다수의 부모님들, 개발에 기여한 학교 관계자들

8장: David Miller, Gary Matloff, Rowand Robinson, 그리고 또래중재 연구 과제를 수행과 평가에서의 갈등해결에 중요한 공헌을 한 Kristine Landry

9장: Camilla A. Lehr 박사, Colleen M. Kaibel, 그리고 조사와 연결 모델에 대한 지속적인 개발과 개선에 관한 공헌을 꾸준히 감독한 이들

저자 소개

Bob Algozzine은 샬럿 소재 노스캐롤라이나대학 교육대학의 교육행정, 연구, 기술학과에서 현재 가르치고 있다. 그는 뉴욕, 버지니아, 펜실베이니아, 플로리다, 노스캐롤라이나의 공립학교 및 대학에서 30년 이상 대학교수 및 특수교육 교사를 역임해 왔다. 그가 저술한 교재들은 전 세계에 걸쳐서 교사준비 과정에 사용된다. 그는 지역, 주, 국가 및 국제 전문 회의의 추천 연사이고, 효과적인 교육과 특수교육에 대한 전문가로 알려졌다.

Bob Audette는 샬럿 소재 노스캐롤라이나대학 초등교육과의 부교수이다. 그의 가르침, 봉사 및 연구는 교실 설정에서 총체적 질 관리 원리들의 응용에 초점을 맞춘다. 초등학생 연령에게 이 원리를 사용하는 것은 그들 자신의 학습과 행동에 대한 개인적 책임의 발전을 가져온다.

Sandra L. Christenson은 미네소타대학의 교육심리학 교수이다. 그녀의 연구는 학교와의 학생 참여를 강화하고 가정 학교 협력을 통해 학생들을 위한 긍정적인 학업과 행동 결과를 증진하는 데 초점을 맞추고 있다. 그녀는 책, 서적, 검증 및 저널 기사를 썼으며 이 중 몇 가지는 예방 및 가정-학교 협력에 초점을 맞추었다. 중퇴 예방을 위한 APA 위원회에서 활동 중이다.

Ann P. Daunic은 플로리다대학에서 지난 몇 년 동안 문제 해결 전략을 통해 공격적인 행동을 줄이거나 예방하는 것에 관한 연구에 관여하고 있다. 학교 실패 위기에 있는 학생들과 갈등 해결 그리고 분노 관리에 대한 관심은 심리학에 그녀의 배경과 문화와 소수 민족 문제에 대한 좀 더 현실적인 초점을 반영한다. 비공공 학교 관리자, 상담자, 교사로서의 경험을 통해 그녀는 학부모나 교사와의 협조에 있어 배움이나 행동적 어려움을 가진 학생들을 지원하고자 한다.

Edward D. Ellis, Jr.는 총 20년 동안 초·중등 교장을 역임해 왔다. 그는 현재 노스캐롤라이나 주 샬럿에 있는 크레스트데일 중등학교의 교장이며, 7~9학년에게 언어예술, 사회, 미국 역사를 가르쳐 왔다. 그는 샬럿에 있는 노스캐롤라이나대학의 박사과정 학생이며, 그의 현재 관심사는 행동관리 및 통합 훈련 프로그램에 관한 폭넓은 연구를 포함하고 있다.

David L. Evelo는 미네아폴리스 공립학교에서 지역 프로그램 코디네이터, 교사, 학교 계약직 전환 전문가 그리고 지방 특별교육 코디네이터를 포함하여 30년 동안 다양한 역할을 해 왔다. 그는 1990~1998년 동안 중퇴 예방 연구에 재정을 지원하는 미국 교육부의 공동감독이었다. 현재는 상담가로 활동 중이다.

Robert J. Evert는 문화교류 일, 교육, 정신건강, 사회조직에서 25년 경력을 가지고 있다. 신학 석사 학위를 가지고 볼리비아에서 10년 동안 전도사로 활동했으며, 또한 교육 라디오 방송국과 시골 전체 건강 프로젝트의 감독을 역임했다. 미국으로 돌아와 공인 심리치료사가 되었고, 학교기반 정신건강 프로그램에서 일해 왔다. 연계 학습 프로그램은 그의 사회기반 직접봉사와 다문화 인구의 예방 프로그램을 개발하는 데 그의 다양한 훈련 경험을 사용할 수 있도록 하였다.

Martha Fitzgerald는 30년 이상에 걸쳐 어린이, 어른과 교사들이 배우는 데 있어 함께 파트너가 되는 방법에 몰두해 왔다. 1970년대 그녀의 가정기반 연구는 버몬트의 필수 조기교육을 위한 프로토타입 역할을 했다. 나중에 그녀의 연구는 상담교사들에 의해 중재되는 특수교육으로의 학교기반 접근에 초점을 두었다. 부모와 교사, 아동들이 팀으로 일하는 것을 돕는 하나의 접근인 성취, 행동, 배려 파트너십을 위한 책임연구자를 역임했다. 그녀와 그녀의 남편 Ed Knight는 정서장애 1명과 대인관계를 제대로 못하는 성인 특수아 5명의 부모이다.

Karen A. Friedman은 메릴랜드대학 특수교육과 박사과정 학생이다. 그녀의 연구는 정서 및 행동장애를 가진 아동의 행동기반 평가와 부모/전문가 협력에 초점을 두고 있다. 그녀는 '아동 정신건강을 위한 메릴랜드 가족연합' 창건에 관여했으며, 그 기구와 아동 정신건강 몽고메리카운티 가족연합의 집행위원으로 활동 중이다. 그녀는 메릴랜드 장애법센터 자문위원회에서 이들 그룹을 대표한다.

Christine M. Hurley는 미네아폴리스 공립학교를 위한 학교 심리학자와 특수교육 코디네이터이다. 그녀의 연구 관심은 학교 분위기, 중퇴예방, 청소년을 위한 학교 참여, 교육에의 가족 관여, 노숙 청소년 및 가족과 관련된 교육 문제 등을 포함한다. 그녀는 "학교에서 아이를 지키기" 확인 및 연결 설명서를 포함하여 기술 보고서, 절차 설명서, 저널 기사 및 책 장(章)의 저자이다.

Debra M. Kamps는 주니퍼 정원 어린이 프로젝트 캔자스대학 수석 과학자이다. 그녀의 연구는 초등학교와 중학교 설정에서 아동의 학업, 사회적, 그리고 행동 실적 개선에 초점을 맞추고 있다. 그녀는 도시와 다양한 커뮤니티 그리고 일반 및 특수반에서 아동, 교사, 부모들과 여러 프로젝트를 해 왔다. 또한 또래 네트워크, 행동 및 발달장애 학생들을 위한 사회기술 집단, 또래교육 프로그램, 수업관리 시스템을 지원하는 프로그램을 개발했다.

Pam Kay의 연구는 버몬트대학에서 학부모와 교사 사이의 관계를 개선하는 데 초점을 맞추고 있다. 지난 5년 동안 그녀는 교장, 학부모, 학교 관계 구성원들과 이 책에 기여한 연구자들의 공동 노력을 이끌어 왔다. 그녀는 정서·행동 문제를 포함하여 상당한 장애를 가진 두 아들을 두었다. 그녀는 '아동 정신건강을 위한 버몬트 가족연합'의 설립자이며, 또한 초등학교 교사와 여러 지역사회 기관의 집행위원이다.

Peter E. Leone은 메릴랜드대학 특수교육학과의 교수이다. 그는 행동장애를 가진 청소년 지도교사, 교사 트레이너, 연구원, 변호인을 거쳤으며, 지난 15년 동안 많은 주의 교육 프로그램, 특히 소년원 시설을 평가하고 감시해 왔다. 그는 현재 '청소년 정의, 직무태만 방지 사무소' 및 '특수교육 프로그램 사무소'에서 공동 지원되는 '교육, 장애, 청소년정의 국립센터'인 EDJJ를 지휘하고 있다.

Stephanie H. McConaughy는 20년 동안 버몬트 학교지구의 심리상담가로 활동해 왔으며, 버몬트 실습심리사와 국가 공인 학교 심리학자이다. 그녀는 정신 UVM학과 연구 부교수이고, '어린이, 청소년 가족을 위한 플레쳐 앨런 보건 센터'에서 임상 실습을 해 왔다. 그녀는 연구 설계와 6장에 기술된 ABC 프로젝트의 결과 평가를 공동으로 연구해 왔다.

Mary Beth Marr는 샬럿 소재 노스캐롤라이나대학 읽기, 초등교육학과의 임상 조교수이다. 그녀의 연구는 어린이 조기 글쓰기 개발, 전략 지도, 그리고 지식을 증진하는 교실환경을 포함하고 있다. 학교기반 기본방지 그랜트의 프로젝트 코디네이터와 초등학교 교실로의 1년 이후 회귀로의 교양교사로서 그녀의 4년 동안의 역할은 교실 수업의 질과 교실 학습 환경에 중점을 둔 긴급한 필요성을 강조했다.

Mary F. Sinclair는 미네소타대학 교육인간발달대학의 사회통합연구소 연구원이다. 14년간 그녀의 응용연구 경력은 학교 참여, 중퇴 예방, 학교 장애, 학교 실패의 위험이 높은 청소년, 특히 장애를 가진 청소년을 위한 지원 체제에 초점을 맞추어 왔다. 현재 그녀는 심각한 정서 및 행동장애를 가진 도시 고등학생들을 주 타깃으로 하는 '확인 및 학교연결 모델'의 효율을 연구하는 OSEP-지원의 '지속 플러스'의 연구원장이다.

Stephen W. Smith는 플로리다대학의 특수교육학과 교수이다. 그는 플로리다대학에서 정서 및 행동장애 교사교육 프로그램을 맡고 있으며, 행동관리 기술에 대한 다각적 조사를 수행하고 있다. 그의 관심사는 학생 공격을 감소시키는 인지행동 프로그램과 교실에서 자아관리 과정의 사용을 포함하고 있다. 그는 '분쟁 해결 플로리다대학 센터'의 훈련된 중재자이며, 8년간 특수교육 교사를 지냈다.

Martha L. Thurlow는 미네소타대학 선임연구관이고 교육성과 국립센터의 감독이다. 그녀는 일반적인 교육 설정에서 평가, 교육장애, 유아교육, 중퇴 예방, 효과적인 교실 수업과 장애를 가진 학생의 통합을 포함한 다양한 분야에서 지난 30년간 특수교육에 관련된 연구를 수행해 왔다. 또한 탁월한 아동위원회의 연구 저널인 「탁월한 교육」의 공동편집자이다.

Richard White는 샬럿소재 노스캐롤라이나대학 교육대학의 상담, 특수교육, 아동 발달학과 교수 겸 학과장이다. 그는 행동-감정 장애에 과목을 가르치며, 특히 알라나 인구들로부터 특수교육자의 채용에 초점을 맞추고 있다. 그는 현재 행동장애를 가진 아동들을 위한 노스캐롤라이나 협의회 회장이고, 노스캐롤라이나의 뛰어난 아동지원 부모센터 이사회 구성원이다. 행동장애를 가진 도심 청소년을 가르치고 있다.

차례

역자 서문 iii

저자 서문 v

감사의 말 ix

저자 소개 xi

제1장 문제행동을 예방하기 위한 습관 약속 1

Bob Algozzine & Pam Kay

교사는 가르칠 수 있고 학생은 배울 수 있는 정돈된 교실 환경을 확인하고 유지하는 데 필요한 노력의 일환으로 계속하여 도전에 직면한다. 예방 기법들은 학교 관련 문제 확산과 발생 감소를 포함한다. 정서행동 문제의 예방은 몇 개의 특징을 포함한다. 첫째, 일반적인 예방 전략은 학교와 교실 환경이 긍정적인 행동을 촉진시킬 수 있다는 것을 보장한다. 둘째, 매년 초에 위험에 놓인 아이들을 알아내기 위해 검사를 실시한다. 셋째, 가능한 한 어린 나이에 2차 조기 중재를 실시하고, 교사, 가족, 동료, 지역사회를 아우르는 중재 프로그램이 상호 협력하여 적용되어야 한다. 이 장에서는 교육에 방해가 되는 정서행동 문제의 예방을 위한 학교 중심 프로그램을 요약하여 제공한다.

제2장 행동 개선을 통한 문제 예방 13

Debra M. Kamps

이 장에서는 사회적 성향의 학생들 개개인의 행동을 개선하기 위하여 사전 대책을 필요로 하는 접근법에 대해 집중하고 있다. 이러한 지원이 아이들의 삶에서 조기에 제공되었을 때, 위험요소가 줄어들고 결과가 개선될 수 있다. 지도자는 모든 아이들에게 잘 정비된 교육적 환경을 촉진하기 위한 다음과 같은 청사진을 제시할 것이다. a) 반사회적 행동에 대한 정보, b) 교사의 규칙과 그 규칙을 준수하는 것에 대한 정보, c) 보상을 선택하게 하는 데 필요한 정보, d) 부적절한 행동을 감소시키기 위한 정보, e) 만성적인 아이들을 위한 기능 평가 사용 및 좀 더 집중적인 행동 지원에 대한 정보

제3장 총체적 질(가치) 원리 적용을 통한 학습 문제 예방 43

Bob Audette, Bob Algozzine, Mary Beth Marr, Edward D. Ellis, Jr. & Richard White

효과적인 교사는 학습과 안전, 그리고 적절한 사회적 행동을 지원하기 위해 교실을 조직한다. 그들은 적절한 목표 안에서 높은 기준을 성취하고, 학교 동료들과 여러 직원들 사이에서 긍정적인 관계를 발전시키며, 유의미한 학교, 가족, 그리

고 지역사회 상호작용을 촉진하는 것에 대해 학생들의 지원과 학계의 주목을 받고 있다. 이 장에서는 긍정적인 학습 환경을 조성하는 데 종합적이고 양질의 교육이 효과적인 모델이 될 수 있을 것인지를 묘사하기 위해 교실에서의 예를 사용하고자 한다. 개인별, 그리고 학급 상황에서 지속적인 행동 개선 절차를 조절하고 모니터링하기 위해 학생들은 자기평가 자료를 사용한다.

제4장 사회성 기술 지도를 통한 문제 예방 65

Debra M. Kamps & Pam Kay

사회적 기술 지도는 일반 교육 환경에서 중요한 예방 전략이다. 이 장에서는 학교 안팎에서의 사회적 기술을 정의하고, 연구 중심의 커리큘럼의 예를 제공하며, 효과적인 교육 방법 및 증가에 대한 개요를 정하고, 긍정적인 행동을 강화하고 유지하는 전략을 설명한다. 이 프로그램은 a) 자연스러운 환경 안에서의 교육 모델, b) 적절한 역할 모델로서의 또래집단 체내화에 초점을 맞춰서 묘사한다. 몇몇 효과적인 사회기술 프로그램은 4개의 필수 요소에 따라 제공되었으며 어떤 프로그램이 효과적이기 전에 제공되어야 한다.

제5장 학교 규율을 통한 문제행동 예방 97

Bob Algozzine & Richard White

통합된 훈육은 교실과 다른 지역 학교의 문제를 다루기 위해 반응을 보살피는 회사를 격려한다. 일관된 태도, 기대, 기법의 수정, 팀 역할은 학교 전체를 기반으로 행동을 증가하고 예방하도록 만든다. 통합된 훈육 방식은 위탁 직무, 통계학, 교실 생태학, 학생들 개개인의 수행과 일반적인 태도를 통해 그 효과를 증명해왔다.

제6장 효과적인 부모-교사 간 협력 119

Pam Kay, Martha Fitzgerald, & Stephanie H. McConaughy

몇몇 학생들을 위한 교실 및 학교 전체적인 지원은 그들의 긍정적인 행동을 개선시키는 데 충분하지 않을 경우도 있다. 이런 학생들을 위해 개별화된 예방 전략은 학교와 가족 간의 효과적인 연합을 필요로 한다. 초등학교에서 학급 교사와 부모들, 혹은 아이들의 다른 보호자들과의 연합은 그들의 학습을 방해하는 행동을 떠나서 긍정적인 방향으로 움직이는 데 필요한 후견인을 제공한다. 이 장에서는 그 일련의 과정으로서 '학부모-교사 행동 연구'는 부모와 교사들이 집과 학교에서 일관성 있게 아이들의 요구를 다루는 동안 동등한 파트너로서 함께 일하기 위해 배우는 것을 도와주는 것을 설명하고 있다. 부모 연락(망)은 교사와 부모가 정기적으로 모임을 용이하게 할 수 있도록 부모 지원을 제공한다.

제7장 공동체 협력을 통한 학습의 연계 설립 145

Peter E. Leone, Robert J. Evert, & Karen A. Friedman

저학년부터 성적이 좋은 아이들은 학습자로서 그들을 잘 보살피는 부모와 보호자의 능력에 크게 의존한다. 그러나 특히 새로운 이민자 가정이나 제한적인 수입만으로 살아가는 몇몇 가정은 자녀에게 학습적인 지원을 해 주기 위해 고군분투한다. 비록 교육의 범위, 정신건강, 그리고 사회적인 서비스는 종종 구할 수 있고, 언어장벽, 제한된 운송수단, 그리고 복잡한 자격 요건은 몇몇 학부모들이 가족을 위해 필요한 지원에 접근하는 데 어렵게 만든다. 이 장에서는 학습 프로그램과 학교 중심의 정신건강 및 사회적 서비스 프로그램과의 연관성에 대해 소개한다. 연관된 프로그램이 적용되는 아이들을 대상으로 하는 종합적인 연구는 부정적인 행동이 지나치게 왕성한 아이들의 행동이 유의미하게 감소되고 학습적인 성취는 소소하게 증가되었으며, 이 프로그램에 대한 부모의 만족도가 높아졌음을 보여 준다.

제8장 긍정적인 행동지원을 위한 갈등 해결과 또래 중재 163

Stephen W. Smith & Ann P. Daunic

또래와의 갈등을 해결하기 위한 중재를 받는 학생들은 경험에서의 높은 만족을 나타낸다. 또래 중재자들은 기법을 배울 수 있고, 교사와 관리자들이 가장 중요한 일상 속 갈등 상황을 배우는 데 시간을 절약하면서 기법을 향상시키는 것은 개인과 사회 적응에 이바지할 수 있을 것이다. 8장에서는 a) 핵심요소의 서술 및 갈등 해결의 기능, b) 몇몇 관련 연구의 요약, c) 3개 학교에서 시행된 저자들의 연구 및 결과, d) 효과적인 프로그램을 어떻게 유지하고 실행할 것인지에 대한 추천. 이 장은 특히 중학교와 초등학교 학부모들과 직원들이 관심을 가질 것이다.

제9장 학생들이 계속 학교에 오게 하는 연결 확립하기 187

Mary F. Sinclair, Christine M. Hurley, David L. Evelo, Sandra L. Christenson, & Martha L. Thurlow

〈The check & Connect model〉은 권리가 박탈된 청소년 및 가족과 함께 연락망을 갖추는 데 사용될 수 있다. 핵심 요소는 관계를 정립하고 학교에서 학교로 가족과 학생들을 따른 중재, 문제해결, 학교 업무에서 변경 가능한 방향의 체계적 관찰, 즉각적이고 개인적인 중재, 학교와 학습 그리고 가장 중요한 지속력을 포함한다. 이 모델은 복원, 학교와 가정의 협력, 학교의 실현에 대해서 연구가 진행되었다. 이 장은 중학교 직원과 그 가족들이 특히 관심을 가질 것이다.

제10장 예방 프로그램의 성공 여부 측정 211

Stephanie H. McConaughy & Peter E. Leone

성공적인 예방 프로그램은 학교에서의 실패와 배제라는 위험 요소를 안고 있는 아이들의 행동이 측정 가능하고 긍정적으로 변화된 부분을 부모와 관리자, 지역사회에 입증할 필요가 있다. 이 장에서는 중재 프로그램의 효과를 측정하는 것을 포함한 실용적인 항목들을 검토한다. 주제는 프로그램 평가 계획, 프로그램 참가자와 평가자, 결과 데이터의 자원 선정 등을 포함한다. 학습과 행동변화에 있어서 믿을 만하고 유용한 방법과 감정의 기능은 실제 수집된 데이터를 평가 계획과 통합시키는 방법에 대해 논의된다. 이 장에서는 입증된 효과와 함께 몇몇 예방 프로그램의 맥락 속에서 전략방법에 대한 논의를 마친다.

제11장 효과적 예방 실행 249

Bob Algozzine

실질적인 학교에서는 연구를 기반으로 하는 예방 기법의 실천을 사용한다. 그리고 그들은 교육자, 학생, 가족, 지역사회 구성원들의 일상적이고도 독특한 욕구를 다룬다. 이 장에서는 효과적인 예방 기법의 실천을 기반으로 한 지식, 학생 개개인의 행동을 증가하기 위한 핵심 전략 실천, 즉각적인 반응, 학급 또래의 사귐, 사회적 기술 향상, 효과적인 학교 전체의 훈육을 발전시키며 학교와 가정 그리고 지역사회와의 파트너십 정립, 긍정적인 또래 지원 및 학생들을 학교로 돌아올 수 있도록 유지하는 것에 대해 요약하여 제시한다.

찾아보기 267

제 1 장

문제행동을 예방하기 위한 습관 약속

Bob Algozzine
Pam Kay

학교에 가려고 일어났을 때, 교정시설에 간다고 느끼고 싶지 않다.

—학교 폭력에 대한 학생실태보고

(Brooks, Schiraldi, & Ziedenberg, 2000, pp. 3-4)

우리는 아이들에게 누가 학교를 담당하고 있는지 알도록 해야 한다. 만약 누군가의 개인적인 자유를 침해하는 것을 의미할지라도 그렇게 해야 한다. 그에 대한 비판이 몇몇 있었다. 자, 그것이 어디서 끝나는가? 그리고 나의 관점은 계속되고 나는 그것이 어디서 끝날지 알 수 없다. 그러나 그것이 책가방과 함께 시작될 것이라는 점은 확실하다.

—Chair of local school board

(Brooks et al., 2000, pp. 3-4)

문제행동을 보이는 학생들은 그들이 처한 환경 내에서의 상호작용 패턴에 따라 건강한 청소년이 되기도 하고 혼란스런 청소년이 되기도 한다. 보통 사람들의 잣대로 문제 있는 청소년이 되는 것이다.

—Osher and Hanley(1996)

문제행동을 예방하기 위한 학교 규칙은 과거 10년 동안 과감하게 변화해 왔다. 사람들 사이에서 발생하는 충돌을 해결하는 방법으로 사회적 환경이 폭력성을 촉진한 것 같다. 보다 많은 학생들이 학교 밖에서 폭력성을 배웠거나, 강화받은 반사회적 행동들을 그대로 학교로 옮겨 오고 있다. 어떤 학생들은 자신이 갖고 있는 걱정을 내부로 돌리거나, 또래와의 접촉으로부터 움츠러든다. 때문에 일부 학생들은 충분히 배울 수 없는 처지에 놓이기도 한다. 학교 관리자들은 매일 안전하고 규칙적인 교실 환경을 조성하기 위해 노력을 기울여야 하는 지속적인 도전 상황에 직면한다. 규칙적이고 안전한 환경이란 교사가 학생들을 가르칠 수 있고, 학생들 모두가 배울 수 있는 환경을 의미한다(Nelson, Crabtree, Marchand-Martella, & Martella, 1998; Sugai, Sprague, Horner, & Walker, 2000). 여기에 학업적 통제력이 대체할 수 있는 안전한 안식처를 만들 의무까지 포함된다. 그러나 학교의 역할은 문제행동을 보이는 학생을 변화시키는 것이고, 학교 밖 환경에서 잘 대처할 수 있는 구성요소와 공공 부문 또한 함께 이끌어야 한다.

이를 잘 수행하기 위해 학교 관리자와 선생님들은 공동체 지원을 필요로 한다. 학업 성취도 증진에 맞춰진 일반인들의 과도한 압박은 전통적으로 학교가 행해 왔던 다른 역할, 즉 학생들을 사회화시키고 허용되는 선까지 행동하도록 가르치는 역할을 가려 버릴지도 모른다. 문제행동 학생들에게 민감하고 과도한 형벌로 대응하는 것은 단지 그들을 학교 현장에서 공동체 사회나 가까운 교정시설로 내모는 것에 지나지 않는다. 공동체는 학생들에게 긍정적이고 생산적인 행동을 가르칠 곳이 감옥이 아니라 학교라는 사실을 인식해야 한다.

종합적인 예방 전략 시스템을 채택한 학교는 새로이 발생한 최근의 사건들로 진전되는 것을 감소시키거나, 학교와 관련 있는 문제의 확산과 발생 빈도를 줄일 잠재력을 가지고 있다. 예방하기 위한 노련한 접근법은 학교 전반, 교실, 개인적 행동지원 시스템 작동의 효율성과 효과성을 향상시킨다. 부모님과 공동체의 지원 없이는 미래를 내다보는 모델이 실행되고 유지되기 힘들 것이다. 감정적·행동적 문제의 위험성을 가진 다수의 학생들은 일반적인 징계에는 반응하지 않는다. 그들의 잘못된 행동은 교실 환경 내에서 우세를 나타낼 수 있다. 심지어 그들은 목적의식을 가지고 행해진 중재에 천천히 반응을 보이며, 철저하게 진행 중인 개인별 행동지원책을 필요로 하기도 한다(Sugai et al., 2000).

학교는 처벌방법을 개선하고 행동지원책을 제공하기 위해 실용적이고 검증된 방법을 필요로 한다. 교사들과 학교 임원들은 그런 방법들이 어떻게 학습시간을 증가시킬 것인지 살펴볼 필요가 있다. 마지막으로 관리자들은 지속적인 공공지원을 확보하기 위해 예방책 적용 후 효과에 대한 평가를 필요로 한다.

예방에 대해 우리가 아는 것

특수교육의 전문가들은 제1, 2, 3단계의 예방책을 설계했다(예: Goldstein, Harootunian, & Conoley, 1994; Kamps & Tankersley, 1996; Kauffman, 1999; Simeonsson, 1991). 보편적인 예방이라 불리는 제1단계 예방법은 환경을 구성하는 전체 구성원들을 개선시키는 것이다. 제2단계 예방법은 그들을 보호하거나 그들의 능력을 개선시킴으로써 중재 대상이 된 개개인의 삶을 개선시킨다. 제3단계 예방법은 더 나아가 악화되는 것을 조절함으로써 문제행동 대상자들의 삶을 개선시킨다. Sugai와 동료들은 학교에서 폭력적이고 제한된 행동을 막기 위해 대상이 되는 모델들을 서술하려고 이 단계들을 이용한다. 제1단계 예방 중재법은 학교생활 전반에 걸쳐 최소한의 문제행동을 보이는 80~90%의 학생 집단을 대상으로 한다. 제2단계 예방 중재법은 분쟁이 일어났거나 위험성이 있는 행동이 진행 중인 5~15% 소집단의 요구를 기술한다. 제3단계 예방 중재법은 만성 또는 심한 문제행동을 가진 학생들을 위해 만들어진 것이다.

Kamps와 Tankersley(1996)는 정서·행동장애 예방법에 관해 다음과 같은 특징들을 서술하고 있다.

- 예방이란 일찍 중재하는 것을 의미한다. 즉, 이른 나이에 가장 효과적이고 효율적인 치료법이 시작됨을 의미한다.

- 예방하는 역할을 맡는 주요 담당자는 부모이다.
- 관리자, 교사, 또래 친구 등이 예방에 참여한다. 즉, 주변 참여자가 포함되어 있을 때 성공 확률이 극대화됨을 의미한다.
- 예방에는 가족, 학교, 서비스 제공자들의 협력이 필요하다. 행동 개선은 돌보는 사람만의 단독 책임이 아니다.
- 예방하는 데 있어 서로 교차되는 환경, 복합적인 예방 중재가 포함된다. 학교는 전체적이고 효과적인 치료에 있어서 결정적인 요소를 제공한다.
- 예방에는 자기관리가 필요하다. 즉, 학생들은 긍정적인 자세를 유지하는 법을 배우고, 배운 것을 자연스러운 환경 내에 전환시켜야 한다.

효과적인 예방 프로그램은 학업과 행동의 성공, 정신과 정서적 건강, 그리고 교실, 학교, 지역사회로 불리는 복지 학교 환경을 촉진시킨다. 학급 예방 접근법은 적절한 행동과 문제 해결 기술을 학생들에게 가르치고, 학업적 교수 향상을 위해 설계된 잘 조화되고 포괄적이며 철저한 지원책을 제공한다. 학교 전반적 예방법은 부적절한 행동을 줄이는 필요조건을 만들기 위해 학교와 학생들에게 이루어지는 것들을 변화시킨다. 즉, 교사가 가르칠 수 있고 학생들이 배울 수 있는 환경을 만든다. 공동체 예방법은 공동체 일원들이 서로 각각에게 협력을 제공하는 협조적인 기반을 의미한다. 특히 부모와 아이들이 경험하는 조정 문제에서 말이다.

효과적인 예방 프로그램은 학교를 토대로 학습, 행동, 감정 문제에 대한 초기 반응이 학생들에게 좋은 결과를 이끌어 낼 수 있으며, 다음과 같은 세 가지 기본적인 필요 영역에 초점을 맞춘다(**표 1.1**).

- 개별 교실에서 학생 행동 개선하기
- 학교 전 영역에서 개선하기
- 가족과 공동체 간 협력 개선하기

표 1.1 자료에 근거한 예방기술 연습

위치	중재법	장
교실 중재	개별 학생들의 행동 개선	2
	전체적인 질적 교육	3
	사회성 기술 지도	4
	통합 훈련	5
	갈등 해결	8
학교 중재	전체적인 질적 교육	3
	통합 훈련	5
	또래 중재	8
	조사와 연결	9
집단 중재	부모 참여	6
	집단 서비스	7
	조사와 연결	9

예방에 대해 알아야 할 것

Kamps와 Tankersley(1999)는 예방에 대한 새로운 지식이 필요함을 다음과 같이 밝히고 있다.

(a) 일반적으로 적용되는 교사, 또래, 부모가 중재하는 프로그램인 학업 중재와 사회, 행동을 포함하는 적용

(b) 자연스러운 환경과 교실에서 모든 학생들의 욕구 충족뿐 아니라 다른 가족들의 욕구까지 충족시킬 프로그램 적용에 따른 부모와 교사의 지속적인 지원 시스템 조사

(c) 생태학적인 사정, 복합적인 측정, 통합 방법론을 포함한 장기간 예방책의 믿을 만한 평가(예: 질적 평가, 사회적 타당성)

(d) 좀 더 심각한 장애 아동을 위해 장기간 진행되는 중재를 수용하고, 효율성 연구와 정책가, 입법자에게 보급할 예방책에 대한 재정적 약속 (p. 46)

최근까지 학생이 심각한 행동 문제 또는 감정적 혼란을 보이기 전까지는 어떠한 예방적 중재를 위한 지원이 없었다. 1990년대에 IDEA(Individuals with Disabilities Education Act)로 알려진 연방법의 변화는 특수교육 전문가를 일반 교육 현장에서 활용하기를 장려하면서, 개선보다는 오히려 예방에 초점을 둔 연구 프로젝트를 시작하도록 연방 자금이 지원되었고, 특수교육 인원들이 심각한 감정적 또는 행동적 장애로 발전할 위험한 행동을 보이는 어린 학생들을 살펴보도록 촉구되었다.

제2장에서 Debra Kamps는 개별 학생의 행동을 개선하기 위한 긍정적이고 예방적인 접근법에 초점을 맞춘다. 아동 초기에 이런 지원을 제공함으로써 문제가 더 심각해질 위험성을 줄이고, 학교 교육의 성과를 향상시킬 수 있다. 제2장은 모든 아동들에게 보완적이고 구조화되어 있으며 잘 관리된 교육 환경을 촉진하기 위한 청사진을 제공한다. 이 장에서는 행동을 개선하기 위해 집단 강화를 적용하는 방법, 보상을 선택하는 지침, 부적절한 행동을 감소시키는 순서뿐만 아니라 반사회적인 행동에 대한 정보와 교수법, 수용에 대한 조언을 포함하고 있다. 이 장은 만성적인 또는 행동적 지원을 할 필요성이 높은 아동들을 위해 기능적 사정과 중재계획 순서를 이용하는 정보로 끝을 맺는다.

Bob Audette와 동료들은 교실과 학교 전반의 풍토를 개선하는 것에 중점을 둔 모델에 초점을 맞춘다. 그 모델은 미국에서 가장 성공한 산업 중 다수 부분을 전환시켰던 총체적 질 경영(Total Quality Management)의 원리를 기본으로 한다. 회사 경영을 하는 데 있어 질적으로 우수한 물건을 생산하는 일련의 과정을 개선하도록 하고, 고객에게서 많은 것을 배우는 등, 집단 문제 해결, 사고 과정, 계획, 자료 수집, 데이터 분석, 경청, 분쟁 예방과 해결, 협력 관계 형성과 같은 질 경영방법과 기술들은 많은 미국 학교 교육에 변환되어 사용되어 왔다. 이제 학교의 교실에서 반복하는 교육은 전통적인 학교에서 반복되는 교육과 아주 다르다. 개인과 단체 행동은 사려 깊은 자기관리 분위기에 의해 반응한다. 이런 학급의 아동들은 자주 변화하는 동시대 미국 교육의 과제와 요구에 대처할 준비가 되어 있고 그 과제와 요구에 기여한다. 특수교육에 맡겨질 위험이 있는 초등학교 학생들에게서 사회적 무능력이라는 공통적인 특징을 볼 수 있다. 교사들에 의하면 과잉행동은 일반 교육 학급에서 다루기에 가장 어려운 문제 중 하나라고 한다. 소리 지르기, 논쟁하기, 다른 집단 방해하기 등 이와 같은 행동들은 이런 학생들의 전형적인 행동 패턴 중 하나이다. 아동들이 성장함에 따라 폭력성, 폭력을 통한 위협, 좀 더 공격적인 형태의 사회 문제들이 중·고등학교에서 가르치고 배우는 데 도움이 되지 않는 상태로 만들어 버린다. 사회성 기술을 가르치는 것은 예방적 효과에서 아주 중요한 부분이다. 사회성 기술 교육과정은 그들의 인식을 향상하는 데 도움을 주고, 개인적인 정서, 가치, 태도, 상호작용하는 적절한 방법을 이해하는 데 도움을 주도록 고안되어 있다. 제4장에서 Debra Kamps와 Pam Kay는 사회성 기술 교육의 중요성에 대해 말한다. 그들은 결정적인 사회성 기술을 설명하고, 연구에 기초하여 교육과정에 대한 예를 제시한다. 그리고 교실 안팎에서 모두 긍정적인 행동을 강화하고 유지시킬 수 있는 전략을 제시한다.

규율이 올바른 학교를 구성하는 것은 학생의 적절한 행동과 분명한 행동적 기대를 약속하는 특성을 보인다. 규율, 기대, 절차를 의논, 숙고하며, 학교 규율 계획과 학급 관리 순서에 관한 형식을 갖추기도 한다. 형식적인 절차의 중요성을 확립하기 위해 그런 구조화의 풍조가 개인적으로 학생들에게 왜 중요한가를 알린다. 이 중요성(concern)은 결정을 내리는 과정에 학생을 참여시키고, 학생의 성취를 가치 있게 평가하는 목표를 세우며, 지시에 따르고 존중하며 배우는 학급 절차를 포함하는 등 아주 다양한 방법으로 나타난다. 제5장에서 Bob Algozzine과 Richard White는 학교 전체 훈련 모델을 말하고 있는데, 그 모델은 학생들이 협력적인, 친절한, 견고한, 성실한, 마지막으로 아주 확고한 행동계획에 노출되게 하는 것이다. 통합 태도, 통합 기대, 통합 교정 순서, 통합 팀 역할과 같은 통합 훈련의 목표는 최고의 실습과 일치한다. 이 모델을 적용한 결과 학교 전반이 이 훈련계획을 이용하는 것에 대해 강한 지지를 보냈다.

제6장은 교사와 부모 사이에 효과적으로 협력 관계 형성하기에 초점을 맞춘다. Pam Kay, Martha Fitzgerald와 Stephanie McConaughy는 학부모-교사 실행 연구(PTAR)가 부모와 1, 2학년 아동의 담임교사가 함께 작용하는 조직을 어떻게 형성할 것인지에 대해 기술한다. 지역 공동체에서 부모들을 상대해 본

경험이 있는 학부모 연락관의 지침 아래, 그 PTAR 팀은 아동들의 능력과 욕구를 알아내고, 상호 목표를 정해 자료 수집과 분석 과정에 따른다. 기능적 사정과 비슷한 과정을 이용하면서 부모와 교사는 행동계획을 세우고 적용한다. 그 행동계획은 가정과 학교 사이의 일관성을 향상시키고, 행동 조사 과정을 다시 시작하도록 고안되어 있다.

다수의 가족들은 아동의 욕구를 충족시키기 위해 공동체 사회의 추가적인 지원을 필요로 한다. 특히 이민자 가족이 많은 학교가 그러하다. 제7장에서 Peter Leone, Robert Evert와 Karen Friedman은 메릴랜드의 실버스프링 지역에 있는 광역 지역 초등학교의 경험을 소개하고 있다. 학습과 관련성을 창출하기 위해 몽고메리 지역 학교구역은 건강, 정신건강, 사회사업의 지역 사회 제공자와 개인적인 제공자들이 함께 팀을 이루었다. 성공하는 핵심 요소로는 (a) 안정적이고 지속적인 자금, (b) 결정적인 방책량, (c) 직원들의 문화적 자격, (d) 협력적인 프로그램 교육 등을 포함한다. 이러한 특징의 프로그램은 연계된 직원과 지역 학교 직원들의 효과적인 협력 관계를 촉진한다.

제8장에서는 플로리다대학교의 Stephen Smith와 Ann Daunic이 분쟁 해결과 또래 중재를 설명한다. 세 군데의 중학교에서 이루어진 장기간의 연구과제 결과를 지침서로 이용하면서 분쟁의 구성요소와 기능, 또래 중재 프로그램을 기술하였으며, 간단히 타당한 연구를 몇 가지 검토하고, 효과적으로 프로그램을 적용하고 유지할 수 있는 방법을 추천하면서 개발 구조를 가진 이론적 근거들을 밝히고 있다. 문제행동 발생을 예방하기 위한 그들의 핵심 작업은 간단하다. 학생을 도와줌으로써 필연적인 갈등을 성장의 기회로 전환시키며, 학습은 가혹한 훈련의 필요성을 줄여 주고, 좀 더 심각한 문제행동이 일어나는 것을 막는 역할을 한다.

제9장에서는 Mary Sinclair와 동료들이 작성한 모델 내용은 권리에서 박탈된 아동, 가족과의 연결을 형성하는 데 적용될 수 있는 내용으로, 학생과 학교 간에 쉽게 연결되도록 책임지고, 학교의 참여를 촉진하기 위해 모니터링하는 과정을 이용하도록 하는 것이 이 모델의 핵심 요소이다. 성인 보호는 장기간에 걸쳐 가족과 떨어져 있는 학생들을 대상으로 한다. 이런 성인은 체계적으로 학

생이 학교에 참여하는 정도를 점검하고, 적당한 시기에 학교, 학습과의 연계를 형성하고 유지하는 개별화된 중재법을 제공한다. 다른 모델과 함께 점검 연결 모델은 회복력과 학교-가정 협력에 관한 연구를 바탕으로 한다. 다시 말해 핵심은 분명하다. 학교에서 학생을 보호하는 것이 좀 더 심각한 문제로 발전하는 것을 막는 일이다.

학교가 예방을 위해 어떻게 노력할 것인지 공공연하게 논하고 측정도구를 갖출 때까지, 이런 예방적 접근법은 진정한 공립학교가 가진 임무의 일부분에 지나지 않을 것이다. Stephanie McConaughy와 Peter Leone은 제10장에서 행정가와 학교위원회 임원들이 선택하고 이용할 수 있도록 이런 방법들을 기술하는 데 집중하고 있다. 그들은 앞 장의 기본이 되는 연구과제들을 이용하여 각각의 기준들을 논한다. 추가적으로 능력을 기준으로 한 측정법(strengths-based measure), 행동정서평점척도 또는 이런 프로젝트가 시작된 이래로 몇 년 안에 발전되고 출판된 BERS(Epstein & Sharma, 1998) 등을 추천하고 있다. 이 장에서는 중재가 성공했는지 여부를 평가하기 위해 이용하는 도구에 대한 알찬 정보를 연구자들이 제공한다. 그러나 교육 지도자나 일반 대중이 이런 측정법을 이해하지 못하게 하는 전문적 용어는 많이 피하고 있다.

오늘날 대부분의 교사들은 문제행동을 관리하는 데 과도하게 많은 양의 시간과 에너지를 쓰고 노력을 기울인다고 말할 수 있을 것이다. 이런 교사들은 행동을 관리하는 데 드는 시간 때문에 기본적으로 공부를 가르치는 시간이 심각하게 제한받는다는 점을 입증할 것이다. 그릇된 행동을 하는 학생을 교실에서 쫓아내는 것은 단지 문제를 제거하는 것이고 그들을 교육시킬 학교의 책임을 회피하는 것에 불가하다. 교육의 모든 단계마다 문제행동 관리에 대한 중대한 중요성이 있다.

참고 문헌

Brooks, K., Schiraldi, V., & Ziedenberg, J. (2000). School house hype: Two years later. Washington, DC: Justice Policy Institute. Retrieved March 23, 2001 from the World Wide Web: www.cjcj.org/schoolhousehype/shh2.html

Epstein, M. H., & Sharma, J. M. (1998). *Behavioral and Emotional Rating Scale*. Austin, TX: PRO-ED.

Goldstein, A. P., Harootunian, B., & Conoley, J. C. (1994). *Student aggression: Prevention, management, and replacement training*. New York: Guilford.

Kamps, D. M., & Tankersley, M. (1996). Prevention of behavioral and conduct disorders: Trends and research issues. *Behavioral Disorders*, *21*(1), 41-48.

Kauffman, J. M. (1999). How we prevent the prevention of emotional and behavioral disorders. *Exceptional Children*, *65*, 448-468.

Nelson, J. R., Crabtree, M., Marchand-Martella, N., & Martella, R. (1998). Teaching behavior in the whole school. *Teaching Exceptional Children*, *30*(4), 4-9.

Osher, D., & Hanley, T. V. (1996). Implications of the national agenda to improve results for children and youth with or at risk of serious emotional disturbance. In R. J. Illback & C. M. Nelson (Eds.), *Emerging school-based approaches for children with emotional and behavioral problems: Research and practice in services integration* (pp. 7-36). New York: Haworth.

Simeonsson, R. J. (1991). Primary, secondary, and tertiary prevention in early intervention. *Journal of Early Intervention*, *15*, 124-134.

Sugai, G., Sprague, J. A., Horner, R. H., & Walker, H. M. (2000). Preventing school violence: The use of office discipline referrals to assess and monitor schoolwide discipline interventions. *Journal of Emotional and Behavioral Disorders*, *8*, 94-101.

자료

Achenbach, T. M., & Howell, C. T. (1993). Are America's children's programs getting worse? A 13-year comparison. *Journal of the American Academy of Child and Adolescent Psychiatry*, *32*(6), 1145-1154.

Algozzine, B., Audette, B., Ellis, E., Marr, M. B., & White, R. (2000). *Demography of disruptive behavior and the need for discipline*. Manuscript submitted for publication.

Algozzine, B., Audette, B., Ellis, E., Marr, M. B., & White, R. (2000). Supporting teachers, principals—and students—through unified discipline. *Teaching Exceptional Children*, *33*(2), 42-47.

Broophy, J., & Good, T. L. (1986). Teacher behavior and student achievement. In M. C. Wittrock (Ed.), *Handbook of research on teaching* (pp. 328-375). New York: Macmillan.

Colvin, G., Kameenui, E. J., & Sugai, G. (1993). Reconceptualizing behavior management and school-wide discipline in general education. *Education and Treatment of Children*, *16*, 361-381.

Gall, M. D., Borg, W. R., & Gall, J. P. (1996). *Educational research* (6th ed.). White Plains, NY: Longman.

Kauffman, J. M. (1996). Research to practice issues. *Behavioral Disorders, 21*(1), 55-60.

Kauffman, J. M. (1997). *Characteristics of emotional and behavioral disorders of children and youth.* Columbus, OH: Merrill.

Kerr, M. M., & Nelson, C. M. (1989). *Strategies for managing behavior problems in the classroom.* Columbus, OH: Merrill.

Marr, M. B., Audette, R., White, R., Ellis, E., & Algozzine, B. (in press). School-wide discipline and classroom ecology. *Special Services in the Schools.*

Sack, K. (1999, May 4). *Schools add security and tighten dress, speech and civility rules. New York Times.*

Stallings, J. (1975). Implementation and child effects of teaching practices in Follow Through classrooms. *Monographs of the Society for Research in Child Development, 40*(7-8, Serial No. 163).

Stallings, J. (1980). Allocated academic learning time revisited, or beyond time on task. *Educational Researcher, 8*(11), 11-16.

Sugai, G., & Horner, R. H. (1999). Discipline and behavior support: Preferred processes and practices. *Effective School Practice, 17*(4), 10-22.

Taylor-Greene, S., Brown, D., Nelson, L., Longton, J., Gassman, T., Cohen, J., Swartz, J., Horner, R. H., Sugai, G., & Hall, 5. (1997). School-wide behavioral support: Starting the year off right. *Journal of Behavioral Support, 7*, 99-112.

White, R. (1996). Unified discipline. In B. Algozzine (Ed.), *Problem behavior management: An educator's resource service.* Gaithersburg, MD: Aspen Publishers.

White, R., Algozzine, B., Audette, B., Marr M. B., & Ellis, E. (in press). Unified discipline: A school-wide approach for managing problem behavior. *Intervention in School and Clinic.*

White, R., Marr, M. B., Ellis, E., Audette, B., & Algozzine, B. (in press). Effects of school-wide discipline on office referrals. *Journal of At-Risk Issues.*

제 2 장

행동 개선을 통한 문제 예방

Debra M. Kamps

Toby는 매일 배우고자 하는 열의를 가지고 학교에 가지만 그렇게 되는 날은 드물다. 예를 들어 토비는 오늘 우연히 부딪힌 소년과 싸움을 해서 교장실에 불려갔다. 이런 일들이 거의 매일 일어나고, Toby의 선생님은 어떻게 해야 할지 잘 몰라 난처해하고 있다. 반사회적 행동이 계속되면 Toby를 정서·행동장애 학생들을 위한 특수학급에 보낼 것이라는 이야기를 들었지만, Toby의 부모는 그것이 옳은 방법이라고 생각하지 않는다.

성장하면서 어느 시점에 부모나 교사가 생각하기에 거의 모든 아동들은 문제가 있고, 반항적이며, 실망시키는 행동을 하게 마련이다. 정상적인 성장 중에 아동들이 규칙을 배우는 한 방법으로 어른들을 실험하거나, 또는 통제력과 독립심을 발휘하는 하나의 수단으로써 어른들이 설정한 경계선에 도전하려는 행동을 쉽게 관찰할 수 있다. 일반적인 문제행동을 보이는 아동 중 절반 정도는 초기의 반사회적 행동을 적절한 의사소통과 문제 해결 기술로 대체함으로써 결국 정상적인 발달 과정을 거치게 된다(Campbell, 1995). 문제행동의 빈도와 강도는 경험적으로 아동들이 지속적인 문제행동을 보일 위험이 있다는 표시이다. 똑같은 발달 단계 연령의 아동들에게 전형적으로 보이는 것보다 더 높은 비율로 문제행동을 나타낼지도 모른다. 예를 들어 자해와 같이 훨씬 더 강렬할지도 모르고 일반적인 기간보다 더 오랫동안 지속될지도 모른다(Kazdin, Mazurick, & Bass, 1993). 결국 이런 종류의 반사회적 행동들로 인해 특수교육 서비스를 필요로 하게 된다.

이 장에서는 반사회적인 경향을 띤 개별 아동의 행동을 개선시키기 위한 긍정적이고 예방적인 접근법에 초점을 맞춘다. 이런 지원이 아동의 인생 초기에 제공될 때 위험성을 줄일 수 있으며, 결과가 개선된다는 점을 보여 준다.

이 장에서 (a) 반사회적 행동에 대한 정보, (b) 행동을 개선하기 위해 집단 강화를 적용하는 순서와 규칙을 따르는 비법, (c) 보상을 선택하는 법, (d) 부적절한 행동을 감소시키는 순서, (e) 만성적이고 좀 더 강력한 행동지원을 필요로 하는 아동을 위해 기능적 사정과 중재 설계를 짜는 방법에 대한 정보를 포함해서, 모든 아동들을 위한 지원적이고 구조화된, 잘 관리된 교육 환경을 촉진시킬 수 있는 청사진을 찾게 될 것이다.

반사회적 행동에 대해 우리가 알고 있는 것

장기적인 연구는 반사회적 행동의 특징에 대해 풍부한 정보를 제공해 왔다. 반사회적 행동은 외현적일 수도 있고, 내면적일 수도 있다. 공개적 문제행동은 다른 사람에 반하는 행동이 포함되고, 비공개적 행동은 자기 학대나 고유의 특성에 반하는 행동이 포함된다. 이 같은 사실들을 아래에서 검토해 보아라.

- 반사회적 행동을 보이는 대다수가 남자 아이들이다. 여자 아이들의 반사회적 행동은 외향적이기보다 좀 더 내향적이다.
- 반사회적 아동들은 정확히 3, 4세에 발견될 수 있다. '나중에 고쳐질 거야.'라는 생각은 초기 중재를 방해할 수 있다. 문제행동을 일찍 보이는 아동들은 늦게 반사회적 경향을 보이는 아동들보다 비행, 체포 등과 같

이 장기간 동안 영향을 받을 위험성이 있다.

◆ 반사회적 경향이 더 심할수록 부정적인 발달 결과를 초래할 위험성이 크다.

◆ 만약 3학년 말까지 반사회적인 경향이 바뀌지 않는다면 당뇨병처럼 훨씬 만성화된 상태로 갈 수 있다는 점을 고려해야 한다. 행동은 치료될 수는 없지만, 적절한 지원과 지속적인 중재로 관리될 수는 있다.

가정이나 학교, 공동체 내에서의 초기 중재는 아동을 변화시킬 수 있는 유일한 최선의 가능성이 될 수 있다. 반사회적 행동을 갖고 성장하는 아동들은 학교 이탈, 직업 조정 문제, 약물·알코올 중독, 대인관계 문제, 장기간의 입원, 높은 사망률 등과 같은 많은 부정적인 결과를 초래할 심각한 위험에 있다(Patterson, 1982; Pettit, Bates, & Dodge, 1993; Walker, Colvin, & Ramsey, 1995). 1993년에 Loeber 등은 행동장애나 만성적인 반사회적 경향으로 가는 발달 과정을 세 가지 범주로 기술했다. 공개적인 행동은 공격, 강제, 따돌림, 속이기, 교사, 부모, 또래들과의 부정적인 상호작용 증가 등을 포함한다. 비공개적인 행동은 절도, 거짓말, 강도, 약물, 알코올 사용 등을 포함한다. 반항이 세 번째 과정이며, 불복종, 저항적·반항적 행동, 어른에게 대들기 등을 포함한다. 이런 과정들은 장시간 동안 보이며, 초기의 예방적인 조치에 따라 중단될 수 있다.

반사회적 행동을 가진 학생들 앞에 험한 미래가 펼쳐질 때, 교육자는 적절하게 행동하는 방법, 비효율적인 버릇을 수정하는 방법을 학생들에게 가르치는 최고의 역할을 해야 한다. 일반적으로 반사회적 행동을 하는 학생들 중 반은 우울하고, 대부분은 또래나 어른들로부터 줄곧 거부당한다.

부적절한 행동은 왜 나타나는가?

부적절한 행동은 그냥 하는 것이 아니다. 생물학적 조건(예: 유기체적 문제, 인식 지연, 신경학적 장애 등)이나 환경적인 사건(한정된 교실 구조, 모순적인 교사의 태도, 비양육적인 가정환경, 이혼 등)이 부적절한 행동을 일으킨다. 마찬가지로 일관적이고 공평한 규율, 양육적인 가정환경, 부모의 복지, 구조화된 학교 환경 등은 적절한 행동이 발생하는 데 기여한다. 그래서 행동의 근본 원인과 행동을 유발, 유지, 변화시키는 상태는 개별 아동과 교사, 부모, 또래, 공동체 모두에게 달려 있다.

아동들이 전형적으로 부모의 모방과 가르침을 통해 적절한 행동을 배운다는 사실은 아동 발달에 관한 연구로 알 수 있다. 타인과의 성공적인 관계 형성, 협력적인 어울림은 양육과 안전한 환경 내에서의 초기 발달 단계에 기초를 두고 있다. 순응적인 행동에는 어른의 지시 따르기, 상이한 배경하에서 규칙 따르기, 교육적인 과제나 일 완성하기, 독립성 기르기, 적절하게 도움 요청하기, 협조적인 태도로 또래와 상호작용하기 등을 포함한다. 원만한 발달은 적절한 행동, 타인과의 중요하고 생산적인 관계, 학업 성취, 교사와 또래의 수용 등을 배운다(Walker et al., 1995).

바른 행동은 어떻게 촉진시킬 수 있는가?

가장 효과적으로 부적절한 행동을 제거할 수 있는 방법은 초창기에 문제행동의 발생과 확산을 막는 것이다. 이 원리는 예방적이고 긍정적이며 교육적인 절차, 즉 예방적 접근에 초점을 맞추는 것을 뜻한다. 이 원리는 잘못된 반응, 적대적·배제적인 실행에서 변화를 초래하는 것을 뜻한다. 예방적 접근법을 실천하는 학교들은 매우 효과적이다. 예를 들어 폭력에 많이 노출된 도시 지역, 경제적으로 낙후된 지역, 부모가 없는 가정과 같은 불리한 환경으로부터 아동들의 회복력을 촉진시킬 수 있다. 효과적인 학교는 다음과 같은 특징을 나타낸다.

- ◆ 생산적인 교과 수업, 높은 기대, 높은 참여도와 효과적인 변화를 갖는 구조화된 교실
- ◆ 학교 전반에 걸친 규범안과 사회성 기술, 분노 조절, 학교 안전 등을 포함하는 행동을 교육하기 위한 특성화된 교육과정
- ◆ 반항적인 행동 통제를 위해 지원받는 훈련된 교사들
- ◆ 멘토링같이 아동과 어른을 연결하는 기술을 통한 학생과 학교의 강력한 유대 관계, 동기부여 시스템으로 인한 긍정적인 학교 분위기

- ◆ 행동지원에 있어서 부모의 참여와 연계
- ◆ 개인 지도, 과제 팀과 같이 학생들의 연계를 촉진시키는 기술(Miller, Brehm, & Whitehouse, 1998; Rhode, Jenson, & Reavis, 1992)

이런 프로그램과 과정은 '일반적인 단계의 예방법'으로 간주되는데, 이는 모든 학생들을 위해 적절하게 사용되어야 하며 특히 교육적으로 불리한 환경에 처해 있는 아동들에게 그러하다. 효과적인 교수를 포함하여 높은 단계의 정확도에 적절하게 충족시킨 일반적 예방 전략은 대부분 아동들의 학업적·사회적 발달을 촉진하고 만성화된 행동을 예방하는 데 효과가 있을 것이라는 사실을 연구들이 보여 준다(Kamps, Kravits, Rauch, Kamps, & Chung, 2000; Walker et al., 1995).

어떻게 규칙과 수용을 효과적으로 가르칠 수 있는가?

예상할 수 있는 일정과 규칙을 따르는 활동을 강화하는 구조화된 교실은 아동을 촉진하고 또한 학습을 촉진한다. 적절한 행동을 지원하기 위한 기본적인 일은 이 같은 행동을 가르치는 것이다.

학급 규칙 가르치기. 효과적인 규칙이란 (a) 객관적으로 서술되어서 수용 정도를 평가할 수 있고, (b) 긍정적이고 적절한 행동(예: '때리기 금지'보다 '손발 제자리에 두기')으로 서술되며, (c) 학급 규칙이 5~6개 정도로 최소한의 수를 유지하는 것이다. 학급 규칙은 질서정연한 일과, 효과적인 작업시간, 예의 바른 행동, 성공적인 변화를 일으키도록 설계될 것이다(Mayer, 1999; Rhode et al., 1992). 다음에 제시된 것은 실천 규칙의 예를 보여 준다.

수용 규칙: 교사의 지시에 따르세요.
준비 규칙: 매일 책, 연필, 노트를 챙기세요.
대화 규칙: 말하기 위해서는 손을 드세요.
교실 내에서의 행동 규칙: 손발을 제자리에 두세요.
변화 규칙: 3분 안에 자료를 치우세요. 조용히 하세요.

정기적 규칙: 벨이 울리면 제자리에 앉으세요.

규칙에 대한 학생들의 수용 정도를 높이기 위해서는 직접적인 지도가 결정적인 방법이다. 이는 앞으로 가르칠 교육과정 중 한 영역으로서 행동 조절과 사회성 기술을 학업적 과제물과 유사하게 여긴다는 것을 의미한다. 규칙을 가르치기 위해 권장하는 순서에는 각 규칙에 대해 정의하기를 포함하여 왜 그 규칙이 중요한가, 예시와 그 반대 예시, 학생들이 효과적인 규칙을 따르는 역할놀이 등이 포함된다. 또한 교사들은 규칙을 따랐을 때와 따르지 않았을 때의 결과를 가능한 한 구체적으로 설명해 주어야 한다(Babyak, Luze, & Kamps, 2000; Carpenter & McKee-Higgins, 1996; Rhode et al., 1992). 성공적으로 학급 규칙을 적용하는 데에는 다음의 5단계가 포함된다.

1. 직접적인 교수 접근법으로 규칙을 가르친다.
2. 규칙을 공고한다.
3. 규칙에 대한 수용과 불수용에 해당하는 결과를 공고한다.
4. 일관성 있게 반응한다.
5. 필요할 때 지원자 모임(booster session)을 이용한다(수용할 수 없을 정도로 규칙을 위반했을 때 개인별 또는 집단별 재교육을 한다).

거의 모든 교실에 규칙을 공고한다. 그러나 규칙을 공고하는 것은 5단계 중 한 단계일 뿐이고, 수행 단계 중 20%에 해당할 뿐이다. 교실 운영에 있어 규칙은 중요 요소이고, 학생들의 수용 정도와 바른 행동을 할 확률을 높이기 위해서 교사들은 5단계를 모두 따라야 한다.

수용에 대한 지도. 학교 직원과 부모들은 교사가(또는 다른 어른이) 뭔가를 요구하거나 지시했을 때, 학생들(아동들)이 그에 따라야 한다는 전통적인 관점을 갖고 있다. 수용이라는 단어는 어떤 사람들에게는 부정적 암시를 준다. 어떤 집단이든 학교도 마찬가지로 건전한 수용은 규칙을 따르는 행동에 있어서 결정적이다. 학교 공동체에 의해 설치된 규칙을 수용하도록 배우는 것은 학생들로 하여금 적절한 행동은 학교 외부에서도 적용된다는 점을 인지할 수 있게 한다. 불수용은 정서·행동 문제를 가진 학생들이나 불리한 환경의 학생들에게 문제가 될 수 있다.

몇몇 어른들의 행동은 불수용을 형성하고 강화시킨다. 예를 들어, 강제적인 어른과 아동의 상호 관계에서는 어른의 요구가 아동의 수용을 증가시키지 않는다(Patterson, 1982). 어른은 점점 겁을 주고, 비웃거나 소리를 지른다. 아동의 행동 또한 어른과 비슷하게 단순히 무시하는 태도에서 점점 미루거나 말다툼을 하거나 본격적으로 화를 내는 행동으로 바뀐다. 어른은 때로 아동의 공격적인 행동을 멈추게 하려고 처음에 했던 요구(예: 밖으로 나가라)를 철회한다. 이런 경우, 그것이 일시적으로 어려운 상황을 해소시킬지는 모르지만 아동의 부적절한 행동을 강화한다. 고함치기나 최후통첩과 같은 어른들의 행동은 강제적 패턴으로 나타난다(Rhode et al., 1992). 아동이 부모나 교사와 부정적인 상호작용의 내력이 있을 때, 그 부정적인 주의는 아동을 강화시키고 부적절한 행동을 증가시킨다. 만약 끝까지 해낼 수 없거나 결과를 확신할 수 없을 때, 지시나 요구를 하지 않는 편이 훨씬 낫다는 것이 실제 결론이다.

다행히 여러 행동들이 수용 정도를 높인다. 뭔가를 요구할 때, 교사들은 학생에게 가까이 다가가 바라보면서 무감정적인 보통 음량의 목소리로 분명하고 짧은 명령을 하며, 몇 초간 수용할 시간을 주고, 수용하면 칭찬을 한다(Forehand & McMahon, 1981). 무심코 불수용을 강화하는 일반적인 실수가 두 가지 있는데, (a) 여러 번 명령을 공포하는 것(따라서 교사가 명령을 공포한 처음에는 따르지 않아도 된다고 학생들에게 가르치는 것이다), (b) 아동이 수용을 지연하려는 협상을 허용하는 것(예: 청소를 지시한 후 자유 시간을 5분 이상 주는 것)을 들 수 있다. **표 2.1**은 전략에 대한 개요와 적용방법이다.

행동을 변화시키는 것에 대해 우리가 알고 있는 것

강력한 강화 요소를 가지고 있는 개별강화와 집단강화 프로그램은 학생들의 적절한 행동을 촉진시키는 데 매우 효과적인 체제이다. 교사와 다른 어른들은 강

표 2.1 학생의 수용 정도를 증가시키는 전략

전략	절 차
정확한 요구—학생의 수용을 극대화하는 방법으로 적절한 요구하기 (Rhode, Jenson, & Reavis, 1992)	1. 교사는 요구와 결과를 간단하고 분명하게 설명한다. 2. 요구는 "…하세요"를 사용하고, 눈 맞춤을 하며 가까이에서 이루어져야 한다. 3. 교사는 아동이 수용하도록 5~10초간 기다린다. 4. 수용에 대해 구체적인 언어 반응을 보여 준다. 5. 불수용하면 두 번째 요구를 하는데 이때 "나는 …이(가) 필요해." 라고 표현한다. 6. 지속적인 불수용은 계획된 결과를 요구한다. 규칙: 더 많이 일어나게 하기/금지하는 것보다 요청하기/명령하지 않기 규칙: 긍정적인 말 : 부정적인 말을 4 : 1로 최소화하기
전수정—적절한 행동 교수, 기대되는 정황 발생과 정착 전의 조언(Colvin, Sugai, Good, & Lee, 1997)	1. 정황과 예상되는 문제행동을 확인한다. 2. 예상되는 행동을 구체화한다. 3. 상황을 수정한다. 4. 행동을 미리 연습한다. 5. 강력한 강화를 준다. 6. 예상되는 행동을 촉진시킨다. 7. 계획을 모니터링한다.
차별적 주의—관심을 끌려고 하는 행동 무시하기, 대안적 행동 또는 적절한 행동 강화하기 (Rhode, Jenson, & Reavis, 1992; Forehand & McMahon, 1981)	1. 부적절한 행동 무시하기(눈 맞춤 하지 않기, 학생에게 말하지 않기, 멀리 떨어지기, 적절한 학생들과 관계 맺기) 2. 잘못된 행동을 보일 때 가능한 한 바로 적절한 행동에 대해 차별적으로 관심을 보인다. 3. 적절한 행동에 대해 비싸게 보상해 준다. 규칙: 행동 무시하기는 대체로 빠른 증가를 보이거나 아니면 돌발행동(학생이 실험하기)을 유발한다. 교사들은 모든 경우를 무시할 수 있도록 준비되어 있어야 한다. 간헐적인 관심은 부정적인 효과를 야기할 것이다. 규칙: 무시하기는 마찬가지로 또래들이 무시할 때 더 효과적이다.
행동계기(momentum)—수용을 증가시키기 위해 어려운 요구를 하기 전에 쉬운 행동을 두세 가지 요구하기 (Davis & Reichle, 1996)	1. 학생들이 잘 따를 것 같은 여러 요구를 확인시킨다. 2. 수용할 확률이 높은 두세 가지의 요구를 한다. 3. 따를 확률이 높은 요구와 좀 더 어려운 요구를 함께 즉시 따르게 한다. 예시: 가로줄이 쳐진 종이를 주고 1부터 10까지 숫자를 적게 한다. 1번에 좋아하는 영화를 적는다. 2부터 10까지는 어휘와 정의를 적는다.

표 2.1 학생의 수용 정도를 증가시키는 전략 (계속)

전략	절 차
수용 게임—교사의 요구를 수용한 학생에게 보상이 주어지도록 구성된 강화 체제(Rhode, Jenson, & Reavis, 1992)	난 반드시 할 것이다. 1. 학생들은 팀을 나눈다. 2. 팀은 예를 들어 "난 반드시 할 것이다", "당연히 언제든지", "문제 없어"와 같은 구체적이고 특이한 수용 용어를 선택한다. 3. 용어를 외치며 요구에 따르면 학생들은 팀별로 점수를 받는다. 4. 수용 목표에 도달하는 팀이 보상을 받는다. 수용 행렬(수용하면 표시하는 빙고 게임)

화 체제의 기본인 다음 규칙들을 이해해야 한다.

강화와 처벌은 행동(관찰되는 어떤 행위)과 결과(그 행위의 결과)라는 두 환경적 사건 사이의 관계를 기술하는 용어이다. 행동이 증가해서 결과(대체로 유쾌한)가 나타났을 때, 정적 강화가 주어진다. 행동이 증가해서 결과(대체로 불쾌한)가 제거되거나 강도 면에서 감소되었을 때는 부적 강화가 주어진 것이다. 결과적으로 행동이 감소되었을 때는 처벌이 주어진 것이다.

처벌을 넘어 강화를 선택하는 중요한 이유가 있다. 최근에는 아동을 다룰 때 관대하게 하기보다 처벌하는 경향이 있고, 사회적 반발이 나쁜 행동으로 나타나는 경향도 있다. 학교 연구에서 매 2분마다 비난과 부정적인 말을 하는 것에 비교하면 칭찬(15~30분에 한 번)은 낮은 비율을 보였다(Walker et al., 1995). 많은 전문가들의 결론은 우리가 분열적인 학생의 행동을 다룰 때 변화를 주어야 한다는 것이다. 현상 유지(초기 처벌을 기준으로 한)는 효과가 없다. 초기의 지속적인 중재를 위해 근본적인 배경과 원천으로서의 학교와 함께 예방적이고 긍정적인 예방 프로그램과 같은 변화가 있어야 한다(Miller et al., 1998; Stage & Quiroz, 1997; Walker, 1998). 개인별 학급은 긍정적인 실습과 적절한 행동 강화의 시작점이 될 수 있다. 학교에서의 강화 절차는 훈련, 피드백, 지원으로 쉽게 수행될 수 있다. 더욱이 강화 체제를 기초로 한 학급은 장기간의 대체치료 또는 대체교육보다 훨씬 비용이 덜 든다. 이런 것들을 강화 기초 중재 프로그램의 장점으로 간주하라.

- 만약 강화와 학급 관리 체제가 적절하게 적용되면 학생의 일상행동이 개선될 것이다. 그 결과로 순종이 개선되고 적절한 행동이 증가한다.
- 강화 체제는 적절한 행동을 가르치는 것을 도와준다. 그것은 개선된 자기관리를 위한 의무적인 단계이다. 먼저 교사는 행동부터 관리하고, 그러고 나서 아동들은 그 관리를 따르게 된다(예: 자기관리, 모방, 생존 기술)
- 강화(사회적, 현실적)는 학생에게 교실이 재미있는 곳이고 동기가 부여되도록 도와준다. 강화 체제를 사용하는 학생들은 교사와 학교를 더 좋아하는 것으로 보고된다.
- 강화 체제는 긍정적인 학교 분위기, 성공적인 학교의 특성 또는 주요 지침을 촉진한다.
- 강화 체제는 부적절한 행동에 대한 경미한 결과를 학생들이 수용하는 것을 증가시키는 데 도움을 준다.
- 강화 체제를 시작하는 것은 나쁜 행동에 대해 반응하는 것 또는 그에 따른 결과를 이행하는 것보다 훨씬 스트레스가 덜 쌓인다.

집단강화를 통한 강화 시스템

집단적 동기부여 시스템은 적절한 행동은 개선하고 방해 행동은 감소시킨다. 그 시스템은 집단강화로 표현되기도 하는데, 그 이유는 부정적인 결과와 마찬가지로 면제와 보상은 일상적으로 또는 무작위로 주어지기보다 오히려 행동에 의해 그 학생 집단에 전달되기 때문이다. 집단강화는 학급일과 일상생활에 통합될 수 있고, 특히 다음 네 가지 상황에 유용할 수 있다. (a) 새 학년이 시작될 때와 효과적인 학급 분위기를 조성할 때, (b) 학생들의 협력 또는 형식적인 행동에 개선이 필요할 때, (c) 집단이 지시에 따르지 않을 때, (d) 또래들이 격려 또는 관심을 통해 잘못된 행동을 강화할 때 등이다. 다음 예들은 학급 집단강화 프로그램을 설명한다. 선택된 예들은 사회적 교수 이론 원리에 기초하고, 지지적인 연구 근거를 두고 있다.

비밀봉투 기법(Rhode et al., 1992). 비밀봉투 동기부여 프로그램은 적절한 행동에 대한 강화로 집단에 깜짝 보상을 하는 것이다. 비밀봉투 기법을 적용하려면 우선 교사는 학생들이 보이는 곳에 물음표가 그려진 봉투를 둔다. 봉투 안에는 미리 정한 목표(예: 싸움 없는 교실 만들기, 학급 규칙 따르기 증가, 평온한 휴식 시간 행동 등)에 도달했을 때 학생들이 받게 될 재미있는 학급 활동이 쓰여 있다. 교사는 적절한 행동 또는 선택된 부적절한 행동에 대해서 매번 의견을 말하면서 '예/아니요'라고 적힌 얇은 조각의 카드나 행복한 얼굴/슬픈 얼굴 카드를 통에 넣는다.

- "Carla는 발표하려고 손들었구나. 고마워."
- "Duane는 강당으로 가면서 아무것도 안 만졌네."
- "ㅇㅇ반, 여러분은 3분 안에 수학 수업 시작 준비를 마쳤네요."

하루 일과를 마칠 무렵, 또는 필요하다면 더 자주 교사나 학생은 통에서 카드를 꺼낸다. 만약 '예' 카드를 꺼냈으면 그 학급은 비밀봉투 안의 종이에 쓰인 활동을 하게 된다. 만약 '아니요' 카드를 꺼냈으면 정규 일정을 따른다. 보상을 얻으려고 하는 학생들의 최초 가능성을 증가시키는 것이 강화 체제에서 아주 중요하다. 교사는 처음 며칠 동안에는 '예' 카드를 더 많이 넣어 둘 필요가 있다. 학생들은 그에 따라 대가 활동을 얻게 되고, 흥미로워하며, 지속적으로 잘 행동하도록 동기부여를 받고 보상을 얻는다.

교사들은 잘못된 학업력에 '아니요' 카드를 쓰면 안 된다. 그러나 학업적 목표를 달성하였을 때는 긍정적인 보상과 강화를 받을 수도 있다.

학생들이 적절한 행동을 배우고 모방한 이후에는 교사들은 비밀봉투 기법을 서서히 줄인다. 용암 기법(fading)은 학생들이 강화를 받는 횟수를 줄임으로써 강화로부터 학생들을 떼어 놓는 과정이다. 이는 동시에 보상을 받기 전에 나타날 좋은 행동의 수나 기간을 증가시킨다. 무작위적이고 다양한 강화는 지속적인 강화보다 훨씬 더 강력하다.

학업적 사회성 기술을 배우기 위한 강화(Hops & Walker, 1988). 비밀봉투 기법과 유사하면서 초기의 매우 효과적인 집단강화 모델은 학업적 사회성 기술 학습 강화(CLASS) 기법이다. 이 기법의 특징은 학급 또는 팀별로 집단 보상 강화를 주는 것이고, 명확하게 표현된 학급 규칙에 초점을 맞춘 목표와 모두가 그 규칙을 따랐을 때 초록색을 보여 주는 클락라이트 도구(또는 붉은색/초록색 신호카드를 이용)가 포함된다. 그 클락라이트는 교실에서 집단 보상을 받을 수 있는 강화를 가진 전체 규칙 수를 기록한다. 그 프로그램보다 향상된 것은 뮤지컬 클락라이트(Musical Clocklight)이다(West et al., 1995). 이 프로그램은 대안행동 지도를 추가하고 클락라이트에는 음악을 추가한다. 교사는 학급 규칙을 가르치고, 시범을 보이며, 적절한 행동과 부적절한 행동의 예를 써서 학생들이 역할극을 하게 한다. 프로그램의 개발자는 정확한 상호작용은 단 1~2분 사이에 이루어져야 한다고 명기하고 있다. 더 나아가 학생들에게 교사의 주의를 적절하게 받아들이고 지도에 따르는 법을 가르치는 것을 추천하고 있다. 자료를 바탕으로 한 연구에서 초등학교, 중학교, 특수교육 학생들에게 CLASS와 뮤지컬 클락라이트 과정을 적용한 결과 규칙 잘 따르기, 규칙 수용하기, 적절한 주의 지시 행동의 효과를 증명했다.

바른 행동 놀이(Barrish, Saunders, & Wolf, 1969). 집단강화의 성공적인 이행을 예증하는 장기적인 강력한 프로그램은 바로 바른 행동 놀이이다(Barrish et al., 1969; Tankersley, 1995). 비밀봉투 기법과 비슷하게 이 전략은 팀별 경쟁의 요소를 더하면서 규칙에 대한 집단강화에 초점을 둔다. 교사들은 다음 단계를 따른다.

1. 학급을 두 팀 또는 그 이상으로 나눈다.
2. 팀별 규칙 미수행과 같은 부적절한 행동의 빈도를 기록한다.
3. 위반을 가장 적게 한 팀에게 보상을 주거나 정해진 기준(예: 다섯 번 이하의 위반)에 만족하는 모든 팀에게 보상한다.

보상을 추가한 바른 행동 놀이(Darveauz, 1984). 이것은 적절한 행동에 관심을 보임으로써 게임을 향상시킨다. 팀들이 보상을 받을 수 있게 5점 또는 그 이하의 기준이 있다. 학생들은 지시를 75% 정확하게 수행하거나 활동적으로 참여할 때 상을 받게 된다. 그리고 팀에 의해 종합적으로 모인 모든 5점은 판에서 지워진다. 이런 추가적인 요소는 정서·행동장애를 가진 학생과 일반 학급에 있는 학생의 또래 친구들의 방해 행동을 줄였으며, 지시 행동과 과제를 완수하는 행동을 증가시켰다.

협력적인 행동 관리(Brigham, Bakken, Scruggs, & Mastropieri, 1992). 이 시스템은 몇 부분을 개선한 '바른 행동 놀이'이다. (a) 전체 점수가 낮으면 두 팀 다 보상을 받는다. (b) 팀원이라 하더라도 개인 행동에 자제력을 보일 때 보상을 받을 수 있다. (c) 특별히 따르지 않는 아이가 있다면 교사는 팀이 점수를 잃기 전에 그 개별 아동에게 주의를 주거나 상기시킴으로써 순응하도록 할 수 있다.

팀이 점수를 잃기 시작할 때, 개인은 참여를 거부하거나 방해하지 않으려고 한다. 예를 들어 ADHD나 품행장애 같은 학생들 또한 비정상적으로 높은 행동률을 보일지도 모른다. 그 같은 아동이 참여함으로써 점수를 많이 깎아 먹을 수 있기 때문에 팀 내 일원들과 마찰을 일으킬지도 모른다. 이런 학생들은 개별 목표를 설정하고 행동 개선에 대해 팀에게 추가적인 상을 줌으로써 팀원으로서 역할을 할 수 있다(Rhode et al., 1992). 부정적인 관심에 자극된 학생들 또는 비통제된 행동을 시작한 학생들 또한 개별화된 조정을 가져야 한다(Barrish et al., 1969; Kauffman, 1989).

집단강화와 자기관리. 일반 교실에서 교사들은 집단강화 프로그램으로 학급 자기관리 전반에 걸쳐서 이질적이고 문화적으로 반대 집단의 욕구에 직면할지도 모른다. 예를 들어 '바른 학생 놀이(Good Student Game)'는 상을 가미한 '바른 행동 놀이'와 학급 전반의 자기관리 요소를 결합한다. 이 게임에는 다음과 같은 과정이 포함된다.

- 교사는 학생에게 바른 행동을 정의하고 소개한다.
- 학생들은 다양한 예와 부적절한 예를 적용하며 적절한 과제 행동을

한다.

- 학생들은 자기평가를 통해 훈련된다(타이머의 예/아니요 소리를 기록하면서).
- 교사들은 학급을 위한 강화인자를 사정하고 보상을 선택한다.
- 교사는 기록 간격 시간이 3~5분으로 독립적인 착석 과제 활동을 하는 동안 좋은 학생 놀이를 시작한다(타이머는 반복되며 학생들은 예 또는 아니요로 기록한다).
- 교사는 10명 또는 소집단의 학생으로 팀을 지정한다(주목: 부적절하나 행동의 높은 비율을 가진 학생들은 개인적으로 팀이 된다).

보통 강화는 개인, 팀 또는 모든 팀이 만족하는 기준으로 80% 이상일 때 주어진다(예를 들어 **그림 2.1**에서 10개 중 8개 이상의 칸에 '예'라고 적었을 때). 강화를 서서히 없애는 것은 많은 수업에서 80%의 '예'를 필요로 하며, 만족하는 목표에 대해 주간별 강화에 의해서 이루어지기도 한다.

초등학교 학급에서 '바른 학생 놀이'를 사용함으로써(**그림 2.2**)의 개선점은 (a) 매우 방해적인 학생의 과제 행동 증가, (b) 교사의 주의를 적절히 받아들이는 행동의 향상, (c) 방해 행동의 감소, (d) 교사가 학생의 사회적 능력 평가를 개선, (e) 이 과정을 적용함으로써 증가된 교육과정 범위에 대한 교사의 비평이다(Babyak et al., 2000; Mitchem, Young, West, & Benyo, in press). 추가적으로 다른 사람들은 성적 점수제와 함께 학급 팀별로 학급 전반 자기관리 프로그램을 사용하는 것을 추천했다(예를 들어 학급은 가장 높은 점수를 위해 경쟁하는 팀으로 나누어진다)(Kern, Dunlap, Childs, & Clarke, 1994; Salend, Whittaker, & Reeder, 1992). 또한 개발자들은 학생들의 잘못된 행동이 또래 친구들에게 옮겨 가는 경향이 나타날 때, 집단 자기관리 기법을 사용하는 것을 추천한다. 그것은 또래들의 관심이 문제행동을 보이는 학생의 부적절한 행동을 강화시킬 때도 사용된다. 학생들의 정직성을 조사하는 교사의 신뢰성 또한 자기관리의 중요한 요소가 될 수 있다(Mitchem et al., 출판 중).

이름: ______________________ 날짜: ______________

나는 지금 내 일을 하고 있다.

	예	아니요
1		
2		
3		
4		
5		
6		
7		
8		
9		
10		

앉아 있기　　조용히 하기 　　공부하기

그림 2.1 자기관리 형식의 예

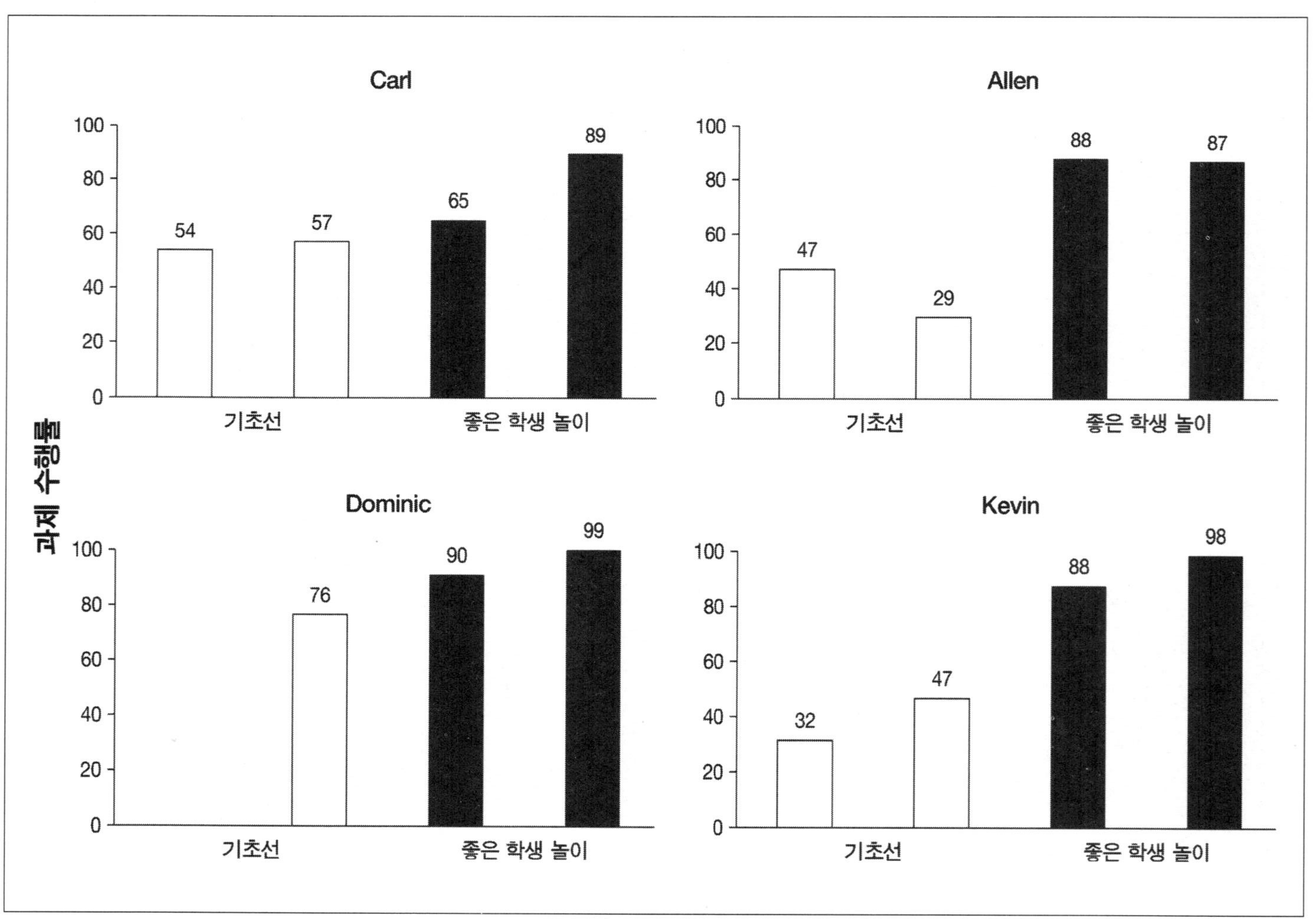

그림 2.2 좋은 학생 놀이를 통한 향상

강화 선택 단계

정의에 의하면 강화는 적절한 행동을 증가시킨다. 모든 집단강화 프로그램은 적절한 행동에 대한 정적 강화를 포함한다. 정적 강화는 결과가 적용될 때 행동이 증가되는 경우를 의미한다. 결과가 확실히 강화물(보상물 또는 상)로서의 기능을 하도록 하기 위해 연구자들은 다음의 안내지침을 제안하고 있다.

- 즉각적인 강화는 특히 올바른 행동을 처음으로 배우거나 습득하는 단계에서 아주 강력하다.
- 강화는 행동을 개선하기에 충분할 정도로 자주 이루어지도록 계획한다. 그리고 행동이 개선되면 서서히 사라져야 한다(예: 강화를 주는 간격을 길게 하거나 보상을 주기 전 과제 수를 많게 하는 것).
- 긍정적인 행동에 대해 구어적 칭찬을 특별히 하는 것은 효과적인 사회적 강화가 될 수 있고 유형의 강화물을 지연하는 효과적인 방법이 될 수 있다.
- 토큰이나 점수는 유형의 강화물을 지연하는 동안 강화하는 데 사용될 수 있다.
- 학생들이 긍정적인 반응을 보일 때 어른들의 열정적이고 긍정적인 태도는 칭찬, 토큰, 기타의 것들이 사실상 학생들을 강화한다는 사실을 보증하는 것과 같다(Alberto & Troutman, 1999; Rhode et al., 1992).

이 안내지침에 덧붙여, 학생들의 선택으로 인하여 강화물의 효과를 향상시킬 수 있다. 교사가 학생들의 기호를 평가하는 방법은 다음과 같다. (a) 선호하는 활동이나 아이템에 관심을 기록하도록 학생 관찰하기, (b) 좋아하는 것을 요구, 표현하는 학생 찾아내기, (c) 학생들에게 몇 가지의 예를 들게 하고, 선호하는 것에 대한 의견 요구하기, (d) 학생들이 얻고자 하는 것이 무엇인지 물어보기, (e) 계약과 비슷하게 목표를 충족시켰을 때 합의된 보상을 제공하기 등이다. 바람직함과 변화하는 기호에 주의를 기울이는 것이 중요하다. 그래서 강화에 있어 자주 평가하는 일이 결정적이다. 비슷하게, 모든 학생들을 강화시킬 수 있는 아이템은 이것이다 하고 어른들은 정확하게 추측할 수 없다. 정보(input)는 학생들이 강화 프로그램의 이런 측면에 있어서 적절한 제한을 가지게끔 하고, 행동 개선에 성공하기 위하여 학생들의 동기부여를 증가시키며, 교사와 학생들의 상호 협력을 촉진시킨다.

강화에 놀라운 요소와 기회의 요소를 포함하는 새로움 또한 집단강화 프로그램의 효과에 있어서 강력한 향상을 보일 수 있다(Rhode et al., 1992). 복권놀이가 이런 형태의 향상의 한 예이다. 학급 전반 자기관리 프로그램과 관련하여, 교사는 과제 중 착석하기와 같은 미리 정해진 적절한 행동 또는 학업적 성공(예: 80%나 그 이상의 수행 또는 과제의 정확도, 10~12단 숙달)에 복권을 지급할 수 있다. 상품이나 특별한 활동에 당첨되는 것은 강화와 관련한 수행에 있어서 요구되는 격려를 제공하기에 충분할 정도로 자주 이루어져야 한다. 시간이 지나면서 계획을 점점 사라지게 하면서 말이다. 예를 들어, 학급 전반 또래교수 프로그램을 하는 몇몇 중학교 사회 연구 학급의 교사는 적절한 과제 행동에 복권을 사용하기 시작했다(파트너의 읽기 경청하기, 잘못된 내용 수정 지도하기, 이해력 질문에 대답하기). 매주 금요일마다 4개의 복권에 대해 보물 뽑기 주머니나 주의집중 유지를 위한 적절한 시기에 깜짝 추첨을 통해 상품이 주어진다. 지도하는 동안 개선된 약속의 결과로 과제를 하지 않는 행동이 감소하였고, 학생들의 퀴즈 성적이 향상되었다(**그림 2.3** 참조)

부정적 결과와 감소된 절차

앞부분에서는 적절한 행동을 가르치는 방법을 기술하였고 정적 강화 순서에 초점을 맞춘 집단강화 프로그램에 대한 예를 제시했다. 그러나 자료는 적절한 행동에 대한 강화는 아주 심각한 행동이나 공격성, 진행 중인 파격성처럼 매우 지속적인 행동을 변화시키기에 충분하지 않을 수도 있음을 보여 준다(Bierman, Miller, & Stabb, 1987). 그래서 정서·행동장애 위험성을 가진 학생들처럼 심각한 문제행동을 보이는 학생에게는 긍정적 또는 부정적 결과를 모두 사용하는 것이 반사회적 행동을 감소시키고 적절한 행동을 증가시키는 최대의 효과를 가

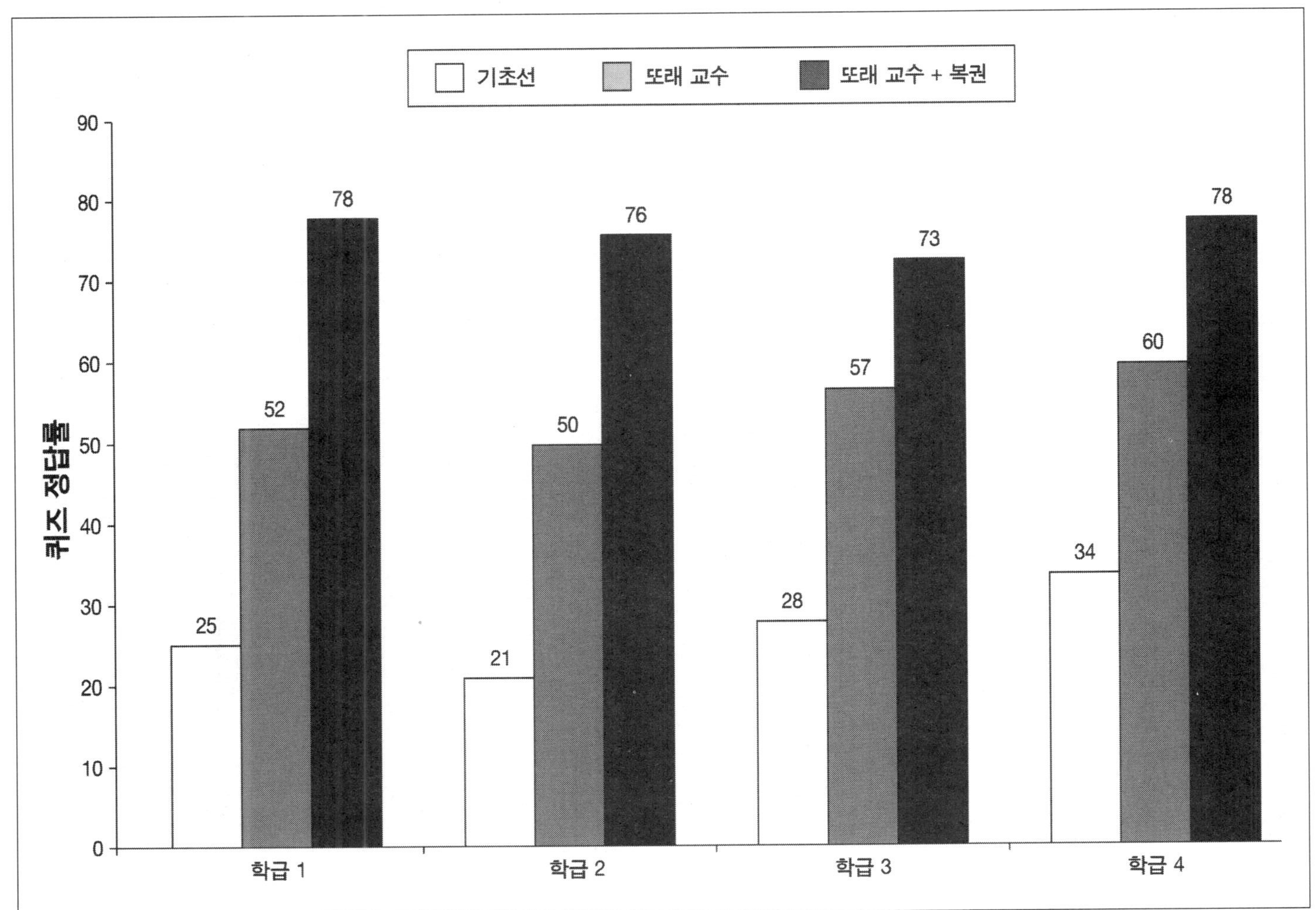

그림 2.3 교실에서의 또래 교수 프로그램의 결과

져올지도 모른다.

강화를 택함에 있어 핵심은 규칙 위반, 방해 행동, 기타 등등의 결과가 나타나면 학생들을 지도하고, 지도 후 적절한 행동이나 목표를 충족시킬 때 선택된 강화물이나 특권을 결과와 함께 알려 주는 것이다. 일관성 있게 적용되는 가벼운 처벌이 부적절한 행동에 대한 가장 효과적인 결과가 될 수 있다. 처벌의 정의는 미래에 나타나는 행동의 가능성이나 빈도를 감소시키기 위해 행동에 따라 수행되는 결과이다(Alberto & Troutman, 1999). 강화와 비슷하게, 처벌자는 단지 행동(감소시키는)을 위한 효과를 기준으로 정의될 수 있다. 앞에서 의논하였듯이, 몇몇 교사들의 비난 또는 부정적인 표현과 같은 행동들은 학생들을 처벌하기보다는 오히려 강화하는 것이 될 수 있다.

효과적으로 적용할 수 있는 가벼운 처벌방법에는 반응대가나 짧은 순간의 타임아웃 수행을 들 수 있다. 반응대가(response cost)는 간단히 말해 몇몇의 강화 요소를 제거하는 것이다. 그 예로서 1분 휴식 시간을 없애거나, 놀이 활동 참여시각을 5분 늦춘다거나, 복권 또는 점수를 깎는 것 등을 들 수 있다. 타임아웃은 긍정적인 강화를 얻을 기회를 제거하는 것이다. 타임아웃은 참여할 기회가 고립된 환경 내에서 짧은 시간 동안 이루어져야 한다(예: 5분 동안의 소등 또는 고개 숙이기, 체육시간에 방해 행동을 하면 몇 분간 측면에 앉히기). 격리 타임아웃은 아동을 환경이나 활동으로부터 격리시키는 타임아웃 공간을 쓰는 것이다. 행동이 나타났을 때 타임아웃을 하는 동안 다른 방법으로 주의를 주거나 아이에게 이야기하는 것이 아니라 바로 타임아웃 교실로 보내는 것이 아주 중요하다. 타임아웃 이후 돌아올 때 결과 보고 또는 간단한 평가가 이루어져야 한다. 타임아웃, 특히 격리 타임아웃은 학교, 관할구역, 행정지역 정책에 충실하고 주의 깊게 수행되어야 한다(예: 교수 단절, 빈도 사용, 선행 위반). 처벌 순서는 모두 행정기관, 부모와 함께 주의 깊게 의논해야 한다. 학생지원 팀 임원들이 만성적인 행동에 대해 처벌 순서를 개발할 때, 부모의 참여와 지원을 요청하는 것이 도움이 될 것이다. 부정적인 결과 수행을 위한 다음 정책들은 정확성과 가벼운 처벌 사용을 통해 얻는 효과를 높인다.

- ◆ 항상 강도가 약한 부정적 결과를 사용하라. 처음부터 가벼운 처벌로 시작해서 점점 강도가 센 단계로 증가시키지 말라(내성을 증가시키거나 아동의 민감성을 감소시킴으로써 처벌의 효과를 감소시킨다).
- ◆ 가볍게 처벌할 때(짧은 타임아웃, 2분간의 휴식 제거), 말로 결과를 진술하거나 결과를 수행하고(그렇게 할 수정시간이 있을 경우), 정규 일과로 이동하라. 핵심은 결과의 엄격함이 아니라 일관성이다.
- ◆ 그 체계가 작동하는지 아닌지 판단하기 위해서는 2주간의 시험기간을 두는 것이 좋다. 학생이 그 체계를 시험할 때 행동이 짧은 시간 안에 증가할 것이나.
- ◆ 추가적으로, 문제행동에 관한 의논은 결과가 수행된 후에 이루어져야 한다는 것을 명심하는 것이 중요하다. 문제행동이 나타났을 때 즉시 그 행동에 대해 이야기하는 것은 문제가 될 수도 있다. 그 상황에서 그러한 행동은 경솔하게 그 행동에 대한 관심을 주어 강화하는 것일 수도 있다. 그 의논은 또한 일상적인 학급일에 방해가 될 수도 있고, 또래들의 오락으로 작용할 수도 있다. 결과 보고는 후에 이루어지고 그것은 미래 예방을 계획하는 것이다. 그리고 다음번에 학생이 어떻게 그 행동을 하지 않는지 결정하는 것을 도와준다.

일련의 행동에 있어서 초기에 시작하는 것이 중요하다. 즉, 반복적인 경고를 주지 않고 결과를 수행하기 전에 행동을 단계적으로 강화시키는 것이다.

기능적 평가와 분석

학생들의 행동을 개선시키는 요점은 학생들의 환경 내에서 그들의 행동과 사건, 사람들의 관계를 이해하는 것이다. 문제행동을 보이는 아동들의 이해와 계획 과정을 의미하는 기술적 용어는 기능적 평가와 기능적 분석이다. 어떤 행동 문제는 유기체적 결과(예: 과잉행동, 학습장애)에 의한 것인 반면, 다른 행동은 교실이나 가정환경 내의 환경적인 지원과 다른 반응에 의해 조정될 수 있다. 그런 행동이 어떻게 유지되고 지원되는지를 이해하는 것이 기능적 평가와 분석의 기본적인 목표가 된다.

아동의 부적절한 행동이 지속되거나 단계적으로 확대되는 것의 일반적인 기능이나 동기는 관심 끌기, 회피하기, 유형물에 접근하기, 조정하기, 자극하기 등이 포함된다(Dunlap et al., 1993).

- 주의를 끌기 위한 행동은 교사나 부모, 또래로부터 반응(긍정적 또는 부정적)을 보기 위해 일어난다.
- 회피하기 위한 행동은 아동이 과제 수행에서 좌절하거나 지루해할 때 나타나며, 그 행동은 아주 짧은 시간이라 할지라도 그 과제로부터 벗어나게 한다.
- 접근/조정을 위한 행동은 아동이 유형의 물건을 얻거나 다음의 행동 활동에 접근할 때 나타난다(예: 아동이 또래를 치고 그 또래는 그에게 공을 준다).
- 감각적 자극을 위한 행동은 아동의 신체적 상태가 강화를 제공하는 것이다(예: 자폐 아동의 흔들기, ADHD 아동의 만지작거리기).

기능적 평가는 행동에 영향을 미칠 수 있는 관련 상황과 행동의 선행, 결과에 대한 정보를 구하는 기술의 범위를 기술한다. 사정 절차의 예로는 비율 측정, 면접, 기록 연구, 다양한 상황하에서의 학생 관찰이 있다(제10장 참조). 그러고 나서 가정 개발을 위해 학생 지원 팀이 평가 자료를 재검토한다. (a) 행동의 기능 또는 원인이 제안되고, (b) 행동의 다양한 반응과 결과들이 강화나 행동 유지를 통해서 제안된다. 기능적 분석은 작은 실험을 수행하거나 지속적으로 유지되는 상황의 짧은 과제(가정 실험)를 수행하는 것을 의미하고, 기능적 분석은 관찰되는 행동에 영향을 미친다. 그러고 나서 마지막 단계는 기능적 평가 순서에 의해 평가를 기초로 한 중재를 설계한다(Fox, Conroy, & Heckaman, 1998; Gresham, Quinn, & Restori, 1999).

기능적 평가와 분석 절차는 시간이 걸리겠지만, 이 과정을 통해 설계된 중재가 좀 더 효과적이라는 것을 연구 결과를 통해 알 수 있다. 시간은 좀 더 신뢰성 있고 효과적인 중재를 적응시키기 위한 조사관으로서 가치가 있다. 이 접근법은 정확하게 학생의 행동을 개선시키는 것을 도와주고 나중에 더 심각한 행동을 예방할 수 있다(Kamps et al., 1995). 따라서 (기능적 평가와 분석 절차에) 시간이 더 걸리는 것이 학생과 교사가 행동을 강화할 때 낭비되는 시간을 줄이는 데 더 낫다. 몇몇 간행물은 기능적 평가와 분석 절차를 사용하기 위한 구체적인 청사진을 제공한다(Burke, 1992; Lohrmann-O'Rourke, Knoster, & Llewellyn, 1999; McEvoy, Davis, & Reichle, 1993; Symons, McDonald, & Wehby, 1998; Todd, Horner, Sugai, & Colvin, 1999; Umbreit, 1995; Witt, Daly, & Noell, 2000).

이 과정을 요약해 보면, 기능적 평가와 분석은 학생이 행동에 도전하는 데 결정적이다. 따라서 앞에서 기술되었던 추천 중재법(예: 강화와 벌)의 선택은 학생들이 적당한 행동과 사회성 기술을 발전시키는 데 지원하기 위한 개별화된 행동 프로그램을 위한 기능적 평가와 관계가 있다. 행동의 기능과 관련된 일반화된 지원에는 다음의 정책들이 포함된다. (a) 학생들의 제한과 선택을 증가시킨다. (b) 긍정적인 관심의 기회를 증가시킨다. (c) 학생과 긍정적인 관계를 맺고, 자기평가를 설립한다. (d) 반사회적 행동에 대체될 적당한 행동을 가르친다. (e) 예방적이고 긍정적인 학급 관리를 이용한다(Topper, Williams, Leo, Hamilton, & Fox, 1994). 가장 강력한 중재법은 개별 아동을 위한 기능적 평가의 특별한 발견과 관련이 있고, 구조화되고 일관적인 양육 환경 내에서 수행된다. 행동(예: 도피하기, 관심 끌기, 접근/통제, 자극)의 기능과 관련된 개별화된 중재의 예는 **표 2.2**에 있다. 부록 2.A는 개별 아동을 위한 기능적 사정의 예를 제공한다.

학생뿐만 아니라 집, 학교와의 계약 토큰법 또한 기능적 분석 절차를 통해 향상될 수 있다. 토큰법은 요구된 행동과 그 행동에 대한 보상 사이의 지연을 연결하기 위해 토큰(점수, 티켓)을 이용하는 동기화된 체제이다. 토큰은 적절한 반응에 바로 주어지고, 후에 품목이나 특권으로 바꿀 수 있다. 따라서 미래에 요구되는 행동의 빈도가 증가할 것이다(reinforcement; Alberto & Troutman,

표 2.2 행동 기능에 초점을 맞춘 중재법

기능	가능한 중재법
도피/회피	순응 강화하기 3~5분 간격으로 과제 행동 강화하기(자기관리) 적당하게 도움을 요청하는 법 가르치기(항상 반응하기) 추가적인 도움을 제공하고, 자주 수행을 관찰하기 동기를 부여할 수 있고 실천적인 활동을 증가시키기 어려운 부분이나 문제와 함께 일의 쉬운 부분도 제공하기 학생들에게 과제 선택이나 종료 지시에 있어서 선택의 기회 주기 과제 문제나 해결에 대한 서면의 모델을 책상에 두기 처음에는 과제의 양을 줄이고, 점차적으로 행동이 개선됨에 따라 증가시키며 생산성을 증가한다. 방해 행동의 부재를 강화하기 피하기: 무시하기, 타임아웃
관심 끌기	즉각적인 순응 강화하기 적절한 행동을 3~5분 간격으로 강화하기(자기관리) 적절한 관심 끌기 행동 지도하기(사회기술) 시각적인 기록을 이용하여 수업 시간마다 최소의 요구/관심을 허용하고, 추가적인 관심 끌기에 벌칙 사용하기 문제행동 부재에 강화하기 낮은 수준의 관심 끌기 행동 무시하기 특별한 칭찬을 사용하거나 과제 동료들을 위한 특권 사용하기 또래 지도나 협조적인 활동 허락하기 마지막 수단으로 타임아웃 사용하기 피하기: 구어적 질책, 방해/방향 변경에 반응하기
유형물 접근/제한	잘못된 행동에 대한 모방 행동 허락하지 않기 접근을 요구하고, 화를 관리하는 수용적인 방법 가르치기 또래와의 적당한 사회적 상호작용 가르치기와 보상하기 접근을 위해 계약을 사용하거나 그 대신 요구 사항을 실행하기 몇 가지 비우발적 접근법 제공하기 피하기: 물질, 활동에 접근 예, 잘못된 행동 따라 하기
감각적 자극	행동을 방해하고 행동 방향 전환하기 대체적, 적절한 행동에 종종 강화하기 자극의 다른 원천으로의 접근 강화하기 적절한 과제에 감각적이고 강력한 보상 사용하기(쿠시볼, 흔들리는 장난감/펜, 음악, 만화경) 피하기: 타임아웃, 주의력 철회

출처: Mayer, 1999; Scott & Nelson, 1999; Todd et al., 1999.

1999; Rhode et al., 1992). 학생 계약은 행동과 강화인자를 얻을 수 있는 기준점을 정확하게 정의함으로써 강화 프로그램에 신뢰성을 첨가한다(80% of assignments turned in on time; Alberto & Troutman, 1999; Rhode et al., 1992). 계약에 부모의 참여는 성공 가능성을 증가시킬 수 있고, 부모가 강화에 도움을 준다는 의미를 뜻하며, 가정과 학교의 의사소통을 증가시킬 수 있다.

개인별 학생의 성공을 촉진시킬 전망

이 장에서는 문제행동을 보이는 개별 학생들의 성공을 촉진하기 위한 과정과 정책의 윤곽을 보여 주었다. 요점은 바로 이제까지 성공 가능성이 높고 최소한의 방해적인 중재를 행하는 것이다. 자료를 바탕으로 한 연구들의 최근 재검토를 통해 집단강화, 자기관리, 다른 강화 프로그램들이 가장 강력하고 효과적인 중재법이라는 것을 알 수 있다(Stage & Quiroz, 1997). Walker 등(1995)은 더욱이 중재의 효과와 중요성에 영향을 미칠 결정적인 변수들을 제시했다. 포괄적인 중재는 실질적인 사회적 수행인으로서 교사, 부모, 또래를 포함하며, 절차는 학생들의 다양한 욕구를 의미한다(예: 학업적 지도, 방해 행동을 줄이기 위한 집단강화). 중재 충실도는 숙련된 목표와 최고의 실습 정책을 포함한다. 중재 범위는 개선된 행동을 유지시킬 수 있고 효과적이기에 충분한 기간 동안 그 중재가 적절하다는 것을 의미한다. 관찰/접근은 '촉진 과제'(재교육)와 교정이 필요할 때 지시하기 위해 나타난다. 학교 전반 규칙 프로그램(제5장 참조), 긍정적 행동지원 모델(Todd et al., 1999), 기술적 지원 팀(McEvoy et al., 1993)은 모두 효과적인 예방과 중재를 유지하기 위한 추가적 지원적 정책이다.

적절한 학생 행동과 성장을 개선하는 것은 아주 어려운 일이다. 이 장에서는 반사회적 경향을 가진 학생들의 행동을 개선하기 위한 긍정적이고 예방적인 접근법에 초점을 맞추며 효과적이고 잘 관리된 학급 건설을 위한 몇몇 도구를 제공해 왔다. 간단하게 말해서, 팀의 자원을 이용하는 계획을 수립하고 계획을 수행한다. 그리고 그 계획의 효과성에 접근하고(제10장 참조), 재집단화하고,

수정한다. 이런 방법들은 긍정적인 개별 중재를 위한 틀을 제공한다. 일관된 본질의 수행과 자료를 바탕으로 한 결정하기는 반사회적 행동을 가진 학생의 개선된 수행과 행동을 아주 잘 지원할 수 있고, 좀 더 심각한 행동을 예방하는 데 아주 효과적이다.

부록 2.A

새뮤얼-기능적 사정의 사례 연구

새뮤얼은 1학년 때부터 몇 가지 문제행동을 보이고 있었다. 2학년이 된 이후에는 새뮤얼의 행동이 지속적으로 악화되었다. 새뮤얼은 울거나 과제 완성을 거부했고 때로 물건을 부수기도 했다. 새뮤얼의 선생님은 그의 행동이 수학시간에 더욱 악화되는 것 같다고 말했다. 교사는 수학이 새뮤얼에게 약한 영역이라고 믿고, 1학년 때의 학업 기록에서 이 사실을 확신했다. 객관적인 관찰자는 새뮤얼이 수학시간에 순응하지 않는다고 언급했다. 교사는 프로젝트를 이용한 예를 들어 설명하였고, 20분간의 독립적인 과제 수행 시간을 주었다. 새뮤얼은 종종 교사에게 과제를 수행하라고 경고를 받았으며, 그는 뿌루퉁하거나 울어버리는 반응을 보였다. 그의 행동이 확대되었을 때, 새뮤얼은 교실 뒤에 있는 개인용 열람석에서 공부를 할 수 있게 옮겨졌다.

이런 정보를 이용하여 학생지원 팀은 새뮤얼의 행동은 수학의 어려움에 의해 유발되고, 그가 개인적 도움을 받지 못한다는 사실에 악화된다는 가설을 수립했다. 새뮤얼의 행동이 종종 집단에서 떠나는 결과를 만들기 때문에, 팀은 그가 어려운 과제를 완성하는 것으로부터 도피하기 위해 잘못된 행동을 저지른다고 이론화했다.

그 팀은 이 이론을 1주에 걸쳐서 두 가지의 다른 교수전략을 비교하면서 실험하였다. 이틀 동안 교사는 원래 자신의 교수 스타일대로 수업을 하였다. 세 번째 수학시간에는 교사와 학급 보조자가 독립적인 과제 수행 시간 전에 학생의 소집단 안에서 공부하면서, 문제를 해결할 수 있는 10분간의 개별지도 시간을 주었다. 새뮤얼에게는 좌절감을 느낄 때 좀 더 많은 도움을 요청할 수 있는 카드가 주어졌다. 관찰은 팀의 가설을 확인시켜 주었다. 새뮤얼은 추가적인 지원이 주어진 3일 동안 몇 번 구어적 불만만을 하였다. 다른 이틀 동안에 그는 과제 외 시간에 더 많은 시간을 보냈다. 자료를 기초로 한 중재는 수학시간에 기본적인 기술을 향상시키고, 75%의 수행에 보상을 하기 위해, 나이 많은 개인교사가 매주 3회에 걸친 몇몇 학생들의 철저한 지도와 함께 발달되었다.

참고 문헌

Alberto, P., & Troutman, A. (1999). *Applied behavior analysis for teachers.* Upper Saddle River, NJ: Prentice Hall.

Babyak, A., Luze, G., & Kamps, D. (2000). The Good Student Game: Behavior management for diverse classrooms. *Intervention in School and Clinic, 35,* 216-223.

Barrish, H., Saunders, M., & Wolf, M. (1969). Good Behavior Game: Effects of individual contingencies for group consequences on disruptive behavior in a classroom. *Journal of Applied Behavior Analysis, 2,* 119-124.

Bierman, K., Miller, C., & Stabb, S. (1987). Improving the social behavior and peer acceptance of rejected boys: Effects of social skill training with instructions and prohibitions. *Journal of Consulting and Clinical Psychology, 55,* 194-200.

Brigham, F., Bakken, J., Scruggs, T., & Mastropieri, M. (1992). Cooperative behavior management: Strategies for promoting a positive classroom environment. *Education and Training in Mental Retardation, 27,* 3-12.

Burke, J. (1992). *Decreasing classroom behavior problems: Practical guidelines for teachers.* San Diego, CA: Singular.

Campbell, 5. (1995). Behavior problems in preschool children: A review of recent research. *Journal of Child Psychology and Psychiatry, 36,* 113-149.

Carpenter, S., & McKee-Higgins, E. (1996). Behavior management in inclusive classrooms. *Remedial and Special Education, 17,* 195-203.

Colvin, G., Sugai, G., Good, R., & Lee, Y. (1997). Using active supervision and precorrection to improve transition behavior in an elementary school. *School Psychology Quarterly, 12,* 344-363.

Darveauz, D. (1984). The Good Behavior Game plus merit: Controlling disruptive behavior and improving student motivation. *School Psychology Review, 13,* 510-514.

Davis, C., & Reichle, J. (1996). Invariant and variant high-probability requests: Increasing appropriate behaviors in children with emotional behavior disorders. *Journal of Applied Behavior Analysis, 29,* 471-482.

Dunlap, G., Kern, L., dePerczel, M., Clarke, S., Wilson, D., Childs, K., White, R., & Falk, G. (1993). Functional analysis of classroom variables for students with emotional and behavioral disorders. *Behavioral Disorders, 18*, 275-291.

Forehand, R., & McMahon, R. (1981). *Helping the noncompliant child.* New York: Guilford.

Fox, J., Conroy, M., & Heckaman, K. (1998). Research issues in functional assessment of the challenging behaviors of students with emotional and behavioral disorders. *Behavioral Disorders, 24*, 26-33.

Gresham, E, Quinn, M., & Restori, A. (1999). Methodological issues in functional analysis: Generalizability to other disability groups. *Behavioral Disorders, 24*, 180-182.

Hops, H., & Walker, H. (1988). *CLASS: Contingencies for Learning Academic and Social Skills.* Seattle, WA: Educational Achievement Systems.

Kamps, D., Ellis, C., Mancina, C., Wyble, J., Greene, L., & Harvey, D. (1995). Case studies using functional analysis for young children with behavior risks. *Education and Treatment of Children, 18*, 243-260.

Kamps, D., Kravits, T., Rauch, J., Kamps, J., & Chung, N. (2000). A prevention program for students with or at risk for ED: Moderating effects of variation in treatment and classroom structure. *Journal of Emotional and Behavioral Disorders, 8*, 141-154.

Kauffman, J. (1989). *Characteristics of children's behavior disorders.* Columbus, OH: Merrill.

Kazdin, A., Mazurick, J., & Bass, D. (1993). Risk for attrition in treatment of antisocial children and families. *Journal of Clinical Child Psychology, 22*, 2-16.

Kern, L., Dunlap, G., Childs, K., & Clarke, S. (1994). Use of a classwide self-management program to improve the behavior of students with emotional and behavioral disorders. *Education and Treatment of Children, 17*, 445-458.

Landrum, T., & Tankersley, M. (1997, February). *Implementing effective self-management for students with behavioral disorders.* Paper presented at the Midwest Symposium for Leadership in Behavior Disorders, Kansas City, MO.

Loeber, R., Wung, P., Keenan, K., Giroux, B., Stouthamer-Loeber, M., Van Kammen, W, & Maughan, B. (1993). Developmental pathways in disruptive child behavior. *Development and Psychopathology, 5*, 103-134.

Lohrmann-O'Rourke, S., Knoster, T., & Llewellyn, G. (1999). Screening for understanding: An initial line of inquiry for school-based settings. *Journal of Positive Behavior Interventions, 1*, 35-42.

Mayer, G. R. (1999). Constructive discipline for school personnel. *Education and Treatment of Children, 22*, 36-54.

McEvoy, M., Davis, C., & Reichle, J. (1993). District-wide technical assistance teams: Designing intervention strategies for young children with challenging behaviors. *Behavioral Disorders, 19*, 27-33.

Miller, G., Brehm, K., & Whitehouse, S. (1998). Reconceptualizing school-based prevention for antisocial behavior within a resiliency framework. *School Psychology Reviews, 27*, 364-379.

Mitchem, K., Young, K. R., West, R., & Benyo, J. (in press). CWPASM: A classwide peer-assisted self-management program for general education classrooms. *Education and*

Treatment of Children, 24.

Patterson, G. R. (1982). *A social learning approach: Coercive family process.* Eugene, OR: Castalia.

Pettit, G. S., Bates, J., & Dodge, K. (1993). Family interaction patterns and children's conduct problems at home and school: A longitudinal perspective. *School Psychology Review, 22,* 403–420.

Rhode, G., Jenson, W., & Reavis, H. K. (1992). *The tough kid book: Practical classroom management strategies.* Longmont, CO: Sopris West.

Salend, S., Whittaker, C., & Reeder, E. (1992). Group evaluation: A collaborative peer-mediated behavior management system. *Exceptional Children, 59,* 203–209.

Scott, T., & Nelson, C. M. (1999). Using functional behavioral assessment to develop effective intervention plans: Practical classroom applications. *Journal of Positive Behavior Interventions, 1,* 242–251.

Stage, S., & Quiroz, D. (1997). A meta-analysis of interventions to decrease disruptive classroom behavior in public education settings. *School Psychology Review, 26,* 333–368.

Symons, F., McDonald, L., & Wehby, J. (1998). Functional assessment and teacher collected data. *Education and Treatment of Children, 21,* 135–159.

Tankersley, M. (1995). A group-oriented contingency management program: A review of research on the Good Behavior Game and implications for teachers. *Preventing School Failure, 40,* 19–24.

Todd, A., Horner, R., Sugai, G., & Colvin, G. (1999). Individualizing school-wide discipline for students with chronic problem behaviors: A team approach. *Effective School Practices, 17,* 72–82.

Topper, K., Williams, W., Leo, K., Hamilton, R., & Fox, T. (1994). *A positive approach to understanding and addressing challenging behaviors: Supporting educators and families to include students with emotional and behavioral difficulties in regular education.* Burlington, VT: University of Vermont, University Affiliated Program.

Umbreit, J. (1995). Functional assessment and intervention in a regular classroom setting for the disruptive behavior of a student with attention deficit hyperactivity disorder. *Behavioral Disorders, 20,* 267–278.

Walker, H. (1998). First steps to prevention of antisocial behavior. *Teaching Exceptional Children, 30,* 16–19.

Walker, H., Colvin, G., & Ramsey, E. (1995). *Antisocial behavior in school: Strategies and best practices.* Pacific Grove, CA: Brooks/Cole.

West, R., Young, K., Callahan, K., Fister, S., Kemp, K., Freston, J., & Lovitt, T. (1995). The musical clocklight: Encouraging positive classroom behavior. *Teaching Exceptional Children,* 28, 46–51.

Witt, J., Daly, E., & Noell, G. (2000). *Functional assessments: A step-by-step guide to solving academic and behavior problems.* Longmont, CO: Sopris West.

자료

Algozzine, B., Ysseldyke, J., & Elliott, J. (1997). *Strategies and tactics for effective instruction*. Longmont, CO: Sopris West.

O'Neill, R., Horner, R., Albin, R., Sprague, J., Storey, K., & Newton, J. (1997). *Functional assessment and program development for problem behavior: A practical handbook*. Boston: Brooks/Cole.

제 3 장

총체적 질(가치) 원리 적용을 통한 학습 문제 예방

Bob Audette
Bob Algozzine
Mary Beth Marr
Edward D. Ellis, Jr.
Richard White

아동들이 대답을 하거나 자기 의견을 표현하기 위해 열심히 손을 들고 있는 교실을 상상해 보라. 친구들이 이야기할 때, 다른 학생들은 그것을 조용히 듣고 있는 교실을 상상해 보라. 교사가 학생들의 행동을 규제하기보다 학생들의 학습을 지원하거나 가르치는 데 시간을 보내고, 학생 스스로 그들 자신의 행동을 통제하는 교실을 상상해 보라. 이는 총체적 질(Total Quality) 교육 원리를 적용하고 있는 교실에서나 볼 수 있는 것이다.

원리의 적용은 시사적으로 몇몇 국가에서 가장 성공한 산업의 효과성과 수익성을 눈에 띄게 개선시켜 왔다. 고품질 물품을 생산해 내는 과정을 개선하는 것이 미국 학교를 변화시키는 데도 적용, 노력을 기울이게 되었다. 총체적 질 원리는 적극적으로 책임감 있게 학생 스스로 관리하고 학습을 개선하며 성취도를 높이는 데 몰두하기 위한 윤곽을 제시한다. 교사의 역할이 지도자에서 학습의 촉진자로 변하는 것이다. 학생들이 적극적으로 수행한 약속과 교사의 역할 변화는 학급에서 총체적 가치 교육 원리를 적용함으로써 얻을 수 있는 학습 문제를 예방하는 면에서 핵심적 측면이다. 학급에 구조화된 총체적 질 경영 원리를 적용할 때 발생하는 학습과 교수의 유형, 형식은 어떻게 모든 학생들에게 이로운지를 이해하는 데 기본 구조를 제공한다. 총체적 질의 근본은 부산물이나 결과가 과정상의 직접적인 결과인지, 체제가 그것들을 만들어 낸 것인지를 인식하는 것이다. 이런 관점에서 부산물 또는 결과를 개선하고 변화시키기 위해 먼저 그것을 만들어 낸 체제나 과정을 개선하거나 변화시켜야 한다. 더욱이 질(quality)을 정의 내리는 기준은 결과물이나 결과에 대한 학생들의 기대와 요구에 의해 결정되어야 한다. 총체적 질 경영 원리를 명확하게 적용하지 않는 학급들은 '전통적'으로 표현된다. 그런데 이 원리를 적극적으로 적용하는 것은 가치 학급으로 표현된다.

총체적 질 교육

제2차 세계대진이 끝난 이후, 고품질 생산물과 관련되어 구조화된 원리를 이해, 정의하고 적용하기 위한 전 세계적인 흐름이 성장해 왔다. 제2차 세계대전 이후, 일본의 산업 지도자들은 오늘날 세계적으로 최고가 된 회사들의 사업방법인 총체적 질 경영 이론을 번역했다. 1980년대에 구조화된 종합적 질 원리는 서비스, 건강 관련 산업에 정착하기 시작했다. 그 이후 이런 구조화된 원리는 정부 업무에 정착되고, 최근에는 학교, 교실에 정착되고 있다. 매일 모든 학교에서 교사와 학생들은 가르치고 배우는 과정을 시작한다. 몇몇 학교에서의 학급 절차는 학생의 자연적인 호기심이 촉진될 적극적 문화 연구에 기여한다. 이 같은 학교에 있는 학생들은 그들의 교실 안이나 밖에서 영향을 주는 문제들을 스스로 해결하도록 지도, 촉진된다. 최근의 관심 이전부터 총체적 질 경영 원리는 학습을 계획, 평가하는 과정에 학생 본인들이 적극적으로 참여하는 것이 학습에 대한 그들의 관심을 향상시킨다는 중요한 증거를 보여 주었다. 주입식 교육의 학교에서는 학교 공부에 대한 학생의 무관심과 수행의 부족을 촉진시킬 뿐 아니라, 학교에 대한 노골적인 혐오와 문제행동의 발생을 야기한다.

모든 것은 사명에서 시작된다

전통적인 교실에서의 교수 과정은 '이미 정해진 교육과정에 따르고', '학생들의 시험 점수를 향상시키기' 위해 강요하는 교사들의 목적과 관련되어 있다. 학교는 '사회에 기여하는 시민으로 교육하기' 또는 '이 사회에 최고 인재 되기'와 같은 공공의 목적을 나타내는 공식적인 사명 선언을 공표해 왔다. 이런 문서에는 학습과 발달을 위한 학생들의 책임에 대해서는 언급도 되어 있지 않다.

공식적이고 실질적인 학교의 사명. 전통적 학교에서 공식적 사명은 간단히 말해 대중주의이고, 지원과 열의를 집중시킬 목적으로 발전되었다. 그런 공식적 사명 선언이 전통적인 정규 12학년 학급에 큰 영향을 끼쳤다는 증거는 거의 없다. 예를 들어, 대부분의 학교에 공식적 사명 선언이 교실마다 붙어 있는 경우는 많지 않다. 비슷하게 학생들과 교사들은 학교의 공식적 사명에 대한 정확한 해석을 규정할 수 없다. 그 공식적 학교 사명 선언은 대체로 매일매일 진행되는 교수와는 아무런 의미가 없다.

공포된 공식적 사명과는 대조적으로, 대부분의 공립학교에서의 실제적 사명은 가장 대중적으로 측정되고 가장 널리 인식되는 것을 기초로 한다. 그것은 교사들의 우선권, 학급과 관련된 학습과 교수 과정을 결정하는 실제적인 사명이다. 전통적인 미국 공립학교에서 교육과정의 범위와 시험에서의 고득점이 공립학교의 실제적 사명을 구성한다는 것은 의심의 여지가 없다. 목적을 정당화하는 수단(학기 말 시험)의 문제가 아니라, 수단이 실제적으로 목적이 되는 경우가 있다.

사명과 공조된 역할. 교사와 학생의 역할은 전형적으로 학교의 실제 사명의 인식에서 기인한다. 학기 말 시험에서 높은 성적을 내는 것을 강조함으로써 지식, 기술, 직업을 얻기 위해 적용할 수 있는 태도를 가르치는 교사들의 역할이 기말 시험을 통과하려는 학생들을 감독하고 준비시키는 것으로 변하게 되었다. 교사와 학생은 학생이 실제 배웠는지, 학생이 배운 것을 적용할 수 있는지에 관계없이, 다음 교육과정으로 넘어가기 전에 대부분의 내용을 숙지하기를 희망하면서 교육과정에 따라 질주한다.

기말 시험에 대해서 부담을 갖고 있는 전통적인 학급을 관찰한 결과를 바탕으로 한다면 교사의 역할은 학생들에게 해야 하는 일을 말해 주는 것이고, 학생의 역할은 교사가 말한 것을 행하는 것이라고 결론짓는 것이 논리적일 것이다. 교사와 학생은 일관되게 교실에서 학생들이 하는 일에 대해 책임을 지는 사람은 교사라고 말한다. 전통적인 학교에서의 대표적인 인터뷰에서 학생들이 말하는 교사의 역할은 '담당하는', '우리를 학습하게 만드는', '우리에게 해야 할 것을 말하는', '우리의 시험 점수를 올리게 하는' 것으로 묘사되었다. 반면에, 교사가 말하는 학생의 역할은 '교사의 말을 경청하는', '지시를 따르는', '열심히 공부하는' 것으로 기술된다. 명백히 이해관계가 많고 책임감 있는 사명에 의해 운영되는 학교에서는 행동과 학습 문제를 가진 학생들을 상당한 걱정거리로 여긴다.

좋은 학교 교훈과 교사의 규칙. 전통적 학교와 대조적으로, 종합적 질 원리를 적용하는 학교는 그들의 교훈에 의해 조정된다. 이런 교훈들은 학생과 교사의 활발한 참여와 많은 부모들의 지원, 상담에 의해 발달해 왔다. 구체적인 용어나 주제는 이 학교 저 학교, 이 학급 저 학급을 다소 변화시키는 동안 의도가 명백해진다. 좋은 학교의 교훈 선언에 있어서 일관된 우선권은 (a) 학교 공동체의 모든 임원과 학생들의 발달과 학습, (b) 의도적·자발적 학습과 행동을 보였을 때 개인적 책임감과 관련된 태도와 기술의 발달이다. 학교 교훈은 종이 문서일 뿐이지만, 핵심 목적을 밝히는 학교 공동체의 실제적인 가치와 우선권을 표현한다.

교훈은 실천적이다. 전통적인 학교와 좋은 학교의 중요하고 유일한 차이점은 좋은 학교의 교훈은 삶의 모든 측면을 좌우한다는 것이다. 교훈 선언은 학생과 교사에 의해서 자주 언급된다. 좋은 학급에서 교사와 학생은 서로서로에게 학습 임무의 성취 방향으로 수행되는 행동과 수행물에 대해 칭찬을 하는 것이 보통이다. 반대로 학습 목표를 흐트러뜨리는 활동에 대해서는 서로에게 주의를 주는 것이 보통이다. 학급 관리는 학급 급훈에 의해서 조정된다. 학생들을 교정할 때, 교사는 "이런 행동이 우리가 목표에 도달하는 데 도움을 줄까?"라고 질문하라. 학생들은 그런 행동이 이롭지 않는다는 점을 즉시 인정하고 목표 도달을 지원하도록 설계된 긍정적인 행동으로 좀 더 쉽게 되돌아간다. 마찬가지로 그것은 우리가 임무를 완수하는 데 도움을 주기 때문에 좋은 성과를 완수한 학생들의 성공을 축하한다.

학생과 교사는 개인적 혹은 학급에서 필수적인 내용으로 급훈을 사용한다. 예를 들어, 4학년 학급은 특별한 야외학습을 하지 않기로 했다. 왜냐하면 공룡 박물관 방문처럼 특별한 야외학습이 흥미롭기는 하나 다음 몇 달 동안의 학습 목표 달성에는 기여하지 않기 때문이다. 게다가 그러한 야외수업이 값비싼 학습시간을 소모한다고 결론지었다.

사명과 관찰. 좋은 학급에서의 급훈은 모든 사정과 평가에 있어 기본이 된다. 학생들의 목표와 목적을 자세히 열거하는 것은 학습의 중심을 확립하는 것이다. 표준화된 검사가 몇몇 학생의 성취 요소를 사정하는 데 여전히 부가적으로 사용되지만, 좋은 학급에서의 강조점은 프로젝트나 포트폴리오에 나타나는 작품의 형태로 학습의 사정과 평가를 지속적이고 믿을 만하게 수행하는 것이다. 일의 질과 과정의 평가는 지속적일 뿐 아니라, 학업에 대한 가치 기준에 만족하거나 능가하는 과정뿐만 아니라 시간을 관리하는 방법을 매일 관찰하거나 스스로 평가하는 학생들에 의해 수행되는 것 그 이상이다.

그것은 좋은 학교의 교사와 학생들이 표준화된 시험에 태연하다는 인상을 전달하려는 의도가 아니다. 좋은 학교에서는 대부분의 교사와 학생들의 최근 태도가 옛날 격언과 유사하다. "푼돈을 소중히 하면 목돈은 절로 모인다." 따라서 여기서는 매일 학생의 학습 결과와 행동에 대한 발달적 사정을 강조하는 것이다. 좋은 학교에서 교사와 학생들은 만약 "교육과정이 학구적이고 적용적이며 매일 평가된다면 표준화 평가는 스스로 대비될 것이다."라고 믿는다. 초기의 증거가 그 믿음을 입증한다. 이 장에 언급된 종합적 질 원리를 적용하는 학교는 지난 8년에 걸쳐서 시험 성적을 견실하게 향상시켜 왔다.

좋은 학교와 학생의 규칙. 좋은 학교에는 학생이 1순위 학습자라는 의견이 있다. 결론적으로, 모든 사람들은 교사가 학생으로 하여금 배우게 할 수 없고 그들이 학생을 위해 배울 수도 없다고 인지한다. 오히려 교사와 학생들은 학습 과정에서 그들의 상대적인 역할을 이해하고 함께 공부한다. 교사의 일반적인 역할은 그들의 학습 임무를 성취함에 있어 학급을 이끄는 것이다. 교사의 특별한 역할은 학생이 학습하도록 돕는 것이다. 활동적인 참여를 통해 학생들은 학습 목표를 성취하고 좀 더 나은 학습자가 되기 위해서 교사나 다른 사람들로부터 자신들이 요구하는 지원을 점점 확인할 수 있다. 대부분의 모든 활동 후에, 교사는 '나를 위해 일한' 과정과 '개선될 필요가 있는' 과정에 대한 학생의 해설을 유도한다. 문제를 예방하기 위한 관심이 좋은 학급에서는 구체화된다.

사명은 행동(또는 휴식)을 바꾼다

전통적 학교와 좋은 학교에서 교사와 학생의 행동과 그 역할에서의 임무적 충돌의 차이점은 난해하다. 교육과정과 높은 시험 점수 사명을 가지고 있는 학교에서 교사들은 학생들을 교육과정의 모든 부분에 노출시키는 것과 성공적으로 시험을 치르게 하기 위해 준비시키는 것을 책임진다. 학습 사명을 가진 학교에서 교사들은 학생들이 지속적으로 학습을 개선시키는 것과 교육과정에서 그들이 배운 것을 적용할 수 있도록 설명하는 것을 도울 책임이 있다.

전통적 학교와 좋은 공립학교 모두의 교사와 학생들이 함께한 관찰과 토론은 명확하고 반복적인 교수, 학습 활동 패턴을 증명했다. 그 활동들은 교사와 학생의 역할과 활동을 기술한다. 이런 학급 과정은 학교의 사명과 직접적인 연관성을 가지며 사실상 학생의 반응뿐만 아니라 교사의 역할과 의무도 반영한다.

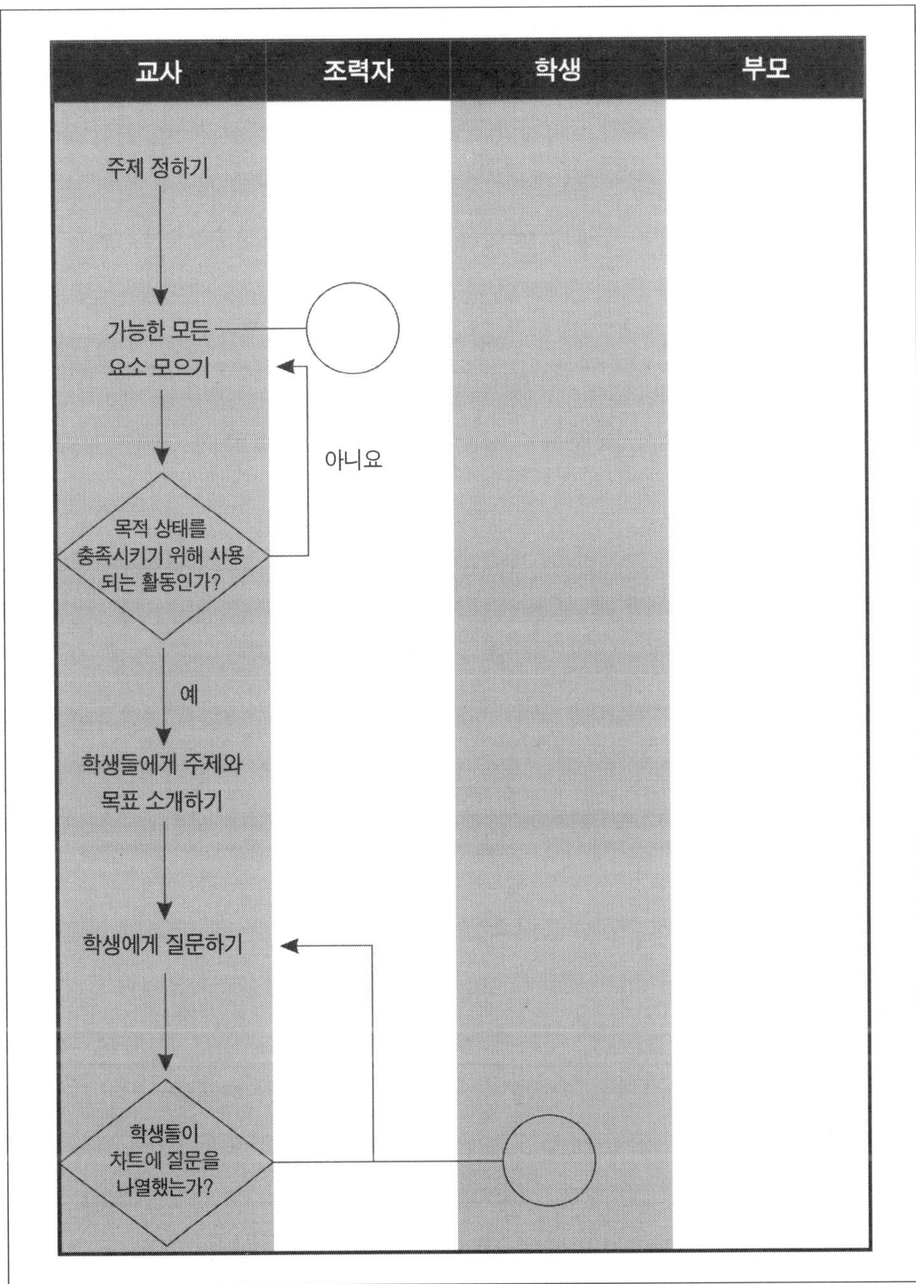

그림 3.1 전통적 학교에서 1학년 교사의 교수·학습 과정 순서도

전통적인 학교에서 교사의 역할과 의무. 전통적인 학교에서 교수와 학습의 반복은 학급 활동의 모든 면에 대해 교사에게 전적인 책임을 두면서 모든 학생을 조정하는 교사의 역할로 특징지어진다. 몇몇 최소한의 변화와 함께, 전통적인 학급에서의 교수와 학습은 전통적인 학교의 1학년 교사에 의해서 만들어진 단계별 순서도(**그림 3.1**)에서 이해될 수 있다.

1. 교사는 교육과정과 진도 안내를 상담한다.
2. 교사는 교육과정의 목표를 진술하기 위해 과와 단원별 교수계획을 짠다.
3. 교사는 교수계획을 실행한다.
4. 교사는 학생들이 시험을 치르게 한다.
5. 교사는 그 시험 결과를 분석한다.
6. 교사는 필요하면 재교육하고 교정한다.
7. 교사는 필요하며 재시험을 치르게 한다.
8. 교사는 교수 방법을 자기평가한다.
9. 교사는 학생의 진행 과정을 보고한다.
10. 교사는 교육과정에서 다음 목표로 이동한다.

유치원부터 고등학교까지 교사에 의해 매일매일 비슷한 과정이 반복됨에 따라, 보편화된 교수와 학습 리듬이 **그림 3.3**에 그려진 것처럼 나타난다.

전형적으로 그들은 이런 패턴과 유사한 리듬대로 따르면서, 모든 학교의 교사들은 교수 규칙과 관련된 많은 추가적인 의무들을 수행한다. 그들은 모든 학생들의 요구를 충족시킬 수 있는 교수를 개별화하려고 노력한다. 그들은 숙제를 할당하고, 평가하고, 점수를 매긴다. 그리고 표준화된 시험을 치를 수 있게 학생들을 준비시키고 부모와 의사소통하며 부모를 참여시킨다. 그리고 교사들은 수많은 다른 할당된 의무들을 수행한다.

그들이 아주 많은 중요한 역할, 책임, 의무를 수행하면서 살아남기 위해 특히 전통적 학교에 있는 많은 교사들은 스스로 '학생들을 조절해야 한다'는 것을 알았다. 좀 더 인기 있는 몇몇 교사들은 그들의 힘을 사용하는 데에 치밀하다.

그들은 미소와 가벼운 접촉을 이용해서 학급을 조절한다. 몇몇 교사들은 분명히 "학생들을 지도하기 위해서 열정, 조작, 그리고 심지어 책략을 사용하면서 그들을 즐겁게 해 준다."

다른 교사들은 '시간 압박'과 '그런 책략에 시간을 낭비할 수 없다.'라고 아주 많이 생각한다. 그들은 조절을 유지하기 위한 시도 중에 잘못된 행동에 대한 결과를 말해 주거나 명령을 함으로써 그들의 힘을 공공연하게 사용한다. 학생의 행동을 수정하는 데 포함된 질문이나 문제 해결의 경우는 거의 없다. 대부분의 교사들은 충실하게 복종하는 학급 학생들과 함께 행복을 누릴 때가 '최고의' 해이다.

학생의 역할. 전통적인 학급의 학생들 또한 아주 바쁠 수 있다. 그러나 그들의 역할은 많은 생각과 이유 없이 교사들의 지시나 명령에 따르도록 제한되어 있다. 전통적 학급에 있는 학생들의 인터뷰는 그들 중의 매우 소수(5% 이하)만이 최근 학급 활동이나 숙제 활동에 대한 중요한 이유를 표현할 수 있다고 것을 전형적으로 보여 준다. 자신의 일에 대한 이론적 근거를 표현할 수 있는 몇몇 학생들은 대체로 고등학교 나이이고, 일반적으로 부모의 예나 격려에 의해 기원한 어른과 같은 학습 목표를 보인다. 전통적 학교에서 주로 고등학교 인터뷰 중 높은 비율의 학생들은 학급과 과제 활동의 타당성에 대한 질문에 "선생님이 그것을 하라고 말했다."와 같은 말에 아무 생각이 없다는 것을 의미하는 어깨를 으쓱하는 반응을 나타낸다. 적절하게 "왜 우리가 그것을 하나요?"라고 순수하게 물어보는 탐구적인 학생들은 부적절하게 불복종적이고 무례하다고 종종 취급받는다.

좋은 학교의 차이. 좋은 학급에서 적용되는 과정은 교육과정에 대한 학습과 현실적이고 타당한 몇몇 형식을 배우는 것에 열중하도록 강조한다. 질 원리의 적용과 함께 학습 초점은 극적으로 교사와 학생의 역할을 재구성한다. 전통적인 환경 내에서 그들의 부분처럼, 좋은 학교에서 교사들은 학교 임무의 성취에 기여할 책임을 진다. 전통적 학교와는 달리, 좋은 학교의 교사는 지도력, 소비자 중심, 체계적인 사고, 사실에 의한 관리, 지속적인 개선, 협력, 장기간의 약속과

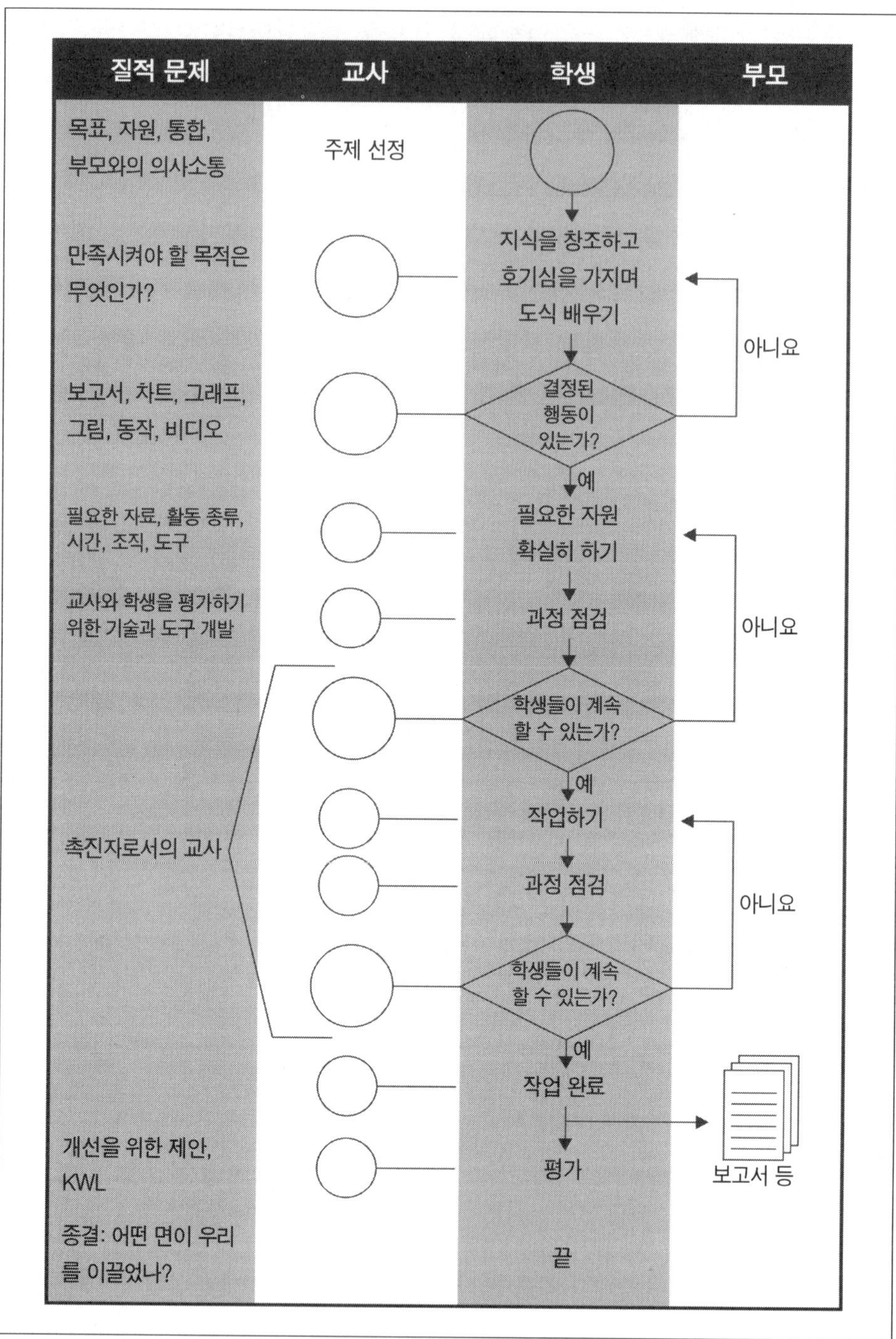

그림 3.2 좋은 학교에서 5학년 교사의 교수·학습 과정 순서도

같은 일곱 가지 결정적인 영역에서 질 경영 원리를 연구하고 적용한다.

지도력(leadership)은 학급에서 모든 학생들이 학습 임무의 달성을 이루도록 철저하게 위임할 것을 요구하는 종합적 질 원리이다. 지도자로서 그들은 부모와 학생들의 상호작용을 최우선시하며 학습 임무를 유지한다. 종종 그들은 토론에서 그것을 언급하며, 항상 그것의 달성을 용이하게 하는 길을 찾고 있다. 좋은 학교에서는 다음과 같은 말들을 종종 듣는다. "학습 목표를 향해 어떻게 진행되는가?", "이 목표가 학습 임무에 도달하도록 어떻게 도움을 주는가?", "너는 왜 그런 방법을 선택했는가?", "네게 그 방법이 잘 통하는 것 같은가?", "무엇이 제대로 작용하지 않고 있는가?", "어떻게 그것을 개선할 수 있는가?", "너를 도울 수 있는 것은 무엇인가?"

또 다른 측면의 지도력은 학습 임무에 대한 체계적인 장벽을 줄이거나 제거하는 것이다. 그들의 학급 지도자로서 교사들은 교수나 학습이 일어나는 방법을 변화시키는 능력과 권위를 가진다. 교사들은 종종 다음과 같이 말하는 것을 듣는다. "어떻게 내가 너를 도울 수 있을까?", "내가 어떻게 그것을 하는지 시범을 보이는 것이 너에게 도움이 되었니?", "내가 좀 더 천천히 해야 하니?", "과거에 또 다른 어떤 것들이 너를 잘 도와줬니?" 이런 형태의 지도력은 학급 내에서 활동이나 기능, 학습에 대한 학생들의 적당한 책임의 가정을 발달적으로 촉진시킨다. 그것은 또한 지도력 역할에 있어서 교사들의 성장을 예증하고, 좋은 학급에서 학습 문제를 예방하는 중요성의 명백한 표시이다. 지도력을 올바르게 이해하는 교사들은 교수 방법의 개선에 대한 학생들의 제안에 대해 좀 더 긍정적으로 반응하는 경향을 보인다.

좋은 학교에 있는 모든 사람들은 고객 중심의 종합적 질 원리를 적용하는 것을 배운다. 고객은 또 다른 일의 결과를 받거나 사용하는 사람으로 정의된다. 좋은 학교에서의 주요 고객은 학생들이다. "학생들은 자신들이 배우기를 원한다고 말한 것을 배웠는가? 만약 그렇지 않다면, 그들이 배우는 것을 막는 장애물은 무엇인가?", "학생들의 작업이 질 기준에 만족되는가?", "만약 학생들이 어려움을 가진다면, 그들이 이것을 배우는 좀 더 나은 방법이 있는가?" 바로 학생들의 학습에 초점을 맞춘 이런 핵심 질문은 각각의 학습 활동 후 교사와 학생에게 함께 질문된다. 교사와 학생은 학생들이 학습 성과에 성공할 때까지 지속적으로 전략상 선택을 탐구한다. 이런 접근법은 학생들의 숙달과 상관없이 교사가 진도를 나가는 적용 범위 교육과정 접근법과는 대조적이다. 마찬가지로 교사가 교수 활동의 유용성에 대해 학생들에게 피드백을 요구할 때, 그들은 고객들의 요구에 경청한다.

좋은 학교의 교사들은 종합적 질 원리의 체계적 사고를 이용하며 시범을 보인다. 체계적 사고는 원인과 결과 추론을 계획, 수행, 그리고 학습의 평가에 통합시키는 과정이다. 학생과 교사들은 다음과 같은 토론에 참여할 때, 체계적인 사고를 한다. "우리가 이런 방법을 써 보니 제시간에 과제를 끝내지 못하는 것 같다. 어떻게 방법을 바꿀 수 있을까?", "이 새 방법으로 하니까 예전의 방법을 쓸 때보다 더 낫다.", "서로에게 화가 나 있을 때, 그 중 어떤 사람도 원하는 것을 얻지 못한다.", "학급 규칙을 어길 때마다 우리는 그것을 바로잡을 책임이 있다. 그것은 우리 스스로 우리가 하는 행동의 결과에 직면해야 한다는 것을 의미하며, 우리가 책임을 져야 한다는 것이다."

체계적인 사고는 또한 교사가 감각적으로 반응하여 학생들의 새로운 각성과 학습 요구를 이해하는 능력의 발달을 촉진시킬 때 적용된다. "저번보다 훨씬 잘했어. 방법에 무슨 차이가 있었니?", "네가 이 집단과 함께 하니까 더 잘하는 거 같다.", "이 집단에서 하는 일이 다른 집단에서 하는 거랑 무슨 차이가 있다고 생각하니?"

종합적 질 원리의 사실에 의한 경영은 매일매일 교사들이 학생과 함께 말하며 생각하고, 그들의 목표에 따라 결정을 내리는 과정과 결과 자료를 이용할 때 교사들에 의해서 보인다. 일정하게 학생들의 자료를 구성하고, 전시하고, 참조함으로써, 교사들은 그들이 하는 방법을 좀 더 잘 이해하기 위해 자료를 이용하면서 학생들을 참여시키고 설계한다. "자 보자! 네가 새 방법을 쓰니까 질 기준 모두를 만족시켰고, 23분 안에 마쳤네. 네가 예전의 방법을 썼을 때는 19분 안에 마칠 수 있었고 6개 기준 중 3개를 놓쳤었어. 어떤 새로운 방법을 썼니? 다음번에 네가 해야 할 것이 무엇이라고 생각하니?", "네가 해낸 걸로 봐서 새로운 방법에 어떤 특이한 점이 있어?", "그래프를 보면 네가 일으키는 규율 문제의 대부분은 점심 시간 이후에 나타나는구나. 무슨 일이 일어난다고 생각하니? 어떻게 이 점을 바꿀 수 있을까?" 학생들 스스로 결정을 내리고 관리하기 위해서 자료를 이용, 수집하는 것에 익숙해질 때, 그들은 책임감 있는 사람들이 가지는 가장 기본적인 능력 중 일부를 발전시킬 수 있다. 아동들은 자신들의 학습과 행동을 관리한다. 4학년 학생들이 학교 확성기에서 나는 소리로 인해 발생하는 학습 방해에 대한 자료를 수집하고 그래프를 그렸다. 수업 시간 중 확성기 사용에 관한 정책에 추천된 변화와 원리를 위해 그들이 준비한 자료를 제시했다. 아동들의 자료를 검토한 후, 그는 확성기 방송을 "사활이 걸린 문제"의 경우에만 하는 권고를 채택했다.

교사들은 학생들 스스로 일을 관리하고 개선을 위해 자료를 이용하게 할 때, 종합적 질 원리의 지속적인 개선을 적용한다. 추가적으로 학생들에게 주는 교사의 피드백은 '이 일을 개선시키는 방법'이라는 말로 항상 표현된다. 학생들의 과제가 교사와 학생들이 동의한 질 기준 예상에 충족되지 않을 때, 교사와 학급 친구들은 몇몇 위험을 무릅쓰고 새 접근법을 시도하도록 격려한다. "난 네 일이 잘되고 있다는 걸 알 수 있어. 하지만 네가 되기를 바랐던 만큼 잘된 건 아니야.", "넌 그걸 개선하고 목표를 만족시키기 위해서 무얼 시도할 수 있니?", "이 방법을 시도해 본 적 있니?", "옆 반 학생들은 그걸 다른 방법으로 했어. 그 애들한테 한번 물어볼까?"

교사들은 또한 항상 학생들이 학급 과정을 지속적으로 개선시키는 데 개별적으로 참여하도록 격려한다. "일부 학생들은 우리가 좀 더 전단계에서 읽기 과제를 해야 한다고 생각하는데 왜 이렇게 하는 것이 우리가 읽기 목표를 충족시키도록 도와준다고 생각하니?", "이것이 수학 목표를 달성하는 데에 방해가 될까? 어떤 방법이 교실을 좀 더 좋은 곳으로 만들고, 학습 임무에 도달하도록 만들 수 있을까?"

종합적 질 원리의 팀워크는 '학급'이 되기 위한 공통적인 이유인 학습 임무에 없어서는 안 될 것이다. 교사들은 특히 학습 활동의 참여에 대학 동료, 부모와 협력하여 팀워크 모형을 만든다. 교사들은 학급의 지도자일 뿐 아니라 학급에서 매우 중요한 임원이다. 그들의 구어적 기여 모델은 다른 사람들의 생각이나 의미 있게 포함되는 책임감을 중요시한다. "흥미로운 생각이네. 네가 그것에 대해 고민하고 있다는 걸 보여 주네.", "모든 사람들의 생각이 교실에서 가치 있게 평가돼. 결국 우리는 대단한 사명을 가지고, 각자 도울 수 있다면 그렇게 할 거야.", "아마도 지금 네 생각을 시도하는 것은 너무 늦은 일 같구나. 하지만 다음 단원 전에 그에 대해서 생각할 수 있도록 메모해 두자."

팀원으로서 학생들의 의식은 학급 임무와 기본 원칙을 발전시키는 데 참여함으로써 시작된다. 팀원으로서 그들의 의식은 그들이 임무를 향한 학급의 진행을 총괄하여 관리함으로써 매일매일 강화된다. 팀원의 의식은 각자 학습하고 그들의 공유 임무를 성취하는 데 성공할 수 있게 돕도록 동기를 만든다. 학생들이 각자 도울 수 있도록 매우 동기화되어 있을 때 팀워크가 가장 잘 예증된다. 팀원의 의식은 학생들이 수학 성취에 매우 의욕적인 목표를 가진 2학년 학급에서 강력하게 증명된다. 대부분의 학생들은 열심히 공부하면서 그들의 목표에 도달할 정도로 잘 진행하고 있다. 그러나 한 소년이 아주 힘들어하고 있다. 또 다른 남녀 두 학생이 교사에서 다가와 "우리는 그가 목표에 도달할 수 있도록 도울 수 있기 때문에" 그 힘들어하는 학생을 자신들의 집단에 배치해 줄 수 있는지 여부를 물었다. 교사는 동의했고, 힘들어하는 학생은 2주 후에 실제로 그의 목표에 도달했다. 전체 학급은 그들의 성공을 축하했다.

종합적 질 원리의 장기간의 약속은 모든 것을 학습 임무에 상기시킨다. 교사와 학생들은 최근 학기의 좀 더 즉각적인 학습 목표에 주의를 기울일 뿐 아니라, 장기간의 교육적 꿈에 관련된 일을 생각한다. 장기간의 관점은 직업과 삶에 관하여 학생들의 꿈과 희망을 격려하고 강화시킨다. "너는 구구단을 점점 더 잘하고 있어. 곧 문제 풀 때 구구단 표를 볼 필요가 없겠네.", "어이구, 읽기 잘하네! 네가 법대에 간다면 이게 나중에 도움이 될 거야.", "쓰기를 점점 간결하게 잘하고 있어. 네가 가게를 운영한다면, 직원이 네가 내린 지시를 읽고 이해할 수 있게 하는 데에 아주 중요할 거야.", "넌 그런 바른 작업 습관을 갖고 있구나. 네가 하기로 결정한 것이 무엇이든지 넌 훌륭하게 해낼 거야."

질 좋은 교수와 학습-그것은 어떻게 작용하는가?

앞에서 간단히 기술한 종합적 질 원리를 적용한 5학년 담당교사들의 흐름도에서 교수·학습 과정의 예를 보자(**그림 3.2** 참조). 좋은 학급에서의 교수·학습 과정의 시각은 전통적 학교의 1학년 교사에 의해 나타난 과정과는 뚜렷하게 대조적이다(**그림 3.1** 참조). 계획하기, 수행하기 학습 평가하기의 모든 측면에서 학생들의 분명한 약속은 좋은 학급의 가장 중요한 특징 중 하나이다. 좋은 학교에서 매일매일 그 과정이 반복될 때, 교수와 학습 리듬은 아주 다르다(**그림 3.4** 참조).

좋은 질적 학급에 대한 설명을 덧붙이면

1. 교사와 학생들은 그들의 학습 임무에 있어서 앞으로의 교육과정상 목표의 타당성에 대해 토론한다.
2. 교사와 학생들은 배우고 적용하기로 되어 있는 교육과정상 목표를 강

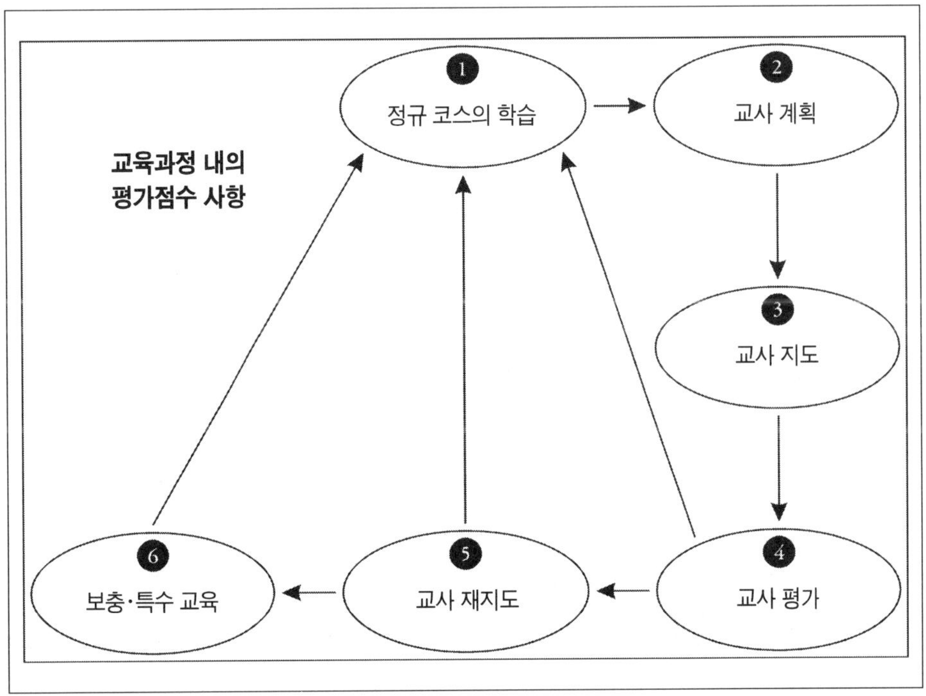

그림 3.3 보편화된 교수·학습 과정의 리듬

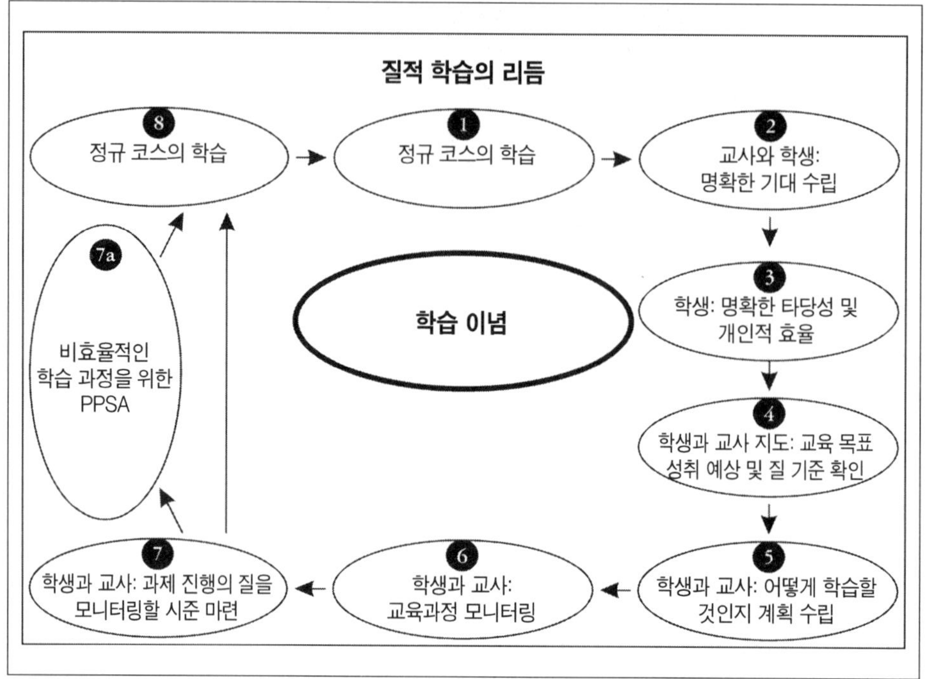

그림 3.4 질적 교수·학습 과정의 리듬

조한다.

3. 교사와 학생들은 그들이 알게 될 것, 교육과정상 목표가 충족되었을 때 적용할 수 있는 기술들을 분명히 한다.
4. 교사의 지원을 받아 학생들은 교육과정상 목표의 타당성을 명확히 하고, 자신들의 성취로부터 개인적으로 어떻게 이익을 얻는지를 확인한다.
5. 학생과 교사들은 학생들이 교육상 목표의 성취를 증명할 수 있는 방법을 확인하고, 완성 시 평가될 질 기준을 확인한다.
6. 학생과 교사들은 질 기준에 충족되는 교육과정상 목표를 획득할 수 있도록 정책을 계획한다.
7. 학생과 교사들은 교육과정상 목표를 충족하는지 과정을 매일 모니터링한다.

8. 학생과 교사들은 '과제 진행'의 질을 모니터링할 기준을 이용한다.
9. 학생들은 그들이 임한 학습 정책과 내용의 자기평가와 함께 완성된 과제를 제출한다.
10. 교사의 지원을 받아 학생들은 부모와의 회의를 이끌고 회의 중에 그들의 과정을 재검토하며, 잘하고 있는 것들을 확인하고,그들이 개선해야 하는 것을 기술하며, 그들이 지원해야 하는 곳을 확인하고, 다음 보고시간을 위해 목표를 세운다.

종합적 질 교육을 적용하면서 학습 문제를 예방하는 법

교실 내에서 이루어지는 교수와 학습은 분명히 복잡한 과정이다. 그 과정에서 학생들을 의도된 결과로 학습시키는 것이다. 그러나 종종 부모, 교장, 교사, 사서, 학생 그리고 다른 학교 인원들을 포함한 다른 사람들도 참여한다. 지원되는 공동체 또한 중요하다. 왜냐하면 그들은 관련된 학습 자원을 확인하는 데 도움을 주기 때문이다. 유지경영인 또한 기여자이다. 이들은 학습 환경의 질에 영향을 주기 때문이다.

학교 행정가들은 교사가 가르칠 수 있고 학생들이 배울 수 있는 안전하고 정돈된 교실을 건립하고 유지하기 위해서 노력하며 매일 지속적인 도전에 직면한다. 예방 정책은 문제로 발전될 가능성을 줄일 수 있는 잠재성을 가지기 때문에 가치 있다. 예방을 위해 잘 만들어진 접근법은 체제를 지원하는 학교, 학급 또는 개인적 행동이 작용함에 있어서 효과성과 효율성을 개선시킨다. 예방책을 고려할 때, 좋은 학급의 교사는 최근의 많은 교육적 실천에 대안적인 것을 고려한다. 예를 들면,

◆ 학생들이 배우는 모든 것과 그들의 목표는 학생들의 학습 성공을 최대화하고 실패를 줄일 수 있는 교수·학습 과정을 발전시키는 것이라는 철학을 채택하라.

- 지식은 교수·학습 과정에서 설명될 수 있는 자연적 변이성과 함께 학습률을 반영한다는 것을 믿어라.
- 학습을 방해하거나 그들을 변화시킬 기회를 만드는 학교 정책과 관습을 검사하라.
- 지속적인 개선의 기회를 반영하기 위해서 최근의 학년 관습을 변화시켜라.
- 교수와 학습에 관한 전통적인 이념을 다시 생각하고 학급에 개선 과정의 원리를 적용하라.

학급 과정 개선하기

전통적인 교실에서는 교사들이 감독관이나 지배자처럼 행동할 것이고, 학생들은 교사들이 말한 대로 따르거나 지시에 순종할 것이다. 규칙은 법과 지시를 위한 틀이며, 교사들의 역할은 그것을 강화시키는 것이다. 규제 역할은 종종 교사, 멘토, 안내자, 상담자, 협력자와 같은 중요한 역할을 방해하기도 한다.

종합적 질 교육의 학급은 준비, 수정, 현실화의 3단계로 이루어진다. 준비성 단계 동안에는 진행되고 있는 과정과 개선할 사항들을 확인하고 다음 단계를 정의한다. 수정 단계에서는 질 원리를 연구하고 준비성 단계에서 확인된 상태에 질 원리를 적용한다. 두 번째 단계 끝에서 지속적으로 개선하기 위한 분명한 시각과 자세한 계획이 발전된다. 세 번째 단계에서는 현실화가 시작되고, 교수·학습 체계가 학급에 맞게 변형된 종합적 질 관리 개념과 도구를 사용함으로써 지속적으로 개선된다.

각각의 질 원리에는 학급에 적용될 수 있는 무수한 방법과 도구들이 있다. 문제점으로 그것들이 어떤 이론적 또는 원리와의 결합 없이 적용된다는 것이 전통적 학급에서 발견되었다. 예를 들어, 그들 자신의 일을 평가하는 데 학생을 포함시키는 교사들이 많이 있다. 그들은 자기평가와 학생들의 학습을 연결하지 않고 장기간의 목표, 꿈과도 연결하지 않는다. 그러나 학생들이 평가로부터 최대의 이익을 얻게 하기 위해서 그들은 개인적 목표를 분명히 해야 하고, 이런 목표와 꿈들의 연관성의 타당성을 이해해야 한다. 만약 이런 과정이 이루어지지 않는다면 자기평가는 "교사가 우리가 해야 하는 것이라고 말했기 때문에 하는 것 중 한 가지일 뿐"이며, 학생들은 학급에서 이루어지는 학습 활동에서 진실로 책임자가 되고 자기평가의 가치가 강력하게 확대된다. 자기평가는 자신의 과정을 모니터링하고 관리함으로써 학생들이 자기 목표와 꿈을 획득하기 위한 수단이 된다. "나는 내가 어떻게 하고 있는지를 항상 알고 있다."

개인적 학습 목표를 획득할 때 행동과 과정을 연결함으로써 교사가 학급 행동을 관리할 때, 비난하고 벌을 주거나, '좋은 학생'과 '나쁜 학생'을 명시하는 것에서 "내가 지금 하고 있는 것이 나를 위해 잘 작용하지 않는다. 나는 내가 하고 있는 것을 바꾸어야 했고 그 결과 내가 진짜 원하는 것을 얻을 수 있었다."라는 것을 학생이 인지하는 체계적인 사고의 힘으로 강조점이 변하고 있다. 원리와 실천의 연결은 교사와 학생들이 지속적으로 학급에서의 진행 과정을 모니터링하고 개선시키는 것을 도와준다. 그 결과 학습 임무, 학생의 목표, 학생과 교사의 역할, 교수 정책과 실습, 학생의 학습 활동, 부모의 기대, 그리고 결과를 평가하는 순서 사이에 분명한 제휴가 있다.

질(가치)에 관한 관점

규율을 명령하는 상황은 대부분 나타나지 않는다. 왜냐하면 학급에는 규칙이 없기 때문이다. 전형적으로 교사들은 학생들의 행동을 지도하기 위해 많은 규칙을 가진다. 그들이 가지지 않은 것은 행동에 있어서 규칙의 중요성과 그 영향에 관한 공동의 동의와 약속이다. 종합적 질 원리는 일련의 도구와 연결되어 있다(예를 들어, **표 3.1** 참조). 이 도구는 공동의 학습 상황과 과정을 만들어 낸다. 이런 과정은 학습 리듬의 기본을 형성한다(**그림 3.4** 참조). 그 학습 리듬은 전통적 학급에서의 리듬과는 아주 다르다. 그들은 또한 문제행동을 예방하기 위한 분명한 과정을 정의한다. 예를 들어, 정기적으로 의견 게시함 안에 있는 항목에 반응하는 것은 심각한 문제가 되기 전에 학생들이 마찰을 해결할 수 있

표 3.1 종합적 질 도구

도구	목적	사용
화제통(issue bin)	• 조사나 토론이 요구되는 의견을 찾아내기 위해서 • 긍정적인 학습 결과를 방해하는 관심사를 확인하기 위해서 • 긍정적이고 건설적인 방법으로 의사소통의 길을 열기 위해서	1. 화제통의 목적을 설명한다. 학생들에게 어떤 종류의 생각이나 관심사가 포함되기에 적절한지를 설명한다. 2. 화제통의 형태(플립차트, 구두 상자)와 위치를 결정한다. 3. 화제통의 진행 과정을 정한다(예를 들어, 항목은 어떻게 기록되는가? 누구에 의해서? 언제? 어떤 상황에서?) 4. 정기적으로 화제통에서 항목을 재검토하고 갱신한다.
Plus/Delta	• 생각의 공유를 시작하기 위한 과정을 제공하기 위해서 • 학습 활동 또는 과정에서 잘 작용하고 있는 것과 그렇지 않은 것을 학생들이 확인할 수 있도록 격려하기 위해서 • 학급 문제를 해결하는 데 모든 학생들의 적극적인 참여를 격려하기 위해서	1. plus/delta 과정의 목적을 설명한다. 2. 플립차트나 칠판 꼭대기에 +와 Δ를 쓴다. 3. 잘 되고 있는 것(+)과 과정을 개선시키기 위해 변해야 하는 것(Δ)을 학생들이 확인하게 하라. plus/delta 차트의 적절한 난에 반응을 기록한다. 4. 차트에 있는 정보를 재검토한다. 항목을 성공적으로 만드는 것에 대해 토론하고, 개선을 위한 기회를 확인한다.
가벼운 투표(light voting)	• 결정하기에 모든 학생들이 참여할 기회를 제공하기 위해서 • 다른 사람들의 의견을 평가하고 팀워크를 격려하기 위해서 • 문제 해결을 위해 상호 협력을 촉진시키기 위해서	1. 학급에 도구를 소개하고 그것의 목적을 확인한다. 2. 생각 목록을 게시한다. 3. 목록의 항목을 3등분 하고 각각의 학생들에게 투표 횟수를 그 수만큼 배분한다(예를 들어, 15항목을 3으로 나누면 각각의 학생들은 5항목에 투표를 할 수 있다). 4. 중요성을 반영하기 위해서 점수를 배분하고(즉, 첫 번째 선택=4점, 두 번째 선택=3점 등등) 각각의 학생들이 선택된 항목에 점수를 주게 한다. 5. 총점을 기록하고 최종 결정에 도달하기 위해서 결론에 대해 토론한다.

고 긍정적이고 건설적인 방법으로 의사소통의 길을 열 수 있게 하는 것이다. 유사하게, plus/delta 기법을 사용하는 것은 문제를 해결하는 데 학급 전체의 세력을 깨우고, 걱정이 문제가 되고 부적절한 행동이 해결책이 되기 전에 긍정적인 학습 결과가 나타나는 데 적극적인 참여의 기회를 제공한다.

위에서 기술한 과정을 안내하는 교사의 역할은 발달상 민감한 지도력의 사려 깊은 실행을 요한다. 그들의 책임이 근본적인 반면, 좋은 학교의 교사들은 자신이 조절할 수 없는 것에 대한 걱정과 관련된 스트레스를 피하는 것 같다. 대신에 교사와 학생들은 그들이 조절하고 개선시킬 수 있는 과정에서 함께 일한다. 그들은 공동의 목적을 가지고 그로부터 나온 충만한 자신감으로 각자 지원한다. 고민이나 문제를 발견하고 과정을 개선하는 방법을 찾을 때, 그리고 성공을 축하할 때 그들은 서로서로 격려한다.

교사들은 학습 사명을 옹호하고 부모와 학생들이 목적 달성에 있어서 각각의 역할을 명확하게 함으로써 학급에서 질과 예방의 문화를 건립한다. 교사들은 학습 목표에 직면했을 때 성공적인 삶을 그리는 통찰력 연습을 지도하면서 학생들의 자연적인 배움의 동기를 촉진시킨다. 그들은 학습 구조에 따라 함께 생각하는 다양한 과정을 통해서 학생들을 지도하는 다양한 종합적 질 도구와 방법을 사용한다. 학생들이 배우고 배운 내용을 적용하는 데 적극적인 도움을 주는 데 있어 교사들이 가진 그들의 임무와 기본 원칙은 경계를 가진다.

외부의 관찰자에게 좋은 학급의 큰 차이점은 학생의 역할과 행동에 있다. 전통적 학교의 학생과는 대조적으로, 좋은 학급의 학생들은 훨씬 더 의도적이고 약속을 잘 지키며 자신들의 학습과 행동에 좀 더 책임을 지는 것 같다. 그들은 교사를 존경하고 감사해하지만, 또한 자신들이 해야 하는 요구를 안다. 그들은 자신들이 무얼 하는지, 왜 하는지를 말할 수 있으며, 어떻게 하고 있는지를 보여 주는 자료를 개발하고, 그것을 마쳤을 때 그 일이 어떻게 보이는지에 대한 선명한 그림을 가지고 있다.

학급에서 질 원리를 수행하기 위한 초기의 시도는 좀 더 광범위한 적용과 연구를 위한 견고한 기초를 제공한다. 지속적으로 질 원리를 적용하는 교사들은 "학생들이 질 원리의 적용과 이해를 좀 더 심층적으로 하기를 원한다."라 하고, "학습 이외에 학생들의 잠재력은 동요함이다."라고 보고한다.

좋은 학교의 학생들은 학습 문제를 예방하는 데 가장 도움이 되는 활동과 성공적인 학습 과정을 촉진하는 활동을 배운다. 그들은 배우는 것을 좋아하고 학교를 좋아한다.

참고 문헌

Aguayo, R. (1990). *Dr. Deming: The man who taught the Japanese about quality*. New York: Carol Publishing Group.

Andrade, A., & Hakim, D. (1995). Letting children take the lead in class. *Educational Leadership*, *53*(1), 22-24.

Audette, B., & Algozzine, B. (1992). Free and appropriate education for all students: Total quality and the transformation of American public education. *Remedial and Special Education*, *13*(6), 8-18.

Candy, P. (1991). *Self-direction for lifelong learning*. San Francisco: Jossey-Bass.

Cohen, D. (1991). Overcoming student apathy and bewilderment: Setting an example of responsibility and attentiveness. *Proteus*, *8*(1), 27-29.

Deming, W. (1986). *Out of the crisis*. Boston: MIT Center for Advanced Engineering Studies.

Dewey, J. (1902). *The child and the curriculum*. Chicago: University of Chicago Press.

Downey, C., Frase, L., & Peters, J. (1994). *The quality education challenge*. Thousand Oaks, CA: Corwin Press.

Flantzer, H. (1993). What we say and what we do. *Phi Delta Kappan*, *75*(1), 75-76.

Juran, J. (1988). *Juran on planning for quality*. New York: Free Press.

Juran, J. (1989). *Juran on leadership for quality*. New York: Free Press.

Kohn, A. (1993). Turning learning into a business: Concerns about total quality. *Educational Leadership*, *51*(1), 58-61.

McClanahan, E., & Wicks, C. (1994). *Future force: A teacher's handbook for using TQM in the classroom*. Glendale, CA: Griffin Publishing.

Moses, M., & Whitaker, K. (1990). Ten components for restructuring schools. *School Administrator*, *47*(8), 32-34.

Scherkenbach, W. (1991). *The Deming route to quality and productivity: Road maps and road blocks*. Washington, DC: CEAP Press.

Shewhart, W. (1986). *Statistical method from the viewpoint of quality control*. Washington, DC: Dover.

제 4 장

사회성 기술 지도를 통한 문제 예방

Debra M. Kamps
Pam Kay

"제가 만약 교장이라면, 아마 최우선시해야 할 것 중의 하나가 바로 유치원부터 시작하는 사회성 기술 프로그램일 것입니다." 교사는 잠시 말을 멈췄다가 이렇게 말했다. "이런 것이 3, 4학년에 걸쳐 이뤄지지 않고 있어 때로 저는 벽에 머리를 박고 있다는 느낌이 듭니다. 하지만 이 같은 일들이 1학년에 많이 일어난다는 몇몇 연구 자료를 읽었습니다. 내년에는 그것이 좀 더 면밀하게 이루어지도록 할 것입니다."

위의 말을 인용한 1학년 교사들은 1, 2학년 교실에서 채택하기로 한 새 사회성 기술 프로그램에 대한 워크숍에 참석해 달라는 요청을 했을 때 아주 회의적이었다. 성을 내면서 "전 이미 사회성 기술을 가르쳤어요."라고 말했다. 그러나 그 프로그램을 적용한 2년 후, 그녀는 이 프로그램을 고학년까지 확대 사용하자고 동료 교사를 설득할 준비와 확신이 있었다.

적절한 사회성 기술을 이미 갖추고 학교에 오는 학생들이 중요한 수업 시간을 재교육을 받는 데 써야 하는지에 대해 몇몇 부모와 교사들은 이의를 제기한다. 이 교사가 지적했던 대로 교실에서 하는 사회성 기술 수업은 사회성 기술을 갖추고 있는 학생들에게 미성숙한 기술을 가진 또래들과 의사소통을 하는 데 사용할 수 있는 언어와 도구를 가르쳐 준다. "일전에 나는 한 학생이 다른 학생에게 '네가 한 행동은 관심 끌려는 행동이야'라고 훈계하는 말을 들었습니다. 그 학생은 마치 나처럼 말하더군요."

21세기가 시작되는 시점에서 사회가 변화함에 따라 공립학교에서 사회성 기술을 가르치는 것이 학습 과정의 기본적인 한 부분이 되었다. 고용주는 팀워크, 의사소통, 문제 해결 기술을 요구한다. 그러나 많은 학생들이 이런 능력이 심각하게 결손된 채로 학교에 온다. 경제적·사회적 부담이 가정에서 타인과 어떻게 지내는지에 대해 아이를 가르칠 시간을 줄여 버렸다. 동시에 Vygotsky와 Bronfenbrenner 같은 발달 이론가들은 지적 성장에 있어서 사회성 관계의 영향력에 대해 교육자들의 인식을 확대시켰다. 학습은 건강한 사회 환경에서 가장 잘 일어난다. 교실은 학생과 교사들이 또 다른 성장을 격려하는 공동체가 되어야 한다. John Dewey(1916)가 "교육은 삶을 위한 준비가 아니라 삶 그 자체이다."라고 썼던 그대로이다.

정서·행동 문제를 가진 아동들은 교실에서 학습 활동을 방해한다. 행동을 내면화하거나, 너무 부끄러워하거나, 또는 자주 울거나, 단체 활동에 참여하기를 거부하는 아동들은 대체로 타인을 무시하고 거부한다. 이런 아동들은 공동체에 기여하지 않고, 그러한 아동들의 거부는 그들을 무리에 포함시키고자 하는 교사와 학생들을 실망시킨다. 다른 학생들은 공공연히 반사회적 행동을 보인다. 사회적 상호작용에 있어 그들의 공격적인 스타일은 말다툼하기, 소리 지르기, 괴롭히기, 비난하기, 싸우기와 같은 과잉행동을 나타낸다. 그들은 자기조절, 상호작용하기, 문제 해결하기, 규칙 따르기, 도와주기, 공유하기, 좋은 결정하기, 결과 수용하기와 같은 영역에서 행동적 결함을 가진다.

반사회적 행동을 하는 학생들은 상호작용에 대해 전형적인 학생과는 다르게 생각할지도 모른다. 그들은 자신의 문제로 다른 사람들을 비난할 수도 있고, 다른 사람들이 자신에게 나쁜 일이 일어나길 바란다고 생각할 수도 있어, 대체로 사회적 상황을 이해하는 데 어려움을 겪는다. 그들은 자기 행동으로 인한 원인과 결과를 결정할 수 없는 것 같다. 반대로 사회성 기술이 적절히 발달한 학생들은 쉽게 친해지고, 친구들과 놀고, 친절하게 친구들을 대하며, 서로 뭔가를 공유하고, 친구들을 보호하고, 상대를 공감하고, 친구들이 다쳤을 때 도와준다. 그들은 타협을 통해 문제를 해결하는 경향을 보이고, 설명할 시간을 갖는다. 그들은 친구들의 반사회적 행동에 당혹해하거나 무서워하기도 한다(Sheridan, 1995). 중재 없이 이런 행동적 차이의 영향은 오래 지속된다. 반사회적 행동은 환경(학교, 가정, 공동체)과 사회적 단체(친구들, 교사들, 가족)에 걸쳐 영향을 미친다. 예를 들어, 공격적인 행동으로 인한 또래 친구들의 거부는 비행으로 연결될 수 있고, 반사회적 또래 집단의 형성으로 연결될 수 있다. 약 35년여 전에 Bronfenbrenner(1974)는 학교가 "미국 사회에서 소외감을 느끼게 하는 가장 큰 잠재력을 가진 사육장 중 하나"가 되고 있다고 경고했다(p. 60).

자연스러운 학교 현장에서 효과적인 사회성 기술의 교수 방법은 또래 집단에 걸쳐 사회적 능력을 증가시키고, 부적절한 상호작용은 감소시키는 것이다. 예를 들어, 불리한 환경에서 성장했지만 쾌활한 성격을 지닌 사람들에 대한 연구는 중요한 변수로 적응할 수 있는 사회적 행동, 문제 해결 기술, 가까운 또래 친구와의 우정을 포함한 긍정적 사회적 순응, 가족들과의 따뜻한 관계, 지지적·긍정적인 사회적 형성 망(Doll & Lyon, 1998; Masten & Coatsworth, 1998) 등을 자주 인용하곤 한다.

일반 교실에서 사회성 기술 교육은 중요한 예방책이다. 이 장에서는 사회성 기술을 정의하고, 연구에 기초한 교육과정에 대해 예를 든다. 또한 효과적인 교수 절차와 향상에 대한 윤곽을 설정하며, 교실 안팎 모두에서 긍정적인 행동을 강화·유지하기 위한 방법을 설명한다.

사회성 기술, 능력과 교육과정

사회성은 아동 발달에서 아주 복잡한 영역이다. 주어진 사회적 상황에 따라 많은 행동들이 상대적으로 변한다. 적절한 반응은 그곳에 있는 환경과 사람들에 따라 다양하다. 어떤 상황 내에서 적절하게 생각된 행동들이 다른 상황하에서는 벌을 받을 수도 있고 좋지 않게 보일 수도 있다. 이 장에서 사회성 기술이란 중요한 타인들이 그 환경과 상황하에 적절하다고 간주하는 행동으로 정의 내릴 수 있다. 학교 내에서 교사, 행정가, 보조 직원, 또래 친구 등을 모두 학생들의 행동에 기대를 갖는다. 그들 모두는 학생에게 중요하다. 어른들도 행동하는 데 있어 동의, 일관성, 모범이 되어야 한다. 가정과 공동체 환경에서는 부모, 형제, 자매 그리고 대중이 각각 다른 기대를 가진다. 학생들은 사회적으로 유능해지기 위해 한 환경에서 다른 환경에 이르기까지 기술에 적응하는 법을 배운다.

McGinnis와 Goldstein(1997)은 **표 4.1**에서 보인 60개의 사회성 기술을 확인하기 위해 행동과제 분석을 수행했다. 이런 것들은 '경청하기'와 같은 기본적인 기술에서부터 '실패에 반응하기'와 같이 스트레스를 다루는 기술에 이르기까지 다양하다. 이 목록은 장황해 보이지만, 교사와 다른 전문가들은 학생과 교실에 요구되는 일련의 구체적 기술을 습득할 수 있는 전문성을 갖고 있다.

필수 기술을 습득하기 위해서 학생들은 몇 가지 기초적 기술을 먼저 배워야 한다. 예를 들어, '지시 따르기' 기술에서 학생들은 지시의 경청과 지시를 수행하며, 지시 단계 진행 과정을 단계적으로 관찰해야 한다. 학생들은 한때 배웠더라도 그 기술을 배우고 이용하는 데 결함을 가질 수도 있고 배운 기술을 다른 상황에 바꿔 적용하는 데에도 어려움을 겪을 수 있다. 또한 학생들의 문제행동은 기술 획득 또는 수행을 방해할 수도 있다(DuPaul & Eckert, 1994; Gresham, 1995). 사회성 기술을 가르치는 두 가지 목적은 유능한 수행을 증가시키고, 문제행동은 감소시키는 것이다.

교육과정에 대한 선택

공식·비공식적으로 교실에서 사회성 기술을 배우게 된다. 학생들에게 적절한 행동을 상기시키고, 그 학급이 원만한 대인관계 기술을 발달시킬 수 있도록 교육하기 쉬운 순간을 초등학교 교사는 이용한다. 학생들이 가족과 공동체를 통해 그 기술을 배웠다면 이 비공식적인 접근은 충분하다. 하지만 실습자나 연구자들처럼 현재 학교가 적절한 사회성 기술을 직접적으로 가르치는 일을 해야

표 4.1 초등학생을 위한 60개의 사회성 기술

I: 교실에서의 필수 기술

1. 경청하기
2. 도움 요청하기
3. "고마워"라고 말하기
4. 교실에 준비물 챙겨 오기
5. 숙제 다 하기
6. 임무 완수
7. 토론에 참여하기
8. 어른 돕기
9. 질문하기
10. 주의산만을 무시하기
11. 틀린 것은 바로잡기
12. 해야 할 일 정하기
13. 목표 설정하기

II: 우정 만들기 기술

14. 자기 소개하기
15. 말 걸기
16. 대화 끝내기
17. 참여하기
18. 게임하기
19. 부탁하기
20. 급우 도와주기
21. 칭찬하기
22. 칭찬받기
23. 활동 제안하기
24. 공유하기
25. 사과하기

III: 감정을 다루는 기술

26. 상대방의 느낌 알기
27. 상대방의 느낌 표현하기
28. 다른 사람의 감정 인식하기
29. 다른 사람의 감정을 이해하고 있음을 표현하기
30. 다른 사람에게 관심 표현하기
31. 자신의 화 다루기
32. 다른 사람의 화 다루기
33. 애정 표현하기
34. 공포 표현하기
35. 스스로 보상하기

IV: 공격성 대체 기술

36. 자기조절하기
37. 허락 받기
38. 괴롭힘에 대해 반응하기
39. 문제 회피하기
40. 싸움에 빠지기
41. 문제 해결하기
42. 결과 수용하기
43. 비난에 대처하기
44. 협상하기

V: 스트레스를 다루는 기술

45. 지루함 다루기
46. 문제를 일으키는 것 알기
47. 불평하기
48. 불평에 대답하기
49. 실패 다루기
50. 운동하기
51. 따돌림에 대응하기
52. 당황할 때 대처하기
53. 실패에 대응하기
54. "안 돼" 수용하기
55. "안 돼"라고 말하기
56. 진정하기
57. 집단 압력에 대처하기
58. 자기 것이 아닌 것을 원할 때 대응하기
59. 결정하기
60. 정직해지기

출처: *Social skills planning guide*(Alberg, Petry[Tashjian], & Eller, 1994). 허락하에 인용함.

한다는 데 동의한다.

학교에서 예방적인 사회성 기술 교육을 시작하고자 하는 행정가들은 상업적 출판사들로부터 이용 가능한 많은 것들 사이에서 교육과정을 선택할 수 있다. 가장 효과적인 접근법은 하나의 교육과정을 학교 전반에 적용하는 것이다. 그러고 나서 어른과 아동은 각각의 기술을 위해 공통된 언어를 발전시킬 것이다. 학교 전반에 걸친 접근법은 적절한 행동을 강화하기 위해 교사와 행정가뿐만 아니라 모든 어른과 관리인, 급식 담당 직원들에게도 기회를 줄 수 있다. 공통의 교육과정은 가정과 학교의 기대를 분명하게 하고, 사회성 기술을 둘러싸고 가정과 학교의 의사소통을 위한 도구를 제공할 수 있다. 지속적인 교육과정 이용은 가정과 학교 사이에 더 큰 일관성을 낳고, 정서·행동 문제를 가진 학생들에게는 좀 더 부드러운 변화를 보이게 한다.

교육과정을 선택하는 데 있어 **그림 4.1**에서 5단계의 결정 과정을 확인할 수 있다. 요구를 확인하고 우선순위를 매기는 첫 번째 단계는 학생과 교사 모두의 요구에 대해 교사와 행정가들로부터 솔직한 입력을 필요로 한다. 이상적으로 부모나 공동체의 다른 사람들 또한 포함할 수 있다. 이 요구 사정은 공식적 또는 비공식적 관찰과 다른 방법들 중 간단한 체크리스트나 공식적 참조 사항에 대한 이유의 재김도에 기초를 둘 수 있다. 교사들은 교실에서 겪게 되는 특별한 사회적 문제를 확인하기 위해 격려가 필요할 것이고, 익명의 질문 사항을 완성하는 것을 선호한다. 모든 학생들의 문화적 차이를 고려해야 하고, 이 요구 평가는 특정 집단이나 학생들을 정형화하거나 분류해서는 안 된다. 복사할 수 있는 부록 4.A에 체크리스트가 있다. 이는 상업적으로 이용 가능한 프로그램의 지역적 기준과 요구를 조화시키기 위한 것이다.[1)]

2단계는 어떤 연구 과정을 선택하는 과정과 유사하다. 행정가들이 고려하는 다른 기준들 중에 학생의 발달 단계가 기준이 될 수도 있고, 가장 필요한 기술(의사소통 기술, 대인관계 기술, 개인적 기술, 반응 기술 등), 그리고 프로그

1) 그림 4.1과 체크리스트 부록 4.A는 사회적 기술 계획 지침서의 저자들로부터 승인을 받은 것이다. 프린트로는 사용하지 않지만 ERIC를 통해서 마이크로 필름 카드로 접속할 수 있다.

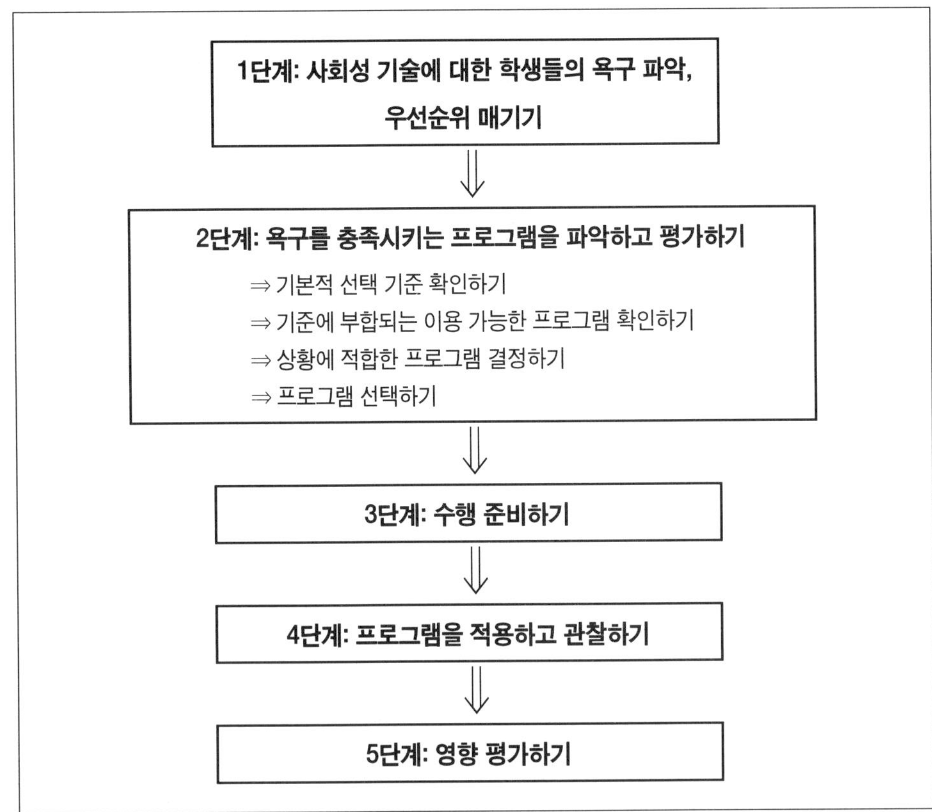

그림 4.1 사회성 기술 프로그램 선택을 위한 결정 절차

램이 진행될 집단의 크기도 기준이 될 수 있다. 3단계 준비 과정은 많은 활동으로 이루어져 있다—환경 목적, 가족들에게 알리기, 교사와 다른 사회적 직원들 교육시키기, 실습을 위한 시간 계획하기, 일반화하기, 기술의 유지, 평가를 위한 계획 세우기. 4단계는 프로그램을 진행하는 것이고, 5단계는 그 프로그램의 영향을 평가하는 것이다. 예방 프로그램의 평가에 대한 정보는 제10장을 참조하라.

최근에 학교의 안전성에 대한 관심이 사회성 기술 훈련을 우선시하는 결과를 가져왔다. 그에 반응하여 몇몇 프로그램이 충분한 연구 없이 그 성공을 실험하기 위해 급하게 출판되어 나왔다. 이 장에서 언급한 예는 사회적 학습 원리에 기초하고 지지적인 연구를 바탕으로 하고 있어 선택된 것이다. 이용 가능한 교육과정의 다양성을 설명하는 짧은 목록이 보일 것이다. 언급된 첫 세 가지는 특별한 사회성 기술의 교육과 유지에 초점을 둔다. 다음 세 가지는 학급의 한 부분과 학교 분위기의 건강한 관계 형성을 강조한다. 대부분은 화 관리 훈련도 포함한다. 좀 더 자세한 것은 이 장 끝 부분의 자료에서 확인해 볼 수 있다.

친사회 행동기술(Skillstreaming). 취학 전부터 고등학교에 이르기까지의 욕구를 나타내는 데 손쉽게 이용 가능하며 호응도 좋은 교육과정이 세 가지가 있다. 앞에서 초등학생들을 위해 60가지 세부적인 기술을 제시했다. 이는 기본적인 사회성이 부족한 학생의 비율이 높은 학교에 적절하도록 만들어진 교육과정이다(**표 4.1** 참조). 구조화된 접근법은 각각의 기술을 간단한 단계로 나눠 그 교육을 시작하기 전 교사들에게 요구되는 훈련 시간을 줄인다. 그 프로그램은 자기관리, 집단 자기보고, 집안일에서 부모와의 의사소통을 위한 자료를 제공한다.[2)]

정서적/사회성 기술: 교수전략과 기술(ASSIST: Affective/Social Skills: Instructional Strategies and Techniques). ASSIST 프로그램은 워싱턴 주에 위치한 한 초등학교에서 개발되고 그 유효성이 입증되었다. 몇몇 지침서는 분노 조절, 우정 형성, 협력 기술, 성적(性的) 학대 피하기와 같은 일련의 특별한 사회성 기술 수업에 초점을 둔다. 그 밖의 특성에 맞는 교실 만들기와 자존심 형성 같은 다른 것들은 필요하면 수업과 함께 교실에서 사용할 수 있는 좀 더 넓은 형태의 정서 교육이다.[3)]

공격성 아이들의 사회성 기술 책(The Tough Kid Social Skills Book). 이 프로그램은 10가지 기술에 초점을 두는데 그 기술들은 공격행동의 수준이 높은 집단 내 학생에게는 어려울 수 있다. 그 10가지 기술은 감정 인식, 표현, 자기관리, 대화, 말다툼 해결, 협조적으로 놀기, 괴롭힘에 대처하기, 문제 해결, 따돌림에

2) 친사회 행동기술(skillstreaming)은 초기 아동기와 청소년을 위한 버전이다. www.researchpress.com에 접속하여 좀 더 자세한 정보를 얻을 수 있다.

3) ASSIST Program의 정보를 원한다면 www.sopriswest.com을 접속한다.

대응하기, 참여, "안 돼" 수용하기 등을 포함한다. 지침서는 학생들의 기술을 평가하고, 수행을 계획하고, 교훈을 가르치고, 가족들과 연계하는 법을 교사에게 알려 준다.[4)]

학교 왕따(Bully-Proofing Your School). 약자를 괴롭히는 행동이 일반화된 학교에서는 사회성 기술 교육이 충분치 않다. 어른들이 왕따에 관심을 두기 오래전부터 학생들은 우발적인 왕따 사건을 잘 알고 있었지만 어른들의 지지 없이 그것을 멈출 수 있는 능력은 부족하다.[5)] 왕따(Bully-Proofing) 시리즈는 학생 전체가 학교 내 따뜻한 분위기 형성에 참여하게끔 한다. 시범 수업은 왕따로 인한 희생자와 왕따 행동을 변화시키기 위한 정책을 포함한다(예: 사회적 사고 교정하기, 문제 해결하기, 분노 관리하기 등). 추가적으로 이 프로그램은 학교 전반의 수행과 부모의 참여에 대한 생각을 제공한다.

2단계(Second Step). 공격성 예방 프로그램은 시애틀과 워싱턴에서 아동을 위한 위원회에 의해 발전했고 많은 연구를 통해 입증되었다. 그것은 반사회적인 공격행동을 줄이기 위해 모델링, 역할극, 일반화 정책을 사용함으로써 분노 관리를 전개시킨다. 그리고 문제 해결, 분노 관리, 충동 관리, 공감을 포함하여 사회성의 핵심을 구축한다. 또 사회적으로 책임감 있게 결정을 내리는 것은 학생들이 적절한 사회적 행동을 채택하는 데 기본이 된다. 수업은 교사를 위해 계획되고 모든 자료가 제공된다.[6)] 교실, 식당, 운동장에서 관찰되는 500명의 학생들보다 훨씬 많이 포함하는 최근의 연구들은 2단계의 진행으로 공격성과 구어적 반항에 있어서 감소를 보였다.

---

4) 이 책은 학생 개인의 긍정적 행동 관리, 여섯 가지 유형의 단계별 발달 비디오 세트 등 교실 관리 전략에 포함된 시리즈 중 한 부분이다. www.sopriswest.com에 접속하여 좀 더 자세한 정보를 얻을 수 있다.

5) 부모님을 위한 도움서 "왕따 아이(Bully-Proofing Your Child)"에 대해서는 www.sopriswest.com에 접속하여 좀 더 자세한 정보를 얻을 수 있다.

6) 2단계에 대한 더 많은 정보를 얻으려면 아동위원회의 웹사이트인 www.cfchildren.org를 참조한다. 또한 Frey, Hirshstein, Guzzo(2000)와 Grossman 등(1997)을 참조한다.

반응하는 교실(Responsive Classroom). 아동을 위한 노스이스트기금은 이 프로그램이 '사회성 교육과정'이 되는 것을 고려하거나 교사가 교실의 일상사를 지도하는 방법과 행정가들이 학교를 관리하는 방법을 고려한다. 반응하는 교실 프로그램의 구성요소는 아침 모임, 협력학습, 역할극, 논리적 결과를 갖는 규칙, 지도된 발견학습(guided discovery) 등이다. 이 프로그램의 목적은 다음과 같은 교수 환경을 만드는 것이다. (a) 아동과 교사가 서로 대하는 방법이 사실과 기술만큼이나 중요하다. (b) 감정, 생각, 꿈, 가치, 우정, 갈등은 교육과정의 기본적인 요소이다. (c) 아동들은 새로운 문제에 직면하기 위해 방법을 배우고 학습에 책임감 있는 투입을 보여 준다.[7)]

사회성 기술의 효과적인 교육

사회성 기술 수업에서 첫 번째 목표는 학생들이 기술에 숙달된 후에도 계속 공부하는 것이다. 그 모델은 학생들이 교사나 또래 친구에게 그 단계를 반복할 수 있을 정도로 충분히 그리고 자주 제공되어야 한다. 지속적인 학습은 다른 모델(교사와 또래)로부터 그 단계를 관찰하면서 포스터나 개인적 학생 지시 카드와 같은 시각적 신호, 반복과 재검토를 통해 일어난다. 수업은 최소 1주일에 두 번, 15~20분 동안 해야 한다. 수업 길이는 학생들의 학년에 달려 있지만, 대부분의 프로그램은 좀 더 자주 할 것을 추천한다. 사회성 기술 수업의 두 번째 목적은 학생들이 수업을 기억하고, 자연스런 상황에서도 기술을 적용하면서 학습을 전환하는 것이다.

효과적인 교수 원리는 수업 내용을 가르칠 때뿐만 아니라 사회성 기술을 가르칠 때에도 사용되어야 한다. 사회적 학습 모델을 위한 교수 순서는 입증하

7) Elliott는 Urban초등학교 학생들에게 '반응하는 교실 모델'을 사용하여 학업 적성 향상과 문제행동 감소, 사회성 기술의 증가를 발견했다. 이 연구 보고서는 "Caring to Learn: A Report on the Positive Impact of a Social Curriculum"(by S. N. Elliott, Northeast Foundation for Children, 71 Montague City Road, Greenfield, MA 01301)이라는 제목이 붙여졌다.

표 4.2 사회성 기술 지도 단계

- 학생들에게 기술 정의하기
- 기술 시범 보이기
  - 이 순서를 이용한다—좋은 예/나쁜 예/좋은 예.
  - 시범에 학생을 포함시킨다.
- 역할극을 한다. 학생들의 동작을 미리 리허설해 본다.
  - 전체 학생들 앞에서 몇 번 리허설을 하게 하거나, 교실에서 짝이 있는 학생들끼리 2명씩 리허설을 하게 한다.
- 기술 재검토하기
  - 자연스런 사회적 활동을 소집단으로 실습하게 한다(학업 놀이, 쉬는 시간 활동).
  - 그들의 수행에 개인적으로 피드백을 주면서 사회적 활동 중에 관찰하고 지도한다.
- 집단 수행 요약하기
  - 기술 사용의 성공적인 예를 보여 주기 위해 짝을 고른다.
- 숙제 할당하기
  - 자연스런 상황에서 그 기술을 사용하기 위한 제안을 포함시킨다.
  - 그 기술을 사용함에 있어서 단계별로 즉각적인 시각적 카드를 제공한다.
  - 성공을 보고하기 위해 가족들에게 순서를 제공한다.
- 학교생활 전반에 걸쳐서 부차적 지도와 기술에 대한 강화를 지속한다.
- 기술의 달성과 유지를 극대화하기 위해 집단강화를 이용한다.
- 심각한 반사회적 행동을 하는 학생들에게 개인적 계약을 사용한다.

출처: Adapted from lessons in published curricula (Jackson, Jackson, & Monroe, 1983; McGinnis & Goldstein, 1997; Sheridan, 1995; Walker, Stiller, Golly, Kavanagh, & Feil, 1998).

고 사회적 행동의 좋은 예와 나쁜 예를 사용하면서 기술을 시범 보이며, 실습, 학생의 자기관리, 교사의 피드백과 강화, 학교, 가정에서 또래 친구, 어른들과 그 기술을 함께 사용하기 위한 계획을 모두 포함한다. 완전한 사회성 기술 교육과정은 **표 4.2**에 나열된 효과적인 교수 구성요소를 포함하는 수업을 자세히 서술하거나 쓸 것이다.[8)]

기술 시범 보이기

사회성 기술 지도에서 중요한 요소는 시범 보이기이다. 이는 수업 이후에 기술의

---

8) 예를 들면 친사회 행동기술, 공격성 아이의 사회성 기술 습득과 성공으로의 첫 단계.

사용을 촉진시킨다. McGinnis와 Goldstein(1997)은 Skillstreaming 커리큘럼에서 효과적인 시범을 위한 몇몇 변수를 설명하고 있다.

> 각각의 기술 증명에 최소한 두 가지의 예를 사용하라. 만약 그 기술이 한 집단 회기 이상에서 사용된다면 두 가지의 새로운 시범 전시로 발달되어야 한다.
>
> 학생들의 실제 생활환경과 관련 있는 상황을 선택하라.
>
> 모델(예: 그 기술의 행동적 단계를 규정하는 사람)은 나이, 사회·경제적 배경, 구어적 능력, 친사회 행동기술 집단에서 젊은이들의 현저하게 다른 특징들과 합리적으로 그려져야 한다.
>
> 모델 시연은 긍정적인 결과를 그려야 한다. 추가로, 그 기술을 잘 사용하는 모델이 항상 강화를 받아야 한다.
>
> 모델 시연은 관계없는 다른 내용 없이 단 한 번에 한 가지 기술만 그려야 한다. (McGinnis & Goldstein , 1997, p. 62)

모델링을 향상시키기 위해서 교사들은 (a) 매우 기술적이거나 사회성 기술의 전문가인 사람, (b) 높은 지위의 또래 친구들, (c) 학생들에게 친절하고 도움이 되는 사람, (d) 적절한 사회적 행동의 보상을 관리하는 사람을 모델로 써야 한다. 높은 지위의 또래로 평가되는 좋은 또래 모델은 적절한 사회성 기술을 사용함으로써 학생들에게 긍정적인 영향을 미칠 수 있다는 것을 연구를 통해 명확히 알 수 있다. 예컨대 적절한 사회성 기술을 가진 학교 운동선수들, 다양한 친구들과 적절한 사회적 연락망을 가진 학생들, 성공적인 고등학교 학생들과 어른인 공동체 멘토가 포함된다.

실습과 자기관리

효과적인 모델링과 지도뿐만 아니라 사회성 기술 지도의 향상을 위해서는 실습

시간, 자기관리, 자기조절 전략을 쓰는 것이 핵심이다. 활동이 지나친, 특히 어린 학생들은 기술 소개와 시범에 있어서 구어적 지도나 전형적인 형식에 집중하는 데 어려워한다. 따라서 형식적인 지도에는 적은 시간을, 기술 실습에는 좀 더 많은 시간을 보내는 것이 핵심이다. 실습 시간은 구조화되었지만 참신하고 자극적인 활동을 포함해야 한다.

Charlebois, Normandeau, Vitaro와 Berneche(1999)는 사회성 기술의 효과적인 교수에 결정적인 네 가지 요소를 통합했다—문제 해결에 있어서 형식적인 수업, 자기조절 훈련, 기술 실습을 위한 실제 활동, 소집단 실습 동안 참가자들과의 개인적인 잦은 접촉. 30세 남성을 포함한 참가자들은 부주의하고, 과잉행동을 보이며, 공격적으로 기술된다. 자기조절 훈련 집단은 대략 기술 지도에 30%의 경청, 70%의 또래 소집단 실습과 자기조절 기술 사용이 요구된다. 자기조절 단계는 다음과 같다.

1. 무엇이 문제인지 또는 그 일의 목적이 무엇인지를 정의한다.
2. 그 일을 완수하는 데 필요하며 이용 가능한 몇 가지 계획과 방법을 제안한다.
3. 무엇이 가장 좋은 계획이며 방법인지 결정한다.
4. 계획이나 작업을 실행한다.
5. 그 계획이나 작업이 잘 시행되었는지 평가한다. (p. 141)

이 연구의 저자는 문제 해결에서 학생들이 이 단계 사용을 스스로 평가하는 것은 역할놀이의 높은 비율보다 좀 더 효과적일 수 있다고 했다. 마지막 결정적인 요소는 교사가 학생들의 실습 중에 지도를 줄이는 것이다. 이 시간은 학생들이 중심이고 활동 중심이며, 아동들의 자연스런 사회 환경에 좀 더 가깝게 만드는 시간이다. 교사의 역할은 사회성 기술, 긍정적인 상호작용과 효과적인 문제 해결에 피드백을 실행하는 것이다. 연구자들은 이런 교수 방법 동안에는 문제행동이 훨씬 덜 발생한다는 것을 발견했다(예: 불복종, 괴롭히기, 부주의, 자리 이탈, 안절부절못함 등). 여기에 교사들에게 주는 두 가지 메시지가 있다.

(a) 사회성 기술 수업은 사회성 기술 실습을 위한 활동에 학생들의 활동적인 약속이 포함되어야 한다. (b) 학생들은 교사의 피드백을 통해 기술의 사용을 평가할 수 있어야 한다.

반사회적 공격행동을 지닌 학생들은 교실뿐만 아니라 자연스런 상황에서도 적용하기 위해 자기관리를 자주 배워야 한다. Kern과 동료들(1995)은 정서·행동장애를 가진 학생들에게 자기평가를 사용하는 프로그램 모델을 제공했다. 그 환경에는 또래 친구와 놀이하기 같은 전형적인 사회 활동을 포함한다. 학생들은 처음에 또래 친구와의 부적절한 상호작용이 높은 비율을 보였고(시간당 100+), 적절한 상호작용은 같거나 낮은 비율을 보였다. 교사는 놀이 활동 동안 5분짜리 비디오테이프를 만들었고, 그러고 나서 학생들과 함께 보았다. 그 테이프의 30초마다 학생들은 자신의 점수표("나는 급우랑 사이좋게 지냈다.")에 "예" 또는 "아니요"를 기록했다. 각각 "아니요"가 기록될 때마다 학생들은 무엇이 부적절한 행동인지를 말하고, 무엇이 받아들여질 수 있는 대체행동이 될 수 있는지를 말한다. 학생들은 각각의 정확한 비율에 따라 점수를 받았고, 교사가 "예"에 동의하면 점수를 좀 더 받았다. 동료와의 부정적인 상호작용은 상당히 줄어들었고 적절한 비평이 상당히 증가하였다. 자기평가는 격일로 사라졌고, 마침내 적절한 행동을 유지함에 따라 보상도 사라졌다. 분명히 학생들에 의한 행동 자기평가 또는 자기관리의 사용은 반사회적 행동의 높은 비율을 바꾸기 위한 사회성 기술 교수에 필요한 요소일 것이다.

쉬는 시간의 사회성 기술 개선하기

학교 내에서 쉬는 시간은 다른 사회적 활동들과 사회적 관계를 형성할 수 있는 완벽한 기회이다. 반면에 교사, 부모 그리고 또래로부터의 제한된 교수와 안내 안에 있는 관리되지 않는 휴식 환경은 매우 부정적인 결과를 가져올 수 있다. 학생에 의해 결정된 적절한 모델을 제공하지 않는다면 반사회적 행동, 정상적이지 않은 또래 집단의 성장, 공격적인 학생들의 거부 반응이 모두 나타난다. 연구자들은 몇몇 핵심 기술이 반사회적, 공격적 행동을 가진 아동들에게는 어렵다고 제의한다. (a) 참여하기, 유지하기, 또는 적절한 상호작용 유지하기, (b) 괴롭히고 따돌리는 것에 반응하기, (c) 분노 관리하기, (d) 교사의 명령이나 또래 친구의 요구 따르기.

Walker, Colvin과 Ramsey(1995)는 학생에게 현재의 활동에 참여하는 것을 가르치기 위해 요약된 적절한 행동을 제공한다.

- 참여할 수 있게 규칙을 아는 게임을 선택한다.
- 접촉을 시도하기 위해 자연스러운 휴식 시간을 기다리며 가까이에 있는다.
- 기다리는 동안 다른 사람들을 도우며 집단 지향적이며 긍정적인 상태를 만든다.
- "나도 함께 할 수 있을까?"라고 정중하게 요청한다.
- 만약 수락한다면 즉시 반응하고, 작은 역할(심판)일지라도 어떤 제안이든 받아들인다.
- 만약 필요하다면 어떤 이들이 자신에게 규칙을 빨리 가르칠 수 있게 한다.
- 만약 거부한다면, 대안책으로 친구가 거의 없거나 혼자 놀고 있는 다른 사람을 찾으러 간다.

교사들은 또한 학생들이 문제를 예방하기 위해 학생들에게 부여한 무엇을 하지 않는지를 이해하고 있다는 것을 확인해야 한다. 나쁜 행동의 예는 다음과 같다—자주 질문하기, 단체 방해하기, 자기 자신에 대해 이야기하거나 자랑하기, 주의 끌기, 전체 의견에 동의하지 않기, 게임에서 가르치려고 들기, 지나치게 고집 피우기(과도하게 따라다니기), 무턱대고 들어와 놀이에 참여하기, 놀이에 참여하려고 협박하기(예: "나도 놀게 해 줘." 또는 "내가 공 빼앗을 거야.").

Walker와 동료들은 또한 운동장에서는 괴롭히기가 좀 더 많이 발생한다고 보고했다. 괴롭히기는 사회적으로 적절한 친구들 사이에서 이루어졌을 때 쉽게 무시되는 행동이다. 반사회적 태도와 신념을 가진 아동들은 종종 강렬한 화,

협박, 짜증을 내면서 괴롭힘에 반응한다. 그들은 운동장에서 괴롭힘에 적절하게 반응하기 위해 추가적인 사회성 기술 교수를 필요로 한다. 괴롭힘에 적응할 수 있는 반응으로는 무시하기, 멈추게 하기 위해 다른 사람에게 요청하기, 그 상황 피하기, 어른이 있는 곳으로 걸어가기, 괴롭힘을 멈추지 않는다면 어른들에게 보고하는 것 따르기 등을 포함한다. 괴롭힘에 적응하지 못하는 반응으로는 반대로 괴롭히기, 이름 부르기, 화내기, 울기, 상처 내기, 때리기, 위협하기, 짜증내기, 지나고 나서 나중에 보복하기 등을 포함한다(Walker et al., 1995).

쉬는 시간에 단체에 참여할 수 있는 것 외에, 학생들은 적절한 약속과 행동을 통해 참여를 유지해야 한다. 예를 들어, 다음 단계들은 사회성 기술 교수를 포함하는 휴식 프로그램으로 수행된다.

- 15분 사회성 기술 수업은 휴식 직전에 이루어지고, 단체에 어떻게 참여하는지, 적절한/부적절한 상태의 예, 휴식 동안 적절한 손발의 사용 등을 포함한다.
- 시각적인 메뉴에서 학생들은 휴식 시간 동안에 하기를 원하는 활동을 확인한다.
- 휴식 동안 학생들이 또래와 잘 참여하지 않는다면 성인은 2~3분 간격으로 즉시 개개 학생들을 지도하고 적절하게 잘 놀고 있을 때는 신호(예: 엄지 올리기, 미소)를 보낸다.
- 학생들은 특별한 사회성 기술에 대해 예/아니요를 체크하는 휴식 시간 친구 양식(recess buddies form)을 완성함으로써 자신의 행동을 휴식 시간 후에 즉시 평가한다.
- 성인들은 휴식 시간 직후 학생들에게 적절한 행동과 부적절한 행동의 특별한 예를 요청하고 권유하면서 피드백을 준다.

이 프로그램에 사용되는 자기관리 양식은 부록 4.B에 있다. 학생들은 프로그램을 사용하면서 동료들과 적절하게 노는 횟수가 증가하였다(**그림 4.2** 참조). 추가로, 학생들의 부정적인 행동과 혼자 지내는 시간은 휴식 시간 동안에 줄어들었다.

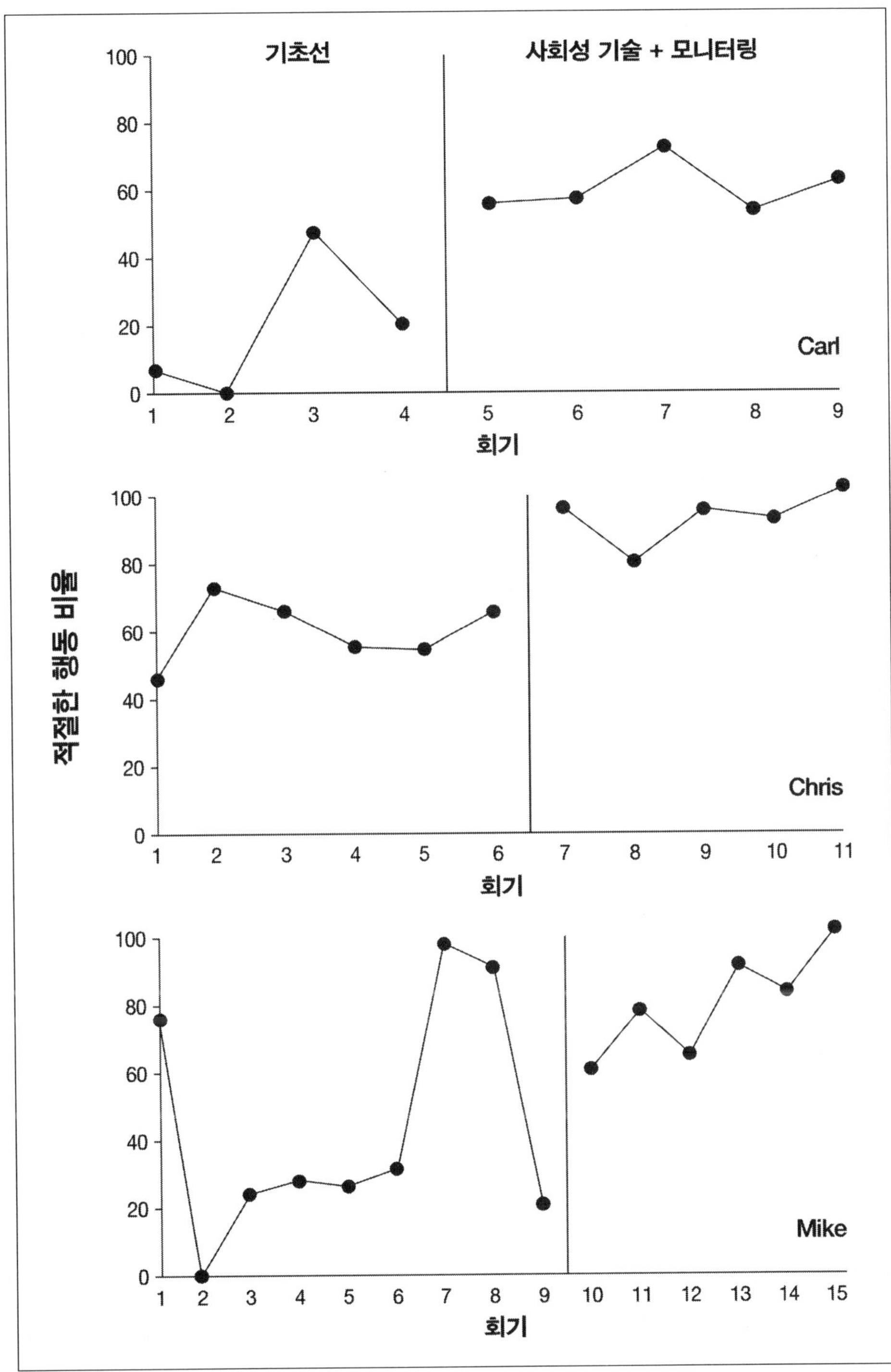

그림 4.2 또래 친구와의 적절한 놀이 증가

매우 공격적인 학생들의 휴식 시간 행동 개선을 위한 추가적인 프로그램 모델은 RECESS라고 불린다. RECESS 프로그램은 다음의 네 가지 요소로 구성된다.

1. 공격적인 학생과 모든 급우를 위한 협력적이고 긍정적인 사회적 행동에 관해 쓰인 훈련
2. 부적절한 사회적 행동과 규칙 위반에 대한 점수 손실을 가지는 반응대가 점수 체제
3. 적절한 사회적 행동에 대한 상담가, 교사, 감독관의 칭찬과 보너스 점수
4. 동시에 이루어지는 개인적 강화와 단체 강화

RECESS 프로그램은 아주 강력하지만 유치부에서부터 초등 3학년의 매우 공격적인 아동들에게는 격렬한 중재법이다. 상담자들은 이행을 지원하는 데 대략 40시간에서 2, 3개월에 걸친 시간을 소비한다. 절차 이행은 학생들의 지속적인 성공을 확신한다. 중재의 결과가 없거나 비효율적인 절차의 사용은 많은 노력을 필요로 한다. (a) 잠재적인 공격 성향을 가진 학생, (b) 학교가 효과적인 중재를 위해 지원을 하지 않는 학생에 의한 예측할 수 있는 비행행동, (c) 운동장에서의 공격성과 안전하지 않은 학교 환경을 증가시키는 일반적 학교 경향(Walker, Hops, & Greenwood, 1993).

강화와 사회성 기술 훈련의 이동

강화로 알려진 수단은 학업 내용 교수뿐만 아니라 사회성 기술 교수에도 적용된다. 강화는 행동을 증가시키기 위해 아동들의 동기를 강화시키는 활동이다. 성인들은 만약 학생들이 사회성 기술을 자연적인 환경에서 전환시킨다면 사회성 기술 훈련을 교수할 때와 유지할 때 모두 강화를 주어야 한다. 구어적 칭찬은 행동에 있어서 특별해야 하고, 가능한 한 즉시 수행되어야 하며, 차이를 보일 정도로 자주 해 주고, 열정을 가지고 눈 맞춤을 해야 한다. 예를 들어, 쉬는

시간이 끝나고 교실로 돌아갈 때, 교사는 소집단 학생들에게 "너희 팀이 톰을 축구 경기에 참여할 수 있게 해 준 건 아주 잘한 일이야."라고 말해야 한다. 추가적으로, 사회적 보상은 반사회적 패턴을 전환시키기 위해서 다양한 유형으로 자주 제공될 필요가 있다. 이런 것의 예로는 추가 휴식 시간, 자유 시간, 공부를 위해 또래와 함께 하는 시간, 부모님에게 긍정적인 글 쓰기 등이 될 수 있다.

『놀이 시간/사회적 시간: 상호작용 기술(The Play Time/Social Time: Organizing Your Classroom to Building Interaction Skills)』 교육과정은 사회성 기술 실습 동안에 강화를 주는 모델을 제공한다. 이 프로그램에서 최초의 기술은 원고로 된 수업을 이용하면서 가르친다. 여기에는 공유하기, 동의하기, 행동을 구성한 놀이, 도와주기가 포함된다. 구조화된 교수법을 따르면서 학생들은 약 10분 동안 적절한 또래 모델과 함께 소집단에서 실습을 한다. 교사는 적절한 기술과 상호작용(6~8회)에 대해 각 학생들의 차트에 행복한 얼굴을 표시한다. 회기가 끝날 무렵, 교사는 적절한 사회성 기술에 대해 말로 피드백을 하거나 칭찬을 하며 스티커 내지 보물 주머니를 보상으로 준다. 이 프로그램은 헤드스타트 유치부 학급에서 약 40명의 아동들을 대상으로 한 연구에서 이용되었다. 또래 모델에 의해 증명된 반사회적 행동을 가진 학생들이 강화만으로 적절한 상호작용의 단계로 접근할 수 있도록 한 실험이었다.

헤드스타트 교실에서 5, 6명의 학생들은 하루에 걸쳐 이루어진 사회 활동 동안에 색깔이 있는 목걸이 표를 붙였다. 그 학생 집단은 무작위로 바뀌었고, 반사회적 행동을 하는 학생들을 항상 포함하지는 않았다. 교사들은 회기 동안에(4~5회) 사회성 기술의 적절한 사용에 대해 목걸이 표에 작은 스티커를 붙여 주거나 웃는 얼굴을 그려 주었다. 유치부 학급에서 교사들은 학생들이 배운 사회성 기술과 일치하는 포스터를 만들었고, 1주일 동안 그 포스터를 작은 가방에 붙여 놓는다. 교사들은 각 학생들이 적절한 사회성 기술을 사용했을 때 그 가방에 토큰을 넣었다. 1주일에 최소 20개의 토큰이 자연적인 상황에서 교사들이 기술을 강화시키기 위해 촉진자로 사용되었다(Kamps, Ellis, Mancina, & Greene, 1995).

『공격성 아이를 위한 사회성 기술 책(The Tough Kid Social Skill Book)』

은 개인적 목표 충족을 기본으로 하여 이행되는 강화와 함께 사회성 기술 목표 상황에 학생을 둘 것을 제안한다. 이 책은 반사회적 행동을 하는 학생들을 위해 다음의 상황적 목표를 권유한다.

- 학생들이 만남에서 대개 성공할 수 있는 목표를 선택하는 것을 도와라(예: 새로운 행동 목표를 위한 작은 단계로 이루어진, 그들이 때때로 나타내는 기술들).
- 어떤 행동을 언제, 어디서, 누구와 함께, 어떻게 수행되는지에 대한 정보를 포함하여 학생들이 특별한 목표를 달성할 수 있게 격려하라(예: "나는 아침 휴식 시간에 친구들과 함께 놀이를 할 것이다.").
- 그들이 관리하는 목표를 아동들이 선택하는지 확인하라(예: 아동들은 어른이 데려다 주지 않아도 다른 사람들과 활동에 접근할 수 있다).
- 하지 말아야 할 행동보다는 해야 할 행동을 말해 주는 목표를 학생들이 선택할 수 있게 도와라("나는 혼자 놀지 않을 것이다."보다는 "나는 휴식 시간에 축구를 할 것이다."가 더 낫다).
- 목표를 달성하기 위한 방법으로 사회성 기술 수업에서 숙제를 이용하라.
- 절차를 어떻게 유지하는지, 목표 달성 평가는 어떻게 하는지, 강화는 어떻게 주는지를 학생과 함께 결정하라.(Sheridan, 1995, pp. 87-88 참조)

일반화 또는 학습의 전이

교사들은 학생들이 새로운 기술을 다른 상황에서 사용하도록 격려함으로써 학급에서 사회성 기술 훈련의 영향을 증가시킬 수 있다. 일반화 또는 훈련의 전이를 개선할 많은 전략들이 있다(Scott & Nelson, 1998 참조). 교사들은 (a) 일반화를 촉진할 계획을 설계할 수 있다. (b) 학생들이 자연적인 상황에서 그 기술을 실제로 사용하거나 시도할 때, 구어로 학생들을 강화할 수 있다. (c) 그들이 그 기술을 사용하지 않거나 기회가 왔을 때 적절한 모델을 주거나 신호를 줄 수 있다. (d) 사회적 환경(휴식 시간, 식당, 자유 시간)에서 기술의 사용으로 미리 선정한 목표를 충족시켰을 때 그들에게 보상을 줄 수 있다.

일반화를 촉진시킬 추가적인 전략은 다음과 같다.

- 개인과 단체 계약, 강화 프로그램(제2장 참조)
- 정기적으로 기술을 재교육시키기 위한 촉진 회기
- 친사회성 기술에 대한 강화와 함께 반사회적 행동에 대한 가벼운 처벌
- 사회적 시간에 어른에 의한 활발한 감독이 따르고, 사회적 활동 이전에 사회적 행동에 대한 즉각적이고 적절한 신호 또는 사전 수정
- 사회성 기술 실행을 개선시키기 위해 환경 내에서의 결과에 따른 환경적 평가와 대체(Lewis & Sugai, 1996 참조)

다중요소 중재법. 이 장을 소개하면서 또래, 교사, 가족과 같은 중요한 다른 사람들과 함께 있을 때 공격적 행동의 영향의 중대성과 정서적 행동 문제를 가진 아동들의 반사회적 특성에 관한 정보를 소개했다. 대다수는 이 문제의 중요성이 많은 사람들과 환경을 포함하는 해결책을 요하며 어린 나이에 시작되어야 함을 제의한다. 취학 전 유치부 나이에 정서적·행동적 문제의 조짐을 보이는 학생들은 부모, 또래, 교사가 핵심 놀이 대상으로 참여할 때 사회성 기술에서 큰 성과를 얻을 수 있다.

「성공을 위한 첫 단계: 어린 아동이 반사회적 행동을 극복하는 것을 돕는 것(First Step to Success: Helping Young Children Overcome Antisocial Behavior)」은 사회성 기술과 적절한 행동을 가르치기 위한 학교와 가정에서의 대표적인 모델 중재법이다. 세 가지의 기준이 프로그램을 만든다. (a) 가장 위험성을 가진 학생을 결정하기 위한 모든 유치원생의 선별, (b) 대상 아동, 또래, 교사를 포함하는 상담자를 기준으로 한 학교 중재, (c) 적절한 행동과 긍정적인 학교 조절을 촉진하기 위한 보호자 기술의 부모 훈련. CLASS 프로그램에서 첫 번째로 상담자, 그다음 교사와 또래는 학생들의 행동을 모니터링하고 그들에게 피드백을 준다. 가정 기본 요소는 상담자가 집을 방문하는 동안 제공하는 여섯 가지의 내용으로 구성된다. (a) 학교와의 의사소통과 공유, (b) 협력, (c) 제한된 환경, (d) 문제 해결, (e) 우정 형성, (f) 신뢰 발달. 자료 기초 연구는 참가자

들에게서 적절한 행동에 대한 중요한 이익이 있음을 보였다. 이런 이득은 초기 학년까지 지속된다. 사회성 기술 중재의 이행을 위해 많은 사람들을 사용하는 것은 분명히 참가자들에게 이득을 증가시킨다. 제6장에서는 초기 예방 활동에 부모와 교사를 포함하는 또 다른 접근법에 대해 살펴본다.

때로 사회성 기술 프로그램이 실패하는 이유

중재로서 사회성 기술은 아주 강력할 수 있다. 그러나 프로그램이 실패할 수 있고 전형적으로 빈약한 교수, 제한된 강화, 부정적인 모델링과 관련이 있다. 교수적 문제에는 잘못된 교수(강의 대 활동적인 학생 실습), 사회성 기술에 대한 너무 적은 양의 수업, 그리고 개인 또는 집단을 위한 결정적인 기술을 목표화하지 않는 것이 포함된다(**그림 4.1** 참조). 강화 문제는 학생의 목표를 설립하지 않은 것, 자연스런 환경에서 개선된 사회성 기술을 위한 강화계획의 미비, 또는 동기화된 학생을 변화시킬 만큼의 상위 단계로 강화하지 못한 점을 포함한다. 추가로 부모나 또래들의 부정적인 모델링은 사회성 기술의 효과를 감소시키며 반사회적 행동을 강화할 수 있다. 반사회적 행동을 가진 학생들을 함께 집단화하는 것(때로 반사회성 기술 집단으로 나타나는)은 실제로 부정적인 또래 모델링을 통해 문제행동을 증가시킨다. 1999년에 연구자들은 반사회적 행동을 가진 사춘기 학생들에 대한 세 가지 실험적 연구를 보고했다. 사회성 기술 훈련을 포함하며 상담 안내 집단은 소집단으로 나누어졌다. 결과는 비교군과 비교했을 때 중재 집단에서 실제로 문제행동이 증가했다(약물 사용의 시작, 자기보고 비행, 폭력적 행동). 저자는 높은 위험을 가진 또래 친구는 다른 학생의 비정상적인 행동을 지지하거나 강화시킴을 시사한다. 따라서 비정상적인 또래 친구만 있는 집단 중재는 피해야 한다. 그들은 이런 현상을 비정상적 훈련(deviancy training)으로 기술한다(Dishion, McCord, & Poulin, 1999; Feldman, 1992; Kamps et al., 1995; Kamps, Tankersley, & Ellis, 2000). 반사회적 또래는 집단에서 비정상적인 말에 긍정적으로 반응하고 비정상적인 것에 강력한 강화를 받는다. 비행 학생이 아닌 학생들은 전형적인 토론에 찬성하고 비정상적인 말은 무시한다. 사회성 기술 집단의 중재를 수행하기 위한 메시지는 분명하다. 반사회적 행동을 하는 학생들은 가능한 한 분리되어야 한다. 실습을 위한 소집단에서 반사회적 행동을 하는 모든 학생들에게도 좋은 친구가 적어도 3, 4명은 있어야 한다.

사회성 기술 훈련을 지도하는 학교 행정가들은 학교에서 서로에 대해서 그리고 학생들에 대해서 성인들의 행동을 모니터링할 특별한 책임을 가진다. 한 교장은 첫 번째 단계로 직원들에게 사회성 기술 훈련이 필요하다고 제안했다. 가장 강력한 모델링은 학생들이 매일매일 학교에서 일어나는 인과적 사회 상호작용을 관찰할 때 일어난다. 학생들은 어른들이 적절한 사회성 기술 모델을 보이고, 존중하며, 학생들을 이해하고, 적절한 행동을 강화하며, 모든 어른들이 강화와 촉진에서 같은 용어를 사용하는 그런 학교 환경에서 이익을 얻을 것이다.

마지막 주의 사항: 사회성 기술 교수는 정서·행동장애를 가진 학생들을 위해 효과적인 행동지원 계획 중 단지 한 요소임을 유념하는 것이 중요하다. 예를 들어, Kamps와 동료들은 가장 효과적인 예방 프로그램은 사회적 기술, 학급관리, 집단강화, 학업적 교수를 포함한다는 것을 발견했다. 따라서 단지 하나의 예방책으로서 사회적 기술의 수행은 다른 지원 프로그램 없이는 효과 면에서 제한적일 것이다.

사회성 기술 훈련을 위해 공동체의 지원 얻기

Mayer(1995)는 반사회적 행동을 예방하든 촉진하든 간에 사회에서 학교의 중추적 역할을 강조했다. 학교는 학생의 낮은 참여, 교실에서의 빈약한 태도와 참여, 숙제 완성의 부족, 방과 후 활동의 제한적인 참여와 같은 동기부여 변수 주위에서 개입할 수 있는 기회를 가지고 있다. 학교는 효과적인 교수 실습, 실제적인 학생의 약속, 학업적 개선, 문제를 가진 학생을 위한 행동/사회적 지원 면에서 개인적 차이와 관련된 변수에 대해 말할 수 있다. 학교는 학생들이 규율을 수행하거나 따를 때, 직원들을 위한 빈약하거나 일정하지 않은 행정적 지원, 규율 정책에 대한 직원들의 동의하지 않음, 형벌 절차에 대한 강한 신뢰를 포함하여 지원적 변수에서 실패할 수 있다.

21세기가 시작됨에 따라 학교는 스스로 처벌 중심의 사회화가 되어 간다는 것을 알 수 있다. 참을성 없는 정책들은 가벼운 잘못된 행동을 학습 기회로 사용할 수 있는 행정가들의 능력을 제한하고 손을 묶을 수 있다. 공동체와 주체제는 학생들의 학습에 있어서 폭, 깊이, 자기지도에 걸쳐서 표준화된 시험의 결과를 평가하는 것 같다. 그러나 만약 공동체가 교육과정의 선택 결정 과정의 한 부분이었다면, 학급에서 사회적으로 정확한 기술을 가르치는 것은 지지될 것이다. 심지어 그 지역이 인구 면에서 대단한 문화적 다양성을 지닌 곳이라 할지라도, 가족들의 문화를 존중하며 설명을 하는 한 가족들은 학교 문화의 행동적 예상은 이해하고 인정할 수 있다. 좋은 사회적 기술 프로그램을 선택하고 사용하는 데 필요한 노력은 학생들의 성취를 통해 마침내 성과를 이룬다. 한 교사는 "당신이 사회적 기술을 가르치기 전까지 다른 어떤 것을 가르칠 수 있겠는가?" 라고 말했다.

부록 4.A

비교 요약 체크리스트
(동의를 얻은 사회성 기술의 적용 계획 안내)

	프로그램 선택을 위한 기본적 기준 (적용되는 모든 사항에 표시하세요)				
학생의 욕구 파악: **프로그램 특성**	프로그램 제목:	프로그램 제목:	프로그램 제목:	프로그램 제목:	프로그램 제목:
학년					
취학 전(3, 4세)					
초등학교					
중학교					
고등학교					
졸업 후					
교수 집단					
전체 학급					
소집단					
일대일					

	프로그램 선택을 위한 기본적 기준 (적용되는 모든 사항에 표시하세요)				
학생의 욕구 파악: **프로그램 특성**	프로그램 제목:	프로그램 제목:	프로그램 제목:	프로그램 제목:	프로그램 제목:
의도된 학생의 성과					
의사소통 기술 (피드백 주기, 경청하기, 조용히 말하기, 타협하기, 사과하기, 대화하기, 말하기, 찾고 도움 주기)					
대인관계 기술 (스스로 주장하기, 친구 사귀기, 친구 만나기, 타협하기, 다른 사람을 알고 이해하기, 권위 있는 인물 대하기, 상호작용 시작하기, 타인과 상호작용하기, 어른과 상호작용하기, 또래와 상호작용하기, 동료와 상호작용하기, 다른 사람에게 존중 표현하기, 공유하기, 협력하기)					
개인적 기술 (자기인식하기, 긍정적 자아상/개인적 주체성 유지하기, 자기관리와 위생에 대한 책임감 수용하기, 감정 다루기, 예의 갖추기, 목표 설정하기)					
반응 기술 (피드백 수용하기, 지시 따르기, 비판에 대응하기, 좌절에 대응하기, 공격성 조절하기, 행동의 결과 수용하기, 또래가 주는 스트레스에 반응하기, 논쟁 해결하기, 문제 해결하기, 스트레스 다루기, 공감하기)					

	프로그램 선택을 위한 기본적 기준 (적용되는 모든 사항에 표시하세요)				
학생의 욕구 파악: **프로그램 특성**	프로그램 제목:	프로그램 제목:	프로그램 제목:	프로그램 제목:	프로그램 제목:
교수 도구					
훈련자를 위한 교과서					
학생 시정 도구					
유지/일반화 절차					
결과 평가 요소					
소비성 학생 도구					
비소비성 학생 도구					
시청각 기술					
컴퓨터					
시각용/수작업용					
전체 비용					
교수 요구 시간					
빈도/중재 시간 기록					
기록:					

부록 4.B

쉬는 시간 친구를 위한 자기관리 양식

이름 ________________ 날짜(주) ______________

		놀이		재미있는 대화		바른 팔과 손	
		시작	지속	시작	지속	시작	지속
월요일	오전	예 아니요	예 아니요	예 아니요	예 아니요	예 아니요	예 아니요
	오후	예 아니요	예 아니요	예 아니요	예 아니요	예 아니요	예 아니요
화요일	오전	예 아니요	예 아니요	예 아니요	예 아니요	예 아니요	예 아니요
	오후	예 아니요	예 아니요	예 아니요	예 아니요	예 아니요	예 아니요
수요일	오전	예 아니요	예 아니요	예 아니요	예 아니요	예 아니요	예 아니요
	오후	예 아니요	예 아니요	예 아니요	예 아니요	예 아니요	예 아니요
목표일	오전	예 아니요	예 아니요	예 아니요	예 아니요	예 아니요	예 아니요
	오후	예 아니요	예 아니요	예 아니요	예 아니요	예 아니요	예 아니요
금요일	오전	예 아니요	예 아니요	예 아니요	예 아니요	예 아니요	예 아니요
	오후	예 아니요	예 아니요	예 아니요	예 아니요	예 아니요	예 아니요

참고 문헌

Alberg, J., Petry (Tashjian), C., & Eller, S. (1994). *The social skills planning guide.* Longmont, CO: Sopris West.

Bronfenbrenner, U. (1974). The origins of alienation. *Scientific American, 231*, 53–61.

Charlebois, P., Normandeau, S., Vitaro, F., & Berneche, F. (1999). Skills training for inattentive, overactive, aggressive boys: Differential effects of content and delivery method. *Behavioral Disorders, 24*(2), 137–150.

Dewey, J. (1916). *Democracy and education: An introduction to the philosophy of education.* New York: Macmillan.

Dishion, T. J., McCord, J., & Poulin, F. (1999). When interventions harm: Peer groups and problem behavior. *American Psychologist, 54*(9), 755–764.

Dodge, K., Cole, J., & Brakke, N. (1982). Behavior patterns of socially rejected and neglected adolescents: The roles of social approach and aggression. *Journal of Abnormal Child Psychology, 10*, 389–410.

Doll, B., & Lyon, M. A. (1998). Risk and resilience: Implications for the delivery of educational and mental health services in schools. *School Psychology Review, 27*(3), 348–363.

Dougherty, B. S., Fowler, S. A., & Paine, S. (1985). The use of peer monitors reduce negative interactions during recess. *Journal of Applied Behavior Analysis, 18*, 141–153.

DuPaul, G., & Eckert, T. (1994). The effects of social skills curricula: Now you see them, now you don't. *School Psychology Quarterly, 9*, 113–132.

Feldman, R. A. (1992). The St. Louis experiment: Effective treatment of antisocial youths in prosocial peer groups. In J. McCord & R. E. Tremblay (Eds.), *Preventing antisocial behavior: Interventions from birth through adolescence* (pp. 233–252). New York: Guilford.

Frey, K., Hirshstein, M., & Guzzo, B. (2000). Second step: Preventing aggression by promoting social competence. *Journal of Emotional and Behavioral Disorders, 8*, 102–112.

Gresham, F. M. (1995). Best practices in social skills training. In A. Thomas & J. Grimes (Eds.), *Best practices in school psychology—III* (pp. 1021–1030). Washington, DC: National Association of School Psychologists.

Grossman, D., Neckerman, H., Koepsell, T., Liu, P., Asher, K., Beland, K., Frey, K., & Rivara, F. (1997). Effectiveness of a violence prevention curriculum among children in elementary school: A randomized controlled trial. *Journal of the American Medical Association, 277*, 1605–1611.

Jackson, N. F., Jackson, D. A., & Monroe, C. (1983). *Skill lessons and activities: Getting along with others: Teaching social effectiveness to children.* Champaign, IL: Research Press.

Kamps, D. M., Ellis, C., Mancina, C., & Greene, L. (1995). Peer-inclusive social skills groups for young children with behavioral risks. *Preventing School Failure, 39*, 10–15.

Kamps, D., Tankersley, M., & Ellis, C. (2000). Social skills intervention for young at-risk students: A 2-year follow-up study. *Behavioral Disorders, 25*, 310–324.

Kern, L., Wacker, D. P., Mace, F. C., Falk, G. D., Dunlap, G., & Kromrey, J. D. (1995). Improving the peer interactions of students with emotional and behavioral disorders through self-evaluation procedures: A component analysis and group application.

Journal of Applied Behavior Analysis, 28(1), 47–59.

Lewis, T., & Sugai, G. (1996). Descriptive and experimental analysis of teacher and peer attention and the use of assessment-based intervention to improve pro-social behavior. *Journal of Behavior Education, 6*, 7–24.

Masten, A. S., & Coatsworth, J. D. (1998). The development of competence in favorable and unfavorable environments: Lessons from research on successful children. *American Psychologist, 53*(2), 205–220.

Mayer, G. R. (1995). Preventing antisocial behavior in the schools. *Journal of Applied Behavior Analysis, 28*(4), 467–478.

McGinnis, E., & Goldstein, A. P. (1997). *Skillstreaming the elementary school child: New strategies and perspectives for teaching prosocial skills.* Champaign, IL: Research Press.

Scott, T. M., & Nelson, C. M. (1998). Confusion and failure in facilitating generalized social responding in the school setting: Sometimes 2 + 2 = 5. *Behavioral Disorders, 23*, 264–275.

Sheridan, S. M. (1995). *The tough kid social skills book.* Longmont, CO: Sopris West.

Walker H. M., Colvin, G., & Ramsey, E. (1995). *Antisocial behavior in school: Strategies and best practices.* Pacific Grove, CA: Brooks/Cole.

Walker, H. M., Hops, H., & Greenwood, C. (1993). *RECESS: Research and development of a behavior management package for remediating social aggression in the school setting.* Seattle, WA: Educational Achievement Systems.

Walker, H. M., Kavanagh, K., Stiller B., Golly, A., Stevenson, H. H., & Feil, E. G. (1998). First step to success: An early intervention approach for preventing school antisocial behavior. *Journal of Emotional and Behavioral Disorders, 6*(2), 66–80.

Walker, H. M., Stiller, B., Golly, A., Kavanagh, K., & Feil, E. G. (1998). *First step to success: Helping young children overcome antisocial behavior.* Longmont, CO: Sopris West.

자료

Charney, R. (1992). *Teaching children to care.* Greenfield, MA: Northeast Foundation for Children.

Colvin, G. (1993). *Managing acting-out behavior.* Eugene, OR: Lane Educational Service District.

Colvin, G., Sugai, G., Good, R., & Lee, Y.-Y. (1997). Using precorrection and active supervision to improve transition behaviors in an elementary school. *School Psychology Quarterly, 12*(4), 344-363.

Colvin, G., Tobin, T., Beard, K., Hagan, S., & Sprague, J. (1998). The school bully: Assessing the problem, developing interventions, and future research directions. *Journal of Behavioral Education, 8*(3), 293–319.

Committee for Children. (1990). *Second step: A violence prevention curriculum committee for children.* Available: 172 20th Avenue, Seattle, WA 98122–5862.

Doll, B., Sheridan, S. M., & Law, M. (1990). *Friendship group: Parents manual.* Unpublished manual, University of Wisconsin—Madison, Department of Educational Psychology.

Fowler, S., Dougherty, B., Kirby, K., & Kohler, F. (1986). Role reversals: An analysis of therapeutic effects achieved with disruptive boys during their appointments as peer monitors. *Journal of Applied Behavior Analysis, 19*, 437–444.

Garrity, C., Jens, K., Porter, W., Sager, N., & Short-Camilli, C. (1994). *Bully-proofing your school: A comprehensive approach for elementary schools.* Longmont, CO: Sopris West.

Goldstein, A., & Glick, B. (1997). *Aggression replacement training: A comprehensive intervention for aggressive youth.* Champaign, IL: Research Press.

Gresham, F. M., & Elliott, S. N. (1990). *Social Skills Rating System.* Circle Pines, MN: American Guidance Service.

Gumpel, T. (1994). Social competence and social skills training for persons with mental retardation: An expansion of a behavioral paradigm. *Education and Training in Mental Retardation and Developmental Disabilities, 29*(3), 194–201.

Gumpel, T. P., & David, S. (2000). Exploring the efficacy of self-regulatory training as a possible alternative to social skills training. *Behavioral Disorders, 25*(2), 131–141.

Gumpel, T. P., & Frank, R. (1999). An expansion of the peer-tutoring paradigm: Cross-age peer tutoring of social skills among socially rejected boys. *Journal of Applied Behavior Analysis, 32*(1), 115–118.

Huggins, P. (1995). *Helping kids handle anger: Teaching self-control.* Longmont, CO: Sopris West.

Langland, S., Lewis-Palmer, T., & Sugai, G. (1998). Teaching respect in the classroom: An instructional approach. *Journal of Behavioral Education, 8*(2), 245–262.

Lewis, T. J., Sugai, G., & Colvin, G. (1998). Reducing problem behavior through a school-wide system of effective behavioral support: Investigation of a school-wide social skills training program and contextual interventions. *School Psychology Review, 26*(3), 446–459.

Odom, S. L., & McConnell, S. R. (1997). *Play time/social time: Organizing your classroom to build interaction skills.* Minneapolis: University of Minnesota, Institute on Community Integration.

Salend, S. J., Whittaker, C. R., & Reeder, E. (1992). Group evaluation: A collaborative, peer-mediated behavior management system. *Exceptional Children, 59*, 203–209.

Sheridan, S. M., Dee, C. C., Morgan, J. C., McCormick, M. E., & Walker, D. (1996). A multi method intervention for social skills deficits in children with ADD and their parents. *School Psychology Review, 25*, 57–76.

Sugai, G., & Fuller, M. (1991). A decision model for social skills curriculum analysis. *Remedial and Special Education, 12*(4), 33–42.

Tankersley, M., Kamps, D., Mancina, C., & Weidinger, D. (1996). Social interventions for Head Start children with behavioral risks: Implementation and outcomes. *Journal of Emotional and Behavioral Disorders, 4*(3), 171–181.

Tremula, R. E., Pagan-Kurtz, L., Masse, L. C., Vitaro, F., & Phil, R. O. (1995). A bimodal preventive intervention for disruptive kindergarten boys: Its impact through mid-adolescence. *Journal of Consulting and Clinical Psychology, 63*, 560–568.

Vygotsky, L. S., & Luria, A. (1994). Tool and symbol in child development. In R. van der Veer

& J. Valsiner (Eds.), *The Vygotsky reader* (pp. 94–174). Cambridge, MA: Blackwell.

Walker, H. M., McConnell, S., Holmes, D., Todus, B., Walker, J., & Golden, N. (1983). *The Walker social skills curriculum: The ACCEPTS program* (A Curriculum for Children's Effective Peer and Teachers Skills). Austin, TX: PRO–ED.

Zaragoza, N., Vaughan, S., & McIntosh, R. (1991). Social skills intervention and children with behavior problems: A review. *Behavior Disorders*, *16*, 260–275.

제 5 장

학교 규율을 통한 문제행동 예방

Bob Algozzine
Richard White

Jamarian은 교실 문 옆에 있는 복도에 앉았다. 무슨 일이냐고 물었더니, “아무것도 아니에요. 그냥 $%#!!!(욕설) 난 학교가 싫어요!!”라고 대답했다. 그의 선생님은 ‘학생들이 배우길 원치 않는데 내가 어떻게 가르칠 수 있겠는가? Jamarian과 같은 아이들은 다른 학생들이 공부할 수 있게 특수학급에 가야 한다.’라는 생각을 갖고 있었다.

선생님은 가르치고 학생은 배울 수 있는 질서정연한 교실 환경과 안전을 구축하고 유지하기 위해 노력하는 데 있어 학교 직원들은 매일 중요하고도 지속적인 행동적 도전에 직면한다. 학교의 심각한 문제를 줄이는 데 중요한 역할을 하기 때문에 문제행동을 예방하는 일이 중요하다. 초기 중재는 좀 더 심각한 장애가 일어나는 것을 억제하는데, 학교에서 사소한 문제행동을 보이기 시작하는 학생들(80~90%)을 대상으로 한다. 2차 중재는 장애의 진행 속도를 늦추며, 가능하다면 그것을 전환시키거나 교정하기도 한다. 3차 중재는 심각한 문제를 목표로 하며 그 장애가 더 심해지는 것을 막기 위해 노력한다. 잘 기능화된 학교 규율 체제는 집단과 개인을 관리하는 노력(1·2·3차 중재)을 통해 효율성과 효과성을 개선시킨다.

단일화된 규율

학교에 온 첫날 학생에게 가르쳐야 할 가장 중요한 세 가지는 다음과 같다.

규율(displine)
절차(procedures)
일상(routines)(Wong & Wong, 1998)

규율을 개선하는 것은 같은 교실의 또래 친구와 함께 문제행동을 띠는 아동들의 삶을 개선시키기 위해 설계된 문제행동 예방을 의미한다. 단일화된 규율은 주먹구구식의 관리와 행동 지도를 바로잡는다.

모델 요소

단일화된 규율이 행해지는 학교의 학생은 단일화되고, 보호하고, 확고하고, 충실하며, 매우 분명한 실행계획에 노출되어 있다. 상호 관계를 가지고 있는 4개의 목표는 단일화된 규율—단일화된 태도, 단일화된 예상, 단일화된 교정 절차, 단일화된 조직 역할—을 수행하는 데 노력을 기울였다.

태도. 효과적인 규율 프로그램은 과도하게 감정적으로 반응하는 일이 없이 확고하며, 잘 살필 수 있는 실행을 요한다. 과잉 반응하지 않고, 감정적으로 화내지 않으며, 잘못 행동한 학생과 상호작용하는 것은 단일화된 규율을 적용하는 사람에 의해 공유되는 핵심적인 태도이다. 이런 단일화된 태도는 넓게 받아들이는 신념을 따르는 것에서 기인한다. 성공적인 학습 활동은 행동을 개선시킬 수 있다. 자신의 행동을 관리하는 것을 배우는 것은 교육에 있어서 중요한 부분이다. 행동 지도는 교수 중 일부분이다. 학생의 잘못된 행동을 인격화하거나 혼란스럽게 하는 것은 문제를 악화시킨다. 교사들의 정신과 감정적 안정, 확고부동은 규율을 작용하게 한다.

예상. 성공적인 행동 교수를 위한 일관성 있고 긍정적이며 단일화된 예상은 효과적인 규율 계획의 특징이다. 단일화된 규율을 사용하는 학교는 언급했던 학교를 분명히 포함하고 학급 규칙, 절차, 성공했을 때 예상되는 결과를 가진다. 선명하게 한 예상이 단일화된 규율을 사용하는 모든 학교에서 똑같이 나타난다는 의미는 아니다. 각각의 학교에서 행정가와 교사들은 건축적 배치, 이전의 역사, 직원과 공동체의 관심에 기초한 특별한 예상을 정의한다. 그럼에도 불구하고 몇몇 고려가 중요하다.

첫째, 규칙은 모호함이 없어야 한다. 규칙은 기술되는 예상의 근거를 만든다. 규칙을 따르게 하는 것은 행동 지도의 중요 목표 중 하나이다. 정확하게 사용되는 규칙은 분쟁을 객관화하고 교사와 행정가를 보호한다(예: 분쟁은 교사나 행정가가 아닌 학생과 그 예상 사이에서 일어난다). 규칙은 일정하고, 안전하며 질서정연한 환경을 형성하고 유지하는 데 기본을 제공한다. 규칙은 학습 목표를 성취하기 위해 다 함께 노력하는 한 방법이다.

분명하고 특별하며 합당한 세 가지의 예상이 나타난다—학교 규칙, 학급 규칙, 학급 절차. 학교 규칙은 어느 곳에 있든 학교 안에서 일어나는 모든 활동과 전 인원에게 항상 적용된다. 주요 학교 규칙은 학교 내에서의 안전을 위협하는 행동과 사람들의 안녕에 관한 행동을 기술한다(예: 언어적·신체적 위협이 학교 내 금지되는 것을 들 수 있다). 사소한 학교 규칙은 질서정연한 학급 과정의 흐름을 방해하지 않는 행동에 대해 기술한다(예: 복도에서는 "항상 걸어 다닌다"). 학급 규칙은 학생이 아닌 성인들의 모든 활동에도 적용된다. 보통 학급 규칙이 적용되는 영역은 교사와 학생 간 대화, 학생과 학생 간 대화, 학생의 이동, 학생 업무 등이다. 학급 절차는 모든 임원의 특별한 활동에 항시 적용된다(예: 업무 전환하는 곳, 자유 시간 활동을 하는 곳, 변화 활동이 일어나는 곳, 학점을 위해 수업을 준비하는 방법 등).

수정. 학생이 예상을 위배했을 때(예: 학교 규칙, 학급 규칙, 학급 절차 등), 단일화된 규율을 적용하는 전문가들은 단일화된 수정 절차로 비슷하고 일정하게 반응한다. 모든 사람들이 단일화된 수정 절차를 통해 위반 행동을 다룰 때, 학생들은 잘못했을 때 일어난 일들이 개인적이지 않고 절차적이라는 것을 배운다.

교사들은 능력("나는 무엇을 해야 하는지 알고 있다.")과 신임("나는 내가 하는 것이 동료들에게 존중되고, 실행된다는 것을 안다.")을 얻는다. 일정치 않은 결과는 약속을 깨는 것을 의미한다. 어른들의 비단정적인 행동을 학생들은 규칙을 믿지 않고 규칙을 위반할 유혹의 기회로 받아들인다. 일정한 수정 절차는 서로 간에 믿음을 형성시키고, 시간의 흐름에 따라 변화할 수 있는 기회를 주며, 일정한 결과를 나타낸다. 그들은 학교 내에서 학생과 동료들에게 의무를 설명한다.

단일화된 수정 절차는 적극적으로 학생들의 행동을 모니터링하여 따뜻하면서도 단정적이고 확고한 목소리로 결과를 일정하게 적용하는 것을 포함한다. 다음의 4단계가 사용된다.

- 행동을 설명한다.
- 위반된 규칙을 설명한다.
- 단일화된 결과를 설명한다.
- 미래에 규칙 위반을 막기 위해 격려한다(**표 5.1** 참조).

단일화된 규율에서는 전 직원이 심판의 역할을 한다. 그들은 매번 '반칙'이

표 5.1 4단계 오류 수정 절차

실행	예
행동을 설명하라.	존, 너 지금 자리에서 벗어났구나.
위반된 규칙을 설명하라.	존, 넌 정해진 자리에 있어야 한다는 규칙을 어기고 있구나.
단일화된 결과를 설명하라.	존, 내 일은 네게 이 첫 위반에 대해 말로 경고하는 거야.
격려하라.	난 오늘 네가 성공하길 바란단다. 존, 두 번 어기는 건 피하도록 노력하자. 다른 예: 너는 그 규칙을 이길 수 있어, 규칙이 널 이기게 하지 마./규칙 위에 올라서./넌 규칙을 바르게 따를 수 있어./맞아, 넌 지금 규칙도 잘 따르고 잘하고 있어.

라고 외치며 안정과 평정을 유지한다. 만약 선수가 화가 났다면, 그들은 규칙이 게임 중의 한 부분이고 그들이 약속한 결과를 행할 것이라는 점을 상기시킨다.

적용된 특별한 결과는 학교에 의해 바뀐다. 고학년에서 교사들은 클립보드를 옮겨 학생들이 위반할 때마다 적어 둔다. 저학년에서는 교사들이 색이 있는 티켓을 잡아떼거나, 정지 등의 색을 바꾸거나, 칠판에 있는 행복한 얼굴을 행복하지 않는 얼굴로 바꾼다. 직원들은 동료 중 인정받고 효과를 낸 어느 한 사람이 사용한 체제를 일반적으로 단일화한다(**표 5.2** 참조).

표 5.2 단일화된 결과의 실례

만약 …(위반)	그러고 나면 …(결과)
주요 학교 규칙	공식 소견서 (존, 내 일은 중요한 규칙을 어겼을 때 그 즉시 사무실로 너를 보내는 거란다.)
사소한 학교 규칙	구어적 질책(첫 번째 위반) (존, 내 일은 학교 규칙을 처음 위반한 데 대해 네게 경고를 하는 거야.) 공식 소견서(두 번째 위반) (존, 내 일은 네가 두 번째 위반했을 때 너를 사무실로 보내는 거야. "On your wagon!")
학급 규칙	구어적 질책(첫 번째 위반) (존, 내 일은 학교 규칙을 처음 위반한 데 대해 네게 경고를 하는 거야.) 명부 체크(클립보드에 ✔ 또는 점)(두 번째 위반) (존, 이건 규칙을 두 번 어기는 거야. 명부에 체크할 거야.) 학급 통과(세 번째 위반) (존, 내 일은 네가 규칙을 세 번째 위반했으니 스미스 씨에게 널 보내는 거란다. 네가 돌아올 때, 그것을 바로 할 수 있도록 노력하자.)
학급 절차	학생 수정 (존, 내 일은 네 종이가 왼쪽이 아닌 오른쪽을 향하게 하는 거야. 종이를 고쳐 주겠니? 고마워.) 또는 가능한 점수 손실 (존, 내 일은 네 종이가 왼쪽이 아닌 오른쪽을 향하게 하는 거야. 잘못했으니 1점이 깎일 거야.)

역할. 단일화된 규율이 지켜지는 학교에서는 팀의 분명한 역할과 책임이 학교 직원들 모두에게 주어진다. 직원들은 행정가를 지원하고 행정가는 직원들을 지원한다. 단일화된 역할은 학급 징계 처분이 주어졌을 때 재고를 없앤다. 단일화된 역할은 또한 단일화된 규율 프로그램에 단체 조직의 참여를 높여 준다. 예를 들어, 교장의 역할은 교사들이 단일화된 규율 절차를 정확하게 따를 때 교사들을 인정하고 인지하는 것이다. 존중과 인지는 수정 또는 개선에 대한 학생들의 반응이 아닌 교사들의 수행에 기초한다. 절차가 정확하게 수행될 때는 그것에 대한 학생들의 반응에 상관없이 재고가 허락되지 않는다. 교장은 또한 규율에 대해 융통성 있고 개별화된 결정을 할 수 있다. 이것은 '한 가지가 모든 사람에게 사용되는' 유연성 없는 정책이 아니라, 교장이 학생의 요구와 강화 내역에 따라 결정을 내린다는 의미이다. 예를 들어, "중요 학교 규칙을 위반한 학생은 3일간의 정학을 받을 것이다."는 장본인에게 구속법을 입히는 유동성 없는 정책이다. 여기에는 (융통성 있는) 결정권이 없는 것이 사실이다. 심지어 정학이 학생을 부적절하게 강화시킨다 할지라도("고마워요. 난 집에 가고 싶어요!") 교장은 정학을 내리도록 강요받는다. 단일화된 규율 아래 교장은 무슨 처분이 주어져도 학생에게 최선의 것이 되는 것을 실행하며, 직원들의 지원을 보장한다. 비슷하게 직원들의 역할은 일의 요구에 따라 절차를 따르는 것이다. 각각 교사들은 정확하게 수정이 이루어지기 위해 지원을 예상할 것이다. 그 지원은 더 이상 학생 위반에 대해 거친 처벌을 제공하는 교장으로 정의되지 않는다. 공식 소견서(office referral)를 위한 교장의 재고는 학생들의 반응에 상관없이 허락되지 않는다. '나는 내 일을 하고 너는 네 일을 한다'는 태도를 권장하고 있다.

모델 이행하기

단일화된 규율의 이행은 정규적인 일정과 일정에 없는 직원 모임에서 현직 절차와 자료를 발전시키고, 직원을 준비(예시, 실습, 사후점검)시키며, 단일화된 예상(예: 학교 규칙)을 만들고, 시작 날짜를 정하고, 중재를 수행하며, 재검토를 하고, 수정하고, 회기를 업데이트하는 것을 포함하며, 몇몇 단계를 포함한다. 치료 충실도는 중재 상태가 계획과 설명서를 따르는 범위를 의미한다. 가을과 봄의 치료 충실도는 체제 사용의 특징과 범위의 결정을 검토한다. 치료 충실도는 단일화 규율 수행의 한 부분으로 포함되는 행정적 훈련에 의해 주의 깊게 최대화된다. 단일화 규율의 수행은 세 가지의 관찰되는 행동 경향—적극적으로 학생의 행동을 모니터링하기, 적절한 목소리 톤 사용하기, 단일화된 수정 절차 이용하기—을 포함한다. 이 중재를 이행하는 교사가 이런 각각의 활동을 하는 범위는 학교에서 가을과 봄 학기 동안에 세 번 관찰되어야 한다. 이런 관찰을 통한 자료는 그 학년의 과정에 걸쳐서 교사들의 참여를 위해 피드백으로 사용되어야 한다. 평가에 대한 추가적인 일반적 정보는 제10장에 있다.

효과성을 지지하는 증거

오버튼초등학교는 내부 복도는 거의 없고, 교실 문이 바깥쪽 통로로 연결되어 있는 모텔 스타일의 학교이다. 교실 바깥쪽은 학생들의 작품을 전시할 공간으로 이용될 수 없다. 학생들의 작품과 전시를 위해 공간을 차지하는 내부 게시판과 유리 진열장은 제한된다. 학생들이 건물 구석구석으로 다양한 영역과 활동으로 이동함에 따라 교사는 학급을 관리한다. 단일화된 규율을 사용하기 이전에 몇 가지 행동 프로그램은 구조화되지 않은 시간 동안 좋은 행동을 촉진시키는 데 학교 전반에 걸쳐서 효과가 있었다. 행동 관리와 교사 지원은 학생의 요구와 함께 일반 학급에서 제거되는 타임아웃 프로그램을 관리했다.

오버튼의 학생은 (a) 가난하여 무료 점심이나 줄어든 점심의 비율이 높았고, (b) 폭력 범죄의 발생 비율이 높은 지역과 이웃하여 살았으며, (c) 이전 학교의 좋지 않은 내용 기록으로 인해 학교를 그만두곤 했고, (d) 학교 기록 중 문제행동의 높은 비율 기록은 또 다른 문제행동 발생으로 발전될 경향이 있었다. 이런 특징들 모두 과거 학생 기록을 기본으로 심각한 정서장애의 기초로 보였다.

관련된 아동 담당 연구 결과, 오버튼의 학생들 중 16%는 특수교육이 필요한 것으로 분류되었다. 오버튼은 '홈스쿨'이기 때문에 많은 학생들(대략 같은 지역 안의 대부분의 다른 학교에 비해 2배 이상)이 정서장애로 분류되었다. 오버튼의 많은 학생들은 무료 급식 또는 줄어든 점심 프로그램에 참여하였고, 그들은 연 소득 25,000달러 이하의 가정 출신이며, 학년 동안에 18일 이상 결석을 했다. 양 부모 모두 함께 사는 가정에 있는 학생은 몇 안 되었다. 오버튼의 학생들은 학교 지역에서 제공하는 재능 프로그램에는 거의 참여하지 않았다. 오버튼은 학교 성취가 가장 낮은 학교 중 하나였고, 정서 사회적 문제를 가지고 있는 학생들을 위한 특수교육 프로그램에 참여하는 학생 수가 가장 많은 학교 중 하나이다. 추가적으로 학교를 떠나는 학생과 중·고등학교 프로그램에 참여하는 학생들은 10대 임신과 중퇴의 비율이 높다. 다시 말해, 오버튼의 상황은 학습 면에서나 삶에서 심각한 개선의 요구를 가진 아동들이라는 점이다.

수행과 평가

오버튼초등학교의 단일화 규율을 평가하기 위한 노력은 공식 소견서(정학과 제적을 포함하여)와 학급 분위기, 교수 생태학, 학생 행동, 학업적 성취의 개선 등에 초점을 맞추었다.

학교 규칙, 학급 규칙, 학급 절차를 위반했는지 평가하기 위해 **규율 소견서**(discipline referrals)는 표준화된 양식(**그림 5.1** 참조)을 사용하고 컴퓨터 능력별 학급 편성 제도를 적용하면서 기본적으로 매일 관찰, 점검해야 한다. 이 양식은 잘못된 행동에는 공식 소견서가 적당하다고 의미하는 중요한 학교 규칙 위반과 사소한 학교 규칙 위반에 대한 카테고리를 제공했다. 컴퓨터 능력별 학급 편성 제도는 이것들을 가지고 각각의 위반에 대해 전후 참조한다. 다른 집단 학생들의 소견서 수와 형태는 중재 프로젝트의 효과성 측정에 참가하는 학급 내에서 비교된다.

학급 분위기와 생태학은 Stallings Observation System(SOS)을 사용함으로써 평가되었다. 각 교사들은 중재 프로젝트에 참여하기 전, 참여하는 동안, 참

<table>
<tr><td colspan="2">학생 이름:</td><td>ID #</td></tr>
<tr><td>날짜</td><td>시간</td><td>교사</td></tr>
<tr><td colspan="3">CMS 학생 행동 규약의 주요한 위반</td></tr>
<tr><td>❑
위협하기</td><td>❑
누군가에게 물건 던지기</td><td>❑
밀기 또는 차기</td></tr>
<tr><td>❑
사람을 향한 나쁜 행동/외설스러운 행동</td><td>❑
거짓말하기 또는 속이기</td><td>❑
권위 있는 지시 거부/반항</td></tr>
<tr><td>❑
위법 행위</td><td>❑
치기, 물기, 뺨기</td><td>❑
싸우기</td></tr>
<tr><td>❑
성적 모욕</td><td>❑
도박</td><td>❑
공공시설물 파괴</td></tr>
<tr><td>❑
강탈</td><td>❑
강도 또는 절도</td><td>❑
폭동 일으키기</td></tr>
<tr><td>❑
약 또는 알코올 위반</td><td>❑
허락 없이 학교 이탈하기</td><td>❑
담배 위반</td></tr>
<tr><td>❑
직원에 대한 폭행 및 구타</td><td>❑
학생에 대한 폭행 및 구타</td><td>❑
방화/허위 화재 신고</td></tr>
<tr><td>❑
소화기 위반</td><td>❑
무기/위험한 도구</td><td>❑
폭력 집단 활동</td></tr>
<tr><td colspan="3">다른 위반</td></tr>
<tr><td colspan="3">❑ 만성적 혼란(2nd Classroom Pass Grade 2~6 Plan)</td></tr>
<tr><td colspan="3">주요한 위반 행위에 대해 특별히 학생들이 무엇을 했는지 또는 무엇을 말했는지를 기술하세요. 2nd classroom 패스를 위해 가장 자주 위반한 규율을 적으세요.</td></tr>
<tr><td colspan="3"></td></tr>
<tr><td colspan="3"></td></tr>
<tr><td colspan="3"></td></tr>
<tr><td colspan="3">담당자: ____________________</td></tr>
</table>

그림 5.1 표준화된 공식 소견서 양식

여 후 1시간 단위로 세 번에 걸쳐 관찰된다. SOS는 다른 교수법, 교수 형태, 학급 환경에 대해 세심하고 복잡한 저추론 관찰 시스템(low-inference observation system)이다. SOS를 사용하면서 관찰자는 양자택일로 교사에 대한 그리고 교사의 직접적인 환경과 학급 전체에 대한 자료를 모은다. SOS는 다양한 교수와 교사의 효과성 연구에 대한 주요한 자료 수집 도구 과정이었다. SOS 영역의 학급 스냅 사진(CS)은 주어진 시간에 학급에 있는 각각의 성인과 학생들의 활동에 관한 자료(집단의 크기, 자료의 형태, 몇몇 공격적인 활동과 같은)를 수집한다(예: 상호작용 교수와 구성/과제 이탈). 큰 소리로 읽기, 새로운 내용의 교수와 설명, 검토와 토론, 반복 연습과 실습 같은 학생의 성취를 위한 긍정적인 예언자는 관찰되는 상호작용 교수 활동을 포함한다. 종이를 배부하고 휴식을 위해 학생들이 줄을 서는 것은 구성화된 활동의 예이고, 부정적인 사회적 상호작용과 규율은 관찰되는 과제 이탈 활동의 예이다. CS 데이터(예: 관찰되는 많은 행동)는 사전검사/사후검사 설계를 사용함으로써 학급 전반에 걸쳐 비교된다.

학급 행동의 영향과 관련되는 질문들을 하기 위해서, 무작위로 30명의 학생들이 봄·가을 학기 동안 적어도 열 번의 다른 상황에 30분 동안, 10초의 간격으로 시간표본 절차(timc sampling procedure)를 이용하면서 주기적으로 모니터링된다. 과제 수행 카테고리에는 쓰기, 읽기, 질문에 답하기, 질문하기, 이론적으로 이야기하기, 학습 게임 놀이하기, 집중하기(설계된 영역에서 교사 바로 보기), 손들기, 내용 바라보기, 적당하게 움직이기, 놀기가 포함되었다. 학급 방해하기, 주위 둘러보기, 부적절하게 이야기하기, 부적절한 일 하기는 과제 이탈 행동으로 특징된다. 퍼센티지는 전체 간격 수를 과제 수행 또는 과제 이탈로 관찰된 학생의 간격 수로 나누고 100을 곱함으로써 계산된다. 이런 관찰적 자료는 효과성의 추가적인 근거로 학생 집단에 걸쳐서 비교된다.

샬럿-메클렌버그학교에서 학기 말에 정기적으로 시행하는 표준화된 성취검사는 학교와 학급 행동 개선에 대한 추가적인 질문을 하기 위해 사용된다.

학교 분위기와 다른 측면의 학교 교육에 관하여 교사, 학생, 부모의 태도는 정기적으로 학기 말 태도 조사로 평가한다. 75항목의 질문지는 학교 행정, 학교 자원의 관리, 교수 리더십, 학생의 결과와 직원의 사기, 학교 규율과 행동, 부모와 교사의 전반적 만족도에 대한 의견을 말한다. 학생들은 학교와 학교 분위기, 그들의 교육에 관한 의견에 대한 항목에 대답한다. 이런 유용한 자료의 비교는 참가하는 학생 집단에서 완성되고, 학교 전반 규율 프로그램의 효과와 관련된 추가적인 평가 질문을 하기 위해서 사용된다.

단일화된 규율의 결과

참가한 교사들은 그들의 학급에 다양한 단계로 단일화된 규율(UD)을 수행하였다. 이것은 그 체제에 참여하는 새로운 교사와 오버튼 내에서 중재를 세우기 위해 기획된 이행 단계가 결과로 나타났다. 치료 충실도는 시간 외의 예상되는 행동 관찰을 통하여 평가된다. 규율 인구통계학(예: 공식 소견서의 수와 특징)은 교사 체크리스트, 표준화된 양식(**그림 5.1** 참조), 전자 데이터베이스 체제를 이용함으로써 문서화된다. 학교, 학급, 학생 개선은 데이터베이스화된 비교, 행동 관찰, 규칙 위반의 분석을 이용함으로써 모니터링된다. 예를 들어, 이 중재의 효과성을 평가하기 위해서 비교는 교사가 적어도 2년 동안 UD를 사용하고 1년 이하 UD를 사용함으로써 완성된다. 교실 행동은 봄·가을 학기 동안에 적어도 열 번의 다른 상황에서 30분 동안 10초 간격의 관찰을 하는 시간표본 절차를 이용함으로써 정기적으로 모니터링되었다. 추가로 SOS 학생-교사 상호작용과 학급 규율 위반 역시 비교되었다. 공식 소견서는 1주일을 기본으로 모니터링되고, 효과성의 증거로 주어진 문제의 범위와 특성의 감소를 기준으로 모니터링되었다(예: 사소한 규칙 위반은 체제에 의해서 조절되고, 심각한 규칙 위반은 가끔 관청에 보고된다).

시스템 사용. 다음의 행동들은 단일화된 규율 사용의 증거로 관찰된다.

교사 모니터: 교사들은 적극적으로 관찰하고 적어도 80%의 위반 사례를 수집한다.

목소리 톤: 말로 수정하는 과정에서 목소리 톤은 개별화된 예나 연류 없이

확고하고 지시적이다.

수정 절차

행동 진술하기－행동은 구어적으로 확인된다.

규칙 진술하기－규칙 수정은 구어적 수정 절차로 확인된다.

단일화된 결과 진술하기－수정 결과는 구어적 수정 절차로 나타난다.

격려하기－칭찬과 지지는 즉시 이행된다.

높은 모니터율(M=94%, range=86～100%)과 적절한 목소리 톤(M=85%, range=55～100%)의 사용이 관찰되었다. 수정 절차의 사용은 약간 낮다. 이런 결과는 교사들이 단일화된 규율의 기본적 원리를 이해하고 수행하였고, 절차의 모든 측면의 수행 단계에서 개선의 여지가 있었음을 제시한다(이미 매우 높은 단계에 있는 교사 모니터링 제외).

최초 학급 관찰의 결과를 재검토한 후에, 개인적 피드백 회기가 교사에게 주어졌다. 단일화된 규율 절차에서 각각 예상되는 행동의 수행 단계는 교사들 사이에서 의논되었다. 각 교사가 사용한 단일화된 규율의 질에 관련해서는 어떤 판단도 내려지지 않는다. 절차에 관해서 교사가 한 몇 가지 질문들에 답을 주고, 추가적 현직 연수가 필요하고 개인적으로 요구된 내용이 제공되었다. 교사들은 사후 점검 관찰을 수행하는 계획에 대해 잘 알고 있었다.

학기 말에 높은 확률의 모니터링(M=95%, range=88～100%)과 적절한 목소리 톤(M=97%, range=92～100%)의 사용이 증명되었다. 최초의 관찰을 살펴보면 교사들의 수정 절차 사용은 매우 개선되었다. 교사들은 관찰의 약 2/3의 행동과 위반된 규칙을 그것으로 적절하게 서술하는 것으로 관찰되어졌다. 그들은 관찰의 약 1/2 가량 적절하게 결과를 서술하였다. 격려의 사용은 낮은 수치를 유지하고 있었지만 초기의 관찰 때보다는 더 높았다. 사실 중요한 개선이 교수 모니터링을 제외하고는 모든 영역에서 증명되었다. 유사한 행동률은 그 프로젝트 다음 해에 증명되었고, 이런 결과들은 교사가 단일화된 규율의 기본 원리를 이해하고 수행했음을 시사한다.

문제 확인하기. 교사들은 학급에서 실패의 위험이 있고 지속적인 학교 문제의 위험이 있는 학생을 지명하기를 요구받았고, 그들의 행동을 기술할 척도를 완성하도록 요구받았다. 이런 자료는 두 가지 목적으로 사용된다. 첫 번째는 교사와 학생들이 참여하는 교실 환경 내에서 요구의 단계를 반영하는 기준점을 설립하였다. 두 번째는 선택된 중재 프로젝트의 후년의 효과성 분석을 위해 집단의 비교(즉, 위험군 대 비위험군)를 확인하는 기초로 이용된다.

처음에는 8명의 교사가 27명의 학생을 회부했다. 한 교사가 1명을, 두 교사가 2명을, 한 교사가 3명을, 3명의 교사가 4명을, 한 교사가 7명의 학생을 회부했다. 20명(74%)의 소년과 7명(26%)의 소녀가 회부되었다. 그들의 행동은 학교에서 어려움을 겪고 있는 학생들의 전형적인 모습을 보여 주었다(예: 학교에 출석하지 않기, 도움 요청하지 않기, 과제 끝내지 않기, 학급 안팎에서 잘못된 행동 하기, 방해하기). 이런 데이터를 통해 오버튼 학급에서 이미 증명된 높은 단계의 규율, 관리, 교수에 대한 욕구를 다시 확인할 수 있었다.

추가적인 긴급 사항은 징계 측정으로 교사들의 공식 소견서의 외관적 사용으로 설명되었다. 프로젝트 첫해 이전에 500개 이상의 공식 소견서가 제출되었다. 이런 위반은 학교의 현존하는 규율 통계학의 기준선의 증거로 분석되었다. 598명의 27%인 161명의 학생들이 501개의 공식 소견서를 차지했고, 73명의 학생들은 학년 동안에 공식 소견서를 받지 않았다.

중앙관청 직원을 제외하고 고용된 모든 직원, 즉 31명의 교사와 다른 직원들이 적어도 1명의 학생을 보고했다. 9명의 교사들은 하나의 소견서를 담당했고, 최고로 소견서를 보낸 3명의 교사는 20%인 35명의 소견서를 담당했다. 8명이 약 반을 담당했으며, 30명이 반 이상이 약간 넘는 수의 소견서를 담당했다. 분명히 공식 소견서는 학급 규율 프로그램의 한 부분으로 몇몇의 교사에 의해 사용되었다. 다른 사람들은 그것을 거의 사용하지 않았다.

학교 인구의 약 4%인 26명의 학생들이 거의 절반인 48%의 소견서를 차지했다. 종합적으로 소견서의 70% 이상에는 흑인 학생이 포함되었다. 특히 59%가 흑인 남학생이었고, 26%는 백인 남학생이었다. 13%는 흑인 여학생이었고 2%가 백인 여학생이었다. 싸움, 학급 행동 방해하기, 학급 행동에 응하지 않기, 부적절하게 신체적 접촉하기, 나쁜 언어 사용하기, 다른 부적절한 행동 하기,

소리 지르기, 부적절하게 이야기하기, 다른 사람들에게 무례하게 굴기 등이 공식 소견서의 약 85%를 차지한다.

학교 개선. 그 프로젝트 기간 동안에 공식 소견서는 꾸준히 감소되었다. 처음 20%의 감소는 체계적으로 자료 수집을 하는 첫해에 관찰되었고, 50~59%의 감소는 차후 프로젝트 적용 연도에 증명되었다. 공식 소견서의 비율은 그 프로젝트의 첫해 이후 항상 낮게 유지되었다. 공식 소견서의 많은 양은 학기 초와 학기 말에 나타났다. 각 프로젝트 적용 연도의 소견서량은 초등학교 고학년(즉, 49~92%)에서 약간 높았다. 그런 경향은 또한 동일 연령층 학생들에게 나타났다(예: 1994~1995년 유치원, 1995~1996년 1학년, 1996~1997년 2학년, 1997~1998년 3학년). 예를 들어, 그 프로젝트 첫해 동안에 2학년 학생들이 보인 높은 소견서 비율은 같은 학생들의 3, 4, 5학년 동안 일정하게 낮아졌다. 유사하게도 소견서 비율은 학교 전반 규율 프로그램의 효과성을 지지하는 추가적인 증거를 제공하면서 특수 영역 교사와 동료들의 반응도 감소했다. 가장 낮은 비율을 보인 2, 3년째 프로젝트 동안, 수용되지 않는 신체적 접촉, 학급 방해, 싸움 등은 공식 소견서의 대부분을 차지했다. 다른 모든 문제 영역은 학교 행정가들이 보낸 전반적인 문제의 낮은 비율, 즉 10% 이하를 차지한다.

학급 개선. 학급 행동 카드는 단일화된 규율의 수행을 모니터링하기 위한 노력으로 정기적으로 수집되었다. 결과는 각각의 자료 수집 후에 교사와 함께 공유되었다. 이런 기록의 무작위 예는 중재의 효과를 평가하기 위해 봄·가을로 비교되었다. 무작위로 선택된 학급에서 주당 학급 규칙 위반의 의미와 표준화된 일탈이 비교되었다. 중요한 차이점은 주당 전체 학급뿐만 아니라 지시 따르기, 과제 유지하기, 순서대로 말하기에 나타났다. 전체 주당 규칙 위반은 학기 초보다 학기 말에 현저하게 줄어들었다. 의미 있는 개인적 규칙의 차이점 또한 지시에 즉각 따르기, 과제 유지하기, 순서대로 말하기에서 나타났다. '다른 사람들의 권리와 특성을 존중하기'와 '손발 그리고 물건을 제자리에 두기' 규칙은 어느 학급에서도 좀처럼 위반되지 않았다.

학생 개선. 읽기를 제외하고, 프로젝트 교실의 학생들은 비교 학급의 학생들보다 더 많은 긍정적인 과제를 하며 부정적인 과제 이탈 행동이 적다는 점을 증명했다. 전체적 과제 수행 행동은 비교 학급보다 프로젝트 학급에서 현저하게 높았다. 유사하게 과제 이탈 행동은 비교 학급보다 프로젝트 학급에서 현저히 낮았다. 의미 있는 특별과제 수행의 차이점은 주의집중과 질문에 대답하고 손들기를 들 수 있다. 극소수의 학생들에게서 학급 방해 행동이 관찰되었다. 비교 학급의 학생들이 프로젝트 학급의 또래보다 더 방해하지는 않았다. 의미 있는 과제 이탈의 차이점은 주위 살피기에 시간 보내기, 부적절하게 이야기하기, 부적절한 일에 참여하기를 의미한다.

처음 수행한 해에 9명의 교사가 '모델' 학급을 맡고 있음으로 평가되었다(즉, 단일화된 규율이 높은 단계로 사용되었다). 추가적인 효과성 비교가 이 학급과 다른 학급에서 시간 외 행동을 비교하는 SOS 요약 관찰 자료를 이용하면서 완료되었다. 그 프로젝트를 시작할 때에는 과제 행동이 다른 학급에서보다 모델 학급에서 현저하게 낮았다. 과제 행동의 현저한 개선은 모델 학급에 행해진 봄 학기 관찰에서 증명되었다. 반면 비교 학급에서의 봄·가을 학기 관찰도 유사했다. 그 프로젝트를 시작할 때, 과제 이탈 행동은 다른 학급보다 모델 학급에서 현저하게 높았다. 과제 이탈 행동의 현저한 개선은 모델 학급에 행해진 봄 학기 관찰에서 증명되었고, 반면에 봄·가을 학기 과제 이탈 관찰은 비교 학급과 비슷했다.

학년 말 평가는 학교 지역 평가 실행의 한 부분으로 행해졌다. 학년 말 평가 수행은 오버튼에서 평가된 모든 3학년에서 개선되었다. 3, 4학년의 개선 결과 학교 체제 내에서 '모범적인 수행'을 위한 기준치 이상 또는 기준치만큼의 전반적인 수행이 이루어졌다. 오버튼에 있는 학급의 절반 점수가 기준치와 같은 수준이거나 그 이상이었다.

특수교육 소견서 관리를 위한 체제는 오버튼에서 잘 정립되었다. 1단계의 소견서는 학생의 학급 환경 내에서 자료를 모으거나 문제를 관리하는 데 참여하는 특수교육과 일반교육 인원으로 구성된 교사지원 팀에 의해 관리되었다. 교사지원 팀에 의한 성공적이지 않은 관리 결과 특수교육의 적격성 또는 부적격성의 더욱더 형식적인 평가와 판단을 위한 학교기준위원회의 2단계 소견서가 이루어졌다. 첫 2년 동안의 소견서에 나타난 상위 경향은 그 프로젝트의 마지막 해에 반대로 역전되었다.

각 학년 말에 지역 임원들은 오버튼초등학교의 교사들을 총괄적으로 조사했다. 질문지는 학교 행정, 교수 지도력, 규율, 학생 행동, 사기, 일반적 결과에 대한 의견을 요구했다. 반응은 리커트형의 화합 척도(agreement scale)로 제공되었다. 데이터는 학교 지역구 내에서의 개선의 요구뿐 아니라 만족적인 실행구역의 반영으로 중앙 행정에 의해 전형적으로 사용되었다. 전반적으로 오버튼초등학교의 전 교원과 직원들의 의견이 개선되었고, 일반적인 단계의 지원도 나타났다. 화합은 모든 영역에서 적어도 10% 정도 증가했다. 변화는 많은 영역(예: 학교 행정과 규율)과 다양한 항목(예: 교장은 교사에게 권위를 주고, 교장은 진정으로 교육 지도자이며, 아주 많은 시간을 규율에 소비하지 않고, 교사의 사기가 좋았다)에 걸쳐 나타났다.

교훈과 미래를 위한 과제

학교 행정가들과 직원들은 어떻게 교실을 좀 더 안전하게 만들고, 좀 더 규율화된 환경으로 만들지에 대해 많은 선택권을 가진다. 일반적인 중재는 학교 다니는 내내 최소한의 문제행동을 보이는 대규모 집단 학생들(80~90%)을 대상으로 한다. 특성화된 집단 중재는 문제행동의 위험이 있는 소집단(5~15%)의 학생들의 욕구를 의미한다. 특성화된 개별 중재는 심각한 문제행동과 만성적인 문제행동을 보이는 학생들을 위해 준비되었다. Sugai, Sprague, Horner, 그리고 Walker(2000)에 의하면,

> 일반적인 중재는 대다수 학생들의 적절한 행동의 일반적인 단계를 개선하는 데 초점을 맞추나 만성적인 문제행동을 가진 10~15%의 학생들에게는 제한된 효과를 가져올 뿐이다. 많은 학생들에게 걸쳐 비슷하게 수행되고 효과적으로 제작되었으며, 좀 더 강력한 절차를 수행하는 선택적 중재

는 이런 많은 학생들의 욕구를 말해 주기 위해 설계되었지만, 가장 강력하고 만성적 형태의 문제행동과 매우 개별화되고 목표화된 중재가 필요한 3~5%의 학생들에게는 효과적으로 증명되지 않을 것이다. 학교가 직면한 그런 도전은 학교 규율을 개선시키는 완벽한 한 가지 정책을 확인하는 것이 아니다. 오히려 모든 학교는 적어도 세 가지(일반적인, 선택된, 목표화된) 다른 규율의 노력을 필요로 한다. (p. 95)

단일화된 규율은 사소한 행동 문제를 가진 학생과 학교에서 문제행동의 위험성이 있는 학생들에게 효과성이 증명되었다(**그림 5.2** 참조).

실현 가능성, 효과성, 지속성에 대한 중요한 증거에도 불구하고 몇몇 주의가 남아 있다. 첫째, 의미 있는 개선이 학년 단계와 학생의 집단에 따라 증명되었지만, 몇몇 학생의 문제는 변하지 않고 남아 있고 아마 특별한 개별화 중재 없이는 고치기 어려울 것이다. Kamps와 Tankersley(1996)가 말한 대로, 혼잡한 교실, 최소의 자원, 부정적인 교사와 학생의 상호작용 스타일과 같은 학교 변수는 정서·행동장애에 영향을 줄 수 있다. 분명하지 않은 것은 고치기 어려운 행동이 그런 학교의 요소 때문인지 아니면 특별한 학생의 특성(예: 낮은 자아 정체성, 게으른 생활 방식, 또래나 교사의 배제) 때문인지이다. 분명히 몇몇 학생의 문제는 직접적이고 목표화된 중재를 요한다(더 많은 정보는 제2장 참조).

둘째, 학교 전반의 효과적인 모든 규율 성과의 기본은 행정가, 교사와 직원의 전반적인 준비에 대한 체계적인 관심을 가지는 것이다—치료 충실도를 수립하고 유지하는 것을 기초로 진행의 지속적인 모니터링, 그리고 전반적인 인식과 지원. 이 관심은 결국 단일화된 규율을 이행하는 학교의 매일매일의 생활 속에 편입된다. 그러나 행정가는 그것이 내부적 또는 외부적 지원 없이 일어날 것이라고 생각해선 안 된다.

셋째, 문제행동이 어떻게 관리되는지, 더 넓게는 어떻게 규율이 이행되는지의 불일치를 제거하기 위해 고안된 체계 내에서 교사의 변화가 일정한 변화 상태를 만든다. 한 번은 학교 문화가 그것을 적절하게 유지해야 한다. 다시 한 학교를 위한 교육 과제는 세 집단 학생들(심각한 문제행동이 없는 학생들, 문제행동을 보일 위험이 있는 학생들, 만성적이고 심한 문제를 갖고 있는 학생들)의 욕구를 충족시키는 것이다(Sugai, Sprague, Horner, & Walker, 2000). 단일화된 규율은 심각한 문제행동이 없는 80~90%의 학생들을 위한 1차 예방 정책과 문제행동의 위험이 있는 5~15%의 학생을 위한 2차 예방 정책을 의미한다. 다음에서 설명했듯이, 체제는 또한 강력하고 만성적인 문제를 가진 학생을 위한 개별화된 중재를 수행하는 범위에 부합하는 체제를 제공한다(3차 예방).

Morgan(관찰과 중재)

규율 원리: 교수(instruction)는 행동을 개선할 수 있다.

적용: 행동 개선은 요구되는 교수와 학급 개선을 확인하기 위해서 행해지는 사정(assessment)으로 시작한다.

실습 원리: **관찰적 진행 기록**

오전 9:05 Morgan은 발표를 통해 좋은 스티커를 손에 얻고 어떤 방해 행동 없이 교실로 들어갔다. 그는 자리에 당신과 함께 앉았고 그 책상에 있는 헤드밴드 활동에 대해 당신이 기술한 대로 색칠하기와 자르기를 시작했다. 그는 아주 잘 참여했다. 몇몇 학생들이 도와주려고 할 때, 그는 그들에게 "안 돼, 저리 가."라고 말했고, 기본적으로 그가 계속 작업했다. 그는 헤드밴드를 고정시키는 것을 도와주는 것은 수락했다. 그러고 나서 컴퓨터로 갔다. 그는 6까지 세는 카운팅 게임에 성공적으로 참여했다. 그다음 그는 여학생이 책에서 그림을 지적하는 것을 듣고, 이야기를 말하는 다른 집단의 학생들과 함께 카펫에 앉았다. 그는 다른 학생들과 아주 잘 어울렸다. 그는 당신의 지시에 따라 책가방을 챙기고, 종이를 당신에게 돌려줬다. 당신은 그 종이를 바라봤다.

오전 9:20 당신은 3을 세는 촉진법을 사용하면서 전 집단을 위한 깔개로 학생들을 불렀다. Morgan은 어느 정도 시기적절하게 당신의 옆에 잘 앉았다. 그는 다른 아이들과 함께 말과 차트에 대한 반응을 소리 내어 말하며 잘 참여했다. 그는 당신의 지시에 따라 다른 아이들과 함께, 그리고 전체 집단과 함께 'money song'을 아주 잘 불렀다. 깔개에서 책상으로 이동하면서 그는 Justin을 난폭하게 미는 행동을 보였지만, Justin이 발단이었다. 두 학생 모두 티켓을 손에 쥐지 못하게 주머니에 티켓을 넣도록 했고, Justin은 바깥쪽으로 앉았다. (이것이 수정 교수이다. 부적절한 행동의 충동자와 반응자 모두 결과에 책임을 져야 한다.)

오전 9:40 Morgan은 책상 쪽으로 걸어갔고, 스텐실을 사용하여 모양을 만들고 색칠하고 형태를 잘랐다. 그는 자른 것을 붙이기 위해 풀을 사용할 때 스스로 조용히 노래를 부른다. 그는 작품을 당신에게 가지고 와서 보여 준다. 당신은 그에게 잘했다고 말한다. 그는 책상에서 걸어와 고무 밴드를 쏘는 척한다. 그가 가사구역으로 걸어가자 보조교사가 불러 책상에 앉았다. 그는 바퀴 달린 의자에 앉아 책상 사이사이를 굴려 다닌다. 그는 우리 책상 쪽으로 걸어 나와 점프를 하기 시작한다.

그림 5.2 실습에 반영된 이론

당신은 그를 불러서 지시에 따르지 않았기 때문에 다른 티켓을 구멍에 넣도록 지시했다. 그는 팔짱을 끼고 가는 것은 거부한다. 그는 화가 났다. 당신은 카운트다운을 하기 시작했고 그는 얼굴을 찌푸리며 책상으로 돌아가 팔짱을 낀다. "과제 할래? 아니면 타임아웃 하러 갈래?"라고 당신이 말했다. 그는 애기 말투로 "난 다른 책상을 원해요."라고 대답한다. 당신은 그에게 말하고 그는 "저리 가세요."라고 대꾸한다. 당신은 Morgan을 혼자 내버려 둔다. 그는 엉덩이를 쭉 빼고 뿌루퉁하게 앉아 있다. 그는 옷장으로 걸어가서 쉴 새 없이 떠든다. 그는 책상으로 되돌아와 얼굴을 찡그리고 앉아 있다. 당신은 학생들에게 정리하라고 지시하고 있다. "어디에 종이가 있어?"라고 당신이 물어도 그는 대답하기를 거부했다. 교실에 남아 있도록 지시하자 그는 "싫어요."라고 큰 소리로 거부한다. 당신은 그에게 혼자 가고 싶어 하는지 아니면 그를 데리러 누가 오는지 물었다. "난 이 교실 싫어."라고 말하면서 떠나 버렸다.

결과와 권고

Morgan은 좋은 체력을 갖고 있다. 또한 능력도 있다. Morgan이 하고자 할 때 좋은 시간에 참석할 수 있다. 그는 확실한 리더십을 갖추고 있다. 우리가 그 스스로 잘못된 행동을 조절할 수 있게 도와줄 수 있다면, Morgan은 주목받는 학생과 지도자로 성장할 수 있다.

Morgan은 제멋대로 하고 고집불통이다. 하고 싶은 것만 하고자 한다. 그는 지시에 잘 따르지 않는다. 그는 탐탁지 않은 활동을 지시받았을 때도 지시에 따르는 것을 배워야 한다. 그는 자주 지시를 거부한다.

지시를 따르지 않아 이를 수정할 때, 그는 화를 내고 발끈한다. 그는 서투르게 수정을 받아들인다. 그는 이성을 잃지 않으면서 수정을 받아들이는 법을 배워야 한다. 그는 이성을 잃으면 화를 내고, 그 화가 너무 오래 지속된다.

여기서 우리는 무엇을 해야 하나?

우리는 중심 시간 동안에 좀 더 구조화하는 것을 권고한다. 특히 책상에서 책상, 책상에서 개인적 활동으로 가는 분명한 순서를 권고하는 바이다.

Morgan은 우리가 하는 일을 알아야 한다. 팀이 학생의 행동에 높은 기대를 가지고 단호하고 변함 없음의 중요성에 대해 토론한 점을 나는 이해한다. 그는 거부하거나 화를 내면 작업에서 제외되고, 우리가 그를 혼자 내버려 둔다는 것을 배워야 한다. 그가 바르게 행동하고 성공적인 결과를 얻는 데에 아주 확고한 입장을 갖고 있음을 알아야 한다. 그래서 나는 이러한 새로운 시도가 학생들로 하여금 책임감을 갖게 한다는 사실에 동의한다.

그림 5.2 실습에 반영된 이론 (계속)

우리는 학생들에게 거부와 화를 내는 행동은 문제만을 일으킨다는 사실을 가르쳐야 한다. 학생이 지시에 따르기를 거부한다면, "Morgan, 거부하는 행동은 공부를 방해한단다. 선생님은 네가 이 지시를 따를 수 있다는 걸 알고 있어(격려). 선생님은 이 지시를 반복할 거야."라고 말하고 나서 그 지시를 반복한다. 만약 아동이 지시에 따른다면, "지시에 잘 따랐구나. 화도 내지 않고 잘 조절하는구나."라고 말해 준다. 만약 지시에 따르지 않는다면 일관성 있게 계획대로 결과를 시행하라.

학생의 분노 조절을 위한 몇 가지 개별 교수는 뜻이 통한다. 나는 Mr. W에게 말했고, 화가 났을 때 그가 해야 하는 것에 대하여 학생과 함께 역할극을 하는 것이 도움을 줄 수 있다고 생각했다. 우리는 학생에게 하고 싶어 하는 것에 대하여 선택의 기회를 주고 그가 선택하지 않은 것을 하는 법을 지도하면서 Mr. W와 토론을 하였다. 그러고 나서, 만약 학생이 화가 났다면 거부하거나 화를 퍼붓는 것보다 분노를 다루는 좀 더 나은 방법에 대해서 그는 얘기할 수 있다.

이런 것이 우리에게 중요한 문제는 아니다. 우리는 Morgan이 어떤 심한 문제행동을 갖고 있다고 생각하지는 않는다. 그는 단지 나쁜 버릇과 방해 행동이 몸에 배었을 뿐이다. 그러한 것들이 더 큰 문제가 되기 전에 그가 그러한 것들을 다룰 수 있도록 도와주어야 한다. 만약 그가 화가 나서 거부하는 태도를 하지 않도록 가르칠 수 있다면, 그는 리더십을 가진 훌륭한 학생이 될 수 있을 것이다.

그림 5.2 실습에 반영된 이론 (계속)

번, 이것은 행정가들의 관심 목표이다.

참고 문헌

Kamps, D. M., & Tankersley, M. (1996). Prevention of behavioral and conduct disorders: Trends and research issues. *Behavioral Disorders, 21*(1), 41-48.

Sugai, G., Sprague, J. A., Horner, R. H., & Walker, H. M. (2000). Preventing school violence: The use of office discipline referrals to assess and monitor school-wide discipline interventions. *Journal of Emotional and Behavioral Disorders, 8*, 94-101.

Wong, H. K., & Wong, R. T. (1998). *The first days of school.* Mountain View, CA: Harry K. Wong Publications.

자료

Algozzine, B., Audette, B., Ellis, E., Marr, M. B., & White, R. (2000). Supporting teachers, principals, and students through unified discipline. *Teaching Exceptional Children, 33*(2), 42–47.

Brophy, J., & Good, T. L. (1986). Teacher behavior and student achievement. In M. C. Wittrock (Ed.), *Handbook of research on teaching* (pp. 328–375). New York: Macmillan.

Colvin, G., Kameenui, E. J., & Sugai, G. (1993). Reconceptualizing behavior management and school-wide discipline in general education. *Education and Treatment of Children, 16*, 361–381.

Gall, M. D., Borg, W. R., & Gall, J. P. (1996). *Educational research* (6th ed.). White Plains, NY: Longman.

Kauffman, J. M. (1996). Research to practice issues. *Behavioral Disorders, 21*(1), 55–60.

Kauffman, J. M. (1997). *Characteristics of emotional and behavioral disorders of children and youth.* Columbus, OH: Merrill.

Kauffman, J. M. (1999). How we prevent the prevention of emotional and behavioral disorders. *Exceptional Children, 65*, 448–468.

Kerr, M. M., & Nelson, C. M. (1989). *Strategies for managing behavior problems in the classroom.* Columbus, OH: Merrill.

Marr, M. B., Audette, R., White, R., Ellis, E., & Algozzine, B. (in press). School-wide discipline and classroom ecology. *Special Services in the Schools.*

Stallings, J. (1975). Implementation and child effects of teaching practices in Follow Through classrooms. *Monographs of the Society for Research in Child Development, 40*(7–8, Serial No. 163).

Stallings, J. (1980). Allocated academic learning time revisited, or beyond time on task. *Educational Researcher, 8*(11), 11–16.

Sugai, G., & Horner, R. H. (1999). Discipline and behavior support: Preferred processes and practices. *Effective School Practice, 17*(4), 10–22.

Taylor-Greene, S., Brown, D., Nelson, L., Longton, J., Gassman, T., Cohen, J., Swartz, J., Horner, R. H., Sugai, G., & Hall, S. (1997). School-wide behavioral support: Starting the year off right. *Journal of Behavioral Support, 7*, 99–112.

White, R. (1996). Unified discipline. In B. Algozzine (Ed.), *Problem behavior management: An educator's resource service.* Gaithersburg, MD: Aspen Publishers.

제 6 장

효과적인 부모-교사 간 협력

Pam Kay
Martha Fitzgerald
Stephanie H. McConaughy

Hank 그 애가 스스로 아무것도 할 수 없다고 느끼는 것이 나는 좀 두려웠다. 내가 젊었을 때 그렇게 생각했고, 그건 결코 좋은 느낌이 아니었다. 나는 Hank가 훨씬 더 행복해지고 새 친구도 많이 사귄다는 것을 알았다. Hank는 걸핏하면 화를 냈지만 더 이상 그러지 않는다. Hank가 그렇게 행동하도록 도와준 프로그램에 나는 감사해하고 있다. 그 애는 좀 더 자신감이 생겼기 때문에 싸움질을 통해 본인이 충분히 잘한다는 것을 증명하려고 노력하지 않아도 된다고 나는 생각했다. 부모와 교사가 함께 참여함으로써 이렇게 좋은 일이 일어났다고 생각한다. 만약 양쪽 모두 애쓰지 않았다면 이렇게 되지는 않았을 것이다. Hank가 뭔가 이루었다는 사실과 그 점을 내가 아는 것이 아주 좋다.

—Hank의 엄마

정서·행동 문제를 보이는 아동과 그들 곁에 있는 부모, 전문가의 상호작용에 대한 연구들은 대부분 이미 교육적으로 문제를 띠고 있는 큰 아동이나 10대에 초점을 맞춘다. 그때까지는 부모와 교사 간의 관계는 협력 관계라기보다 불안한 휴전 관계인 것 같다. 초등학교 저학년에 나타난 정서·행동 문제로 인해 아동들이 무능력해지는 것을 방지하기 위한 정책은 부모와 교사 간에 진실한 협력 관계를 형성해야 한다. 이런 협력 관계는 저절로 발생하는 것이 아니다.

학교에서 일어나는 아동의 행동 문제는 교사가 아동을 꾸짖음으로써 협력 관계를 훨씬 더 어렵게 만들고 있다고 부모들은 생각한다. 부모와 교사 간의 사회적 계급과 문화적 격차가 그 틈을 더 넓힌다. 부모와 교사 간의 협력 관계를 개선하는 부담은 대체로 교사가 가져야 하는데, 현직 또는 그 이전의 교사들에 대한 교육에서 그러한 교육은 거의 이루어지지 않았다.

정서·행동장애 아동을 위한 서비스를 받는 부모들에 따르면 아동의 문제를 보통 1학년 때 알게 되었다고 한다. Wehby, Dodge, Valente(1993)는 유치원 교사에 의해 정서·행동장애일 '매우 높은 위험성'을 갖고 있다고 확인된 아동은 '낮은 위험성'을 가진 아동들이 대등한 예에 행한 것보다 교사와의 상호작용에 어려움이 있고, 교실에서 좀 더 방해적이며, 학년 말쯤에는 혼자 노는 데에 많은 시간을 보낸다는 것을 발견하였다. 그러나 정서·행동장애의 위험성을 가진 아동을 확인하고 예방적인 서비스를 제공하는 등의 체계적인 업무를 하는 학교는 거의 없다.

이 장에서는 비몬트대학교에서 '성취-행동-보호 프로젝트〔Achieving Behaving Caring(ABC) Project〕'를 통해 가족과 학교 간에 어떻게 협력 관계를 형성했는지를 설명할 것이다. 정서·행동 문제의 위험을 띠는 학생을 위해 학부모협의회(Parent Liaisons)의 도움으로 학부모-교사 팀은 실행계획을 세우고 행한다. 그들이 학교와 가정에서 일관성 있는 학생들의 요구에 대해 의논하는 동안, '학부모-교사 실행 연구(Parent-Teacher Action Research, PTAR)'라 불리는 과정을 통해 부모와 교사는 동등한 위치의 동료로서 함께 일하는 법을 배울 수 있다. 학부모협의회는 부모가 지원하게 하고 학부모와 교사의 정규적인 만남을 용이하게 한다. 교사들은 저렴하고 행정가들이 쉽게 할 수 있는 표준화된 측정법을 이용하여, 전체 학생들 중 이런 협력 관계를 필요로 하는 1학년 학생들을 찾아낸다. 또한 각 학교는 적어도 1, 2학년 학생들에게 사회성 기술 교육과정을 택해 가르친다.

학부모와 교사가 2년 동안 함께 노력을 기울인 학생들은 상호작용, 자기조절, 기타 적응행동 면이 개선되었음을 버몬트대학교의 연구는 보여 주고 있다. 교사들은 이런 학생들이 대조군의 학생들보다 규칙을 어기는 행동(과실행동)이 더 적게 했음을 확인했다. 이런 팀의 일원으로 있는 부모들은 학생들이 필요로 하는 서비스를 학교를 통해 좀 더 받을 수 있다고 생각한다고 말했다.

기타 지원이 필요한 아동들을 찾아내는 도구

교실에서 아동들의 사회적·행동적·학업적 특성에 대한 광범위한 지식을 가진 담임교사는 초기 검사 단계에 참여할 수 있는 최고의 위치에 있다. 그러나 그들의 전문가적 의견과 고려할 만한 지식은 좀처럼 이용되지 않는다(Walker & Severson, 1992, p. 2).

추가 지원이 필요한 아동을 선택하는 것은 매우 민감한 일이고, 처음 그에 대해 듣는 것은 초기 단계의 교사들 다수가 좋아하지 않는 일이다. 교사들 자신은 그런 선별을 정확하게 할 수 있는 훈련을 하지 않았다고 생각한다. 어떤 교사들은 아동 발달에 있어서 변할 확률이 있는 저학년에서의 선별 과정을 시기상조라고 여길지도 모른다. 그들은 정서와 행동에 특별한 주의를 가진 학생을 고르는 일이 결국 편견을 갖게 하는 '라벨링' 과정이 되는 것을 두려워한다. 몇몇은 과거 교사들의 잘못된 판단으로 인한 가혹했던 비판의 말을 상기시킬지 모른다. 특히 학급에서의 아동 관찰에 대해 부모에게 이야기할 용기를 갖지 못했다면, 몇몇 교사들은 아동을 선택하는 일에 있어 부모들의 반응을 두려워한다. 그러나 집단 아동의 선별을 위한 적당한 도구, 시간, 행정가의 지원이 주어졌을 때, 교사들은 정서·행동장애의 위험이 있을지 모르는 아동을 발견할 수 있다. 이런 학생들을 발견하고 그들을 위해 무엇을 하는지를 배움으로써, 교사들은 그들이 학습을 심각하게 방해하기 전에 서툴게 내리는 다양한 형태의 판단을 변화시킬 수 있다.

선별(screening)은 정서·행동장애를 일으킬지도 모르는 특별행동에 대해 교실 전체를 검사하는 것을 말한다. 어떤 집단에는 두드러지게 사교적이거나 외향적인 행동을 보이는 아동이 있는 반면 내면화하거나 내향적인 행동을 보이는 아동도 있을 것이다. 내면적으로 문제행동이 지적된 아동들은 정서·행동장애에 대한 논의에서 종종 잊혀진다. 그들의 욕구는 나중에 갑자기 폭발적으로 표면화되지 않는 이상 일반적으로 잘 알려지지 않는다. 그 ABC 프로젝트에는 내향적이거나 외향적인 행동을 가진 아동 모두가 포함된다.

ABC 프로젝트에서 사용된 선별도구는 '행동장애를 위한 체계적 선별(Systematic Screening for Behavior Disorders, SSBD)'이다(Walker & Severson, 1992).[1] 그 SSBD는 엄격하게 테스트되었으며, 게이팅(gating) 과정을 적용하는 타당하고 신뢰할 만한 도구이다. 첫 번째 단계는 신중히 고려해야 하는 아동 집단을 선별하는 일이다. 두 번째 단계는 그 학년 과정 중에 개별 아동들에게 어떤 결정적인 사건이 일어났는지를 확인하는 일이다. 이런 사건 수의 표준은 더욱이 아동 집단을 감소시킨다. 세 번째 단계는 소집단 내 아동들의 적응행동, 부적응행동을 보고 다시 선택을 줄이는 것이다. 담임교사는 간단한 훈련을 받은 후 이 3단계를 모두 적용한다.[2]

학부모의 시각

이 장의 저자 중 Kay와 Fitzgerald는 정서·행동장애 학생의 부모가 직면하는 직접적인 문제들을 알고 있다. 공립학교에서 정서·행동 문제를 보였었지만 지금은 성장한 아동을 우리는 볼 수 있다. 교육과 상담을 할 때 문제행동 발생 배경에도 불구하고 우리 각자는 학교와 관청의 직원들과 일을 할 때 큰 좌절을 경험했다. 그러나 1980년대 중반에는 아동 서비스를 개선시키기 위해 교육, 정신

1) 행동장애를 위한 체계적 선별(SSBD) 개발자 Walker와 Sevenson이 어린 아이들에게 사용할 수 있는 전달 도구를 개발한 조기 진단 프로젝트(ESP)이다. 좀 더 자세한 정보는 www.sopriswest.com에서 얻을 수 있다.

2) SSBD는 학급 교사들이 보다 훈련된 전문가들에 의해 직접 관찰진단 내용을 포함한다.

건강, 사회사업에 종사하는 동료들과 부모들이 함께 일하는 방법에 변화를 보이기 시작했다. 우리는 '청소년을 위한 서비스 시스템 프로그램(Adolescent Service System Program, CASSP)'(Knitzer, 1993 참조)을 제공했고, 버몬트에 있는 '아동부모위원회(Parents' Committee of the Child)'와 함께 일하기 시작했다. 학부모와 교사, 가족과 학교 간에 나타난 전통적인 문제들 중 많은 부분을 중화시키기 위해 1995년에 ABC 프로젝트가 설계되었다.

Duchnowski, Berg, Kutash(1995)는 학부모가 가질 수 있는 시각을 다섯 가지로 요약했다.

- 학부모는 비난을 받는다. 교육과 사회 서비스에서 전문가들을 위한 훈련은 "부모의 행동과 이후 아동들의 정서장애의 특성을 연결하는 일련의 검증되지 않은 정신역학 가설"에 의해 초래된 오명을 아직 없애지 않았다(p. 185). 부모들을 비난하는 경향은 우리의 문화 속에 있으며 근절되지 않았다.
- 학부모는 혼란스럽다. 진단검사와 전문가들의 평가 결과를 부모에게 보여줄 때, 전문가들은 부모에게 익숙지 않는 용어를 사용하곤 한다(이와 비슷하게 우리는 교사가 사용하는 심리교육학적 특수용어에 혼란스러워하나, 모임에서 그러한 용어 사용에 대해 좀처럼 항의하지 않는다고 생각한다).
- 학부모는 모임에 참여하도록 권유받기는 했으나 실제 포함되지 않은 느낌이다. 모임에서 이야기할 때, 부모들이 하는 말은 심각하게 받아들여지지 않곤 한다. 모임 전 전문가들이 이미 세워 놓은 계획을 단지 형식적으로 승인하기 위해 그 모임에 초대받았다고 부모들은 생각한다.
- 학부모는 자신의 아동이 소외되었다고 생각한다. 집에 있을 때 아동의 행동은 학교에서와 아주 다를 것이다. 그러나 이런 차이점을 부모들이 지적할 때나 아동의 능력에 대해 말할 때, 그들의 말은 중요하지 않은 것으로 취급되거나, 사실이 아닌 또는 간단히 교육을 받지 않은 것으로 마무리되곤 한다.

◆ 학부모는 문화적인 고려 없이 다뤄진다고 생각한다. 유색인 부모들은 자신의 아동이 특수교육 학급에서 잘 어울리지 못하는 문제가 있음을 잘 알고 있다. 그들은 자신과 자녀가 공평한 대우를 받게 될지 그렇지 않을지 의심하면서 학교에 올지도 모른다. 심지어 가족과 학교 사이에 눈에 보이는 인종적 차이가 거의 없는 곳에서도 민족적·문화적, 학급의 차이가 있다.

학부모와 교사 간에 효과적인 협력 관계를 기초로 한 예방 프로그램은 부모들에게 이러한 시각을 갖게 만드는 요소들을 알려 주고, 교사들도 똑같이 무기력함을 느끼며 이런 어려운 느낌을 야기하는 데 비난받을 수 없다는 것을 기억해야 한다.

교사의 관점

Irwin(1996)이 지적하는 대로,

> 부모들과 학생들은 교사가 우위에 있다고 보지만 교사들은 그렇게 생각하지 않는다. 그들은 행정가에 의해서 우위를 느낀다. 그들 또한 마찬가지로 그 때문에 행정가들로부터 소외된다. 행정가들도 우위에 있다고 느끼지 않는다. 그들은 학교위원회와 부모들에게 보고를 해야 하기 때문이다. 이 각 집단은 서로서로를 무서워한다. (p. 30)

정서·행동 문제 아동들은 그들의 행동이 내면화된 것이든 외면화된 것이든 간에 교육에 있어 가장 도전적인 학생들 사이에 있다. 교사들은 지난 몇 년 동안 학교에서 일어났던 비극적인 살인 사건 때문에 학생들의 안전에 대해 굉장히 큰 책임 의식을 가지고 있다. 동시에 교육과정, 학급 관리와 관련한 결정에 참여하고자 하는 학부모 집단 속 운동가들(적극적인 학부모들)의 요구를 증가시켰다. 교사 준비 프로그램은 부모와 함께하는 생산적인 훈련법은 포함하지 않았다. 교사가 가장 도전적인 학생들의 부모와 마지못해 접촉하는 것이 놀라운 일인가?

그러나 가족들에게서 그들의 관점을 발견한 사람들은 접촉할 방법을 찾으면 근본적으로 바꾼다. 가족과 약속하기에서(Shockley, Michalove, & Allen, 1995) 두 교사는 교육에 있어 부모의 참여를 촉진시키는 성공적인 접근법을 설명하고 있다. "가정이 가지고 있는 지식에 대한 존중, 믿음, 보호는 우리의 핵심 가치이다.", "우리는 이런 가치들을 협력 관계에 대한 결정과 활동을 위한 근거로 삼는다."(p. 95)고 그들은 밝히고 있다. Kottler(1997)는 문화가 그들의 교수법을 어떻게 형성하는지를 이해하기 위해 교사가 인류학자처럼 생각할 것을 촉구하고 있다. Moll과 Diaz(1993), Delgado-Gaitan(1990), Harry(1994)와 같은 사람들은 학교의 모든 측면에서 가족을 포함시키기 위해 교육자들을 자극했다.

ABC 프로젝트에 참여한 이후, 많은 교사들은 아동의 부모들과 함께 PTAR을 적용하길 원하지만 단지 시간이 없을 뿐이라고 했다. 행정가들 또한 부모와 교사가 함께 가져오는 어려운 문제에 의해 자극을 받는다. 우리는 그 욕구를 충족시키는 데 도움을 줄 요소들이 ABC 프로젝트에 있을 것이라고 생각한다.

학부모 연락관 배치

ABC 프로젝트는 학부모 연락관 위치를 건립했다. 학부모 연락관은 되도록 지역 공동체 출신으로 전문가를 보조해 주며 부모와 교사 간의 중간적인 역할을 한다. 학부모 연락관은 옹호자가 아닌 가정과 교육 체제 간에 쉽게 이동할 수 있는 지원자이다. 그들은 부모들에게 있어 권한이 부여된 사람들이며, 부모들이 아동을 위해 효과적이고 협력적인 옹호자가 될 수 있도록 도움을 받을 수 있는 행동 모델과 정책이다. 연락관은 아동과 유사한 몇몇 문제에 대해 일한다. 학교가 이 서비스를 제공하는 다른 공동체 기관과 연락을 할지라도 이상적으로 학부모 연락관은 학교 체제를 위해 일하지 않는다.

학부모 연락관이 될 수 있는 자격 요건

1. 힘든 아동을 양육해 본 경험
2. 올바른 의사소통을 촉진하는 것에 대한 관심과 가정, 학교, 공동체 자원 간의 협력
3. 아동 교육과 부모 원조에 대한 관심과 다른 사람들이 독립적으로 준비되었을 때 가게 해 줄 수 있는 능력
4. 가족을 돕는 데 있어서 자연적인 체제의 지원을 발달시켜 줄 기술과 적절한 자신감
5. 올바른 의사소통 기술, 특히 듣는 기술
6. 열린 마음과 가정의 형태, 아동 양육 형태에 대한 판단을 보류하는 능력
7. 가족의 관점뿐만 아니라 교사의 관점에도 관대함
8. 자기규율, 유동적인 스케줄로 편안함, 최종 기한을 충족시킬 수 있는 능력
9. 갈등 해결에 즐거움을 느낌
10. 일시적 반대에 직면했을 때 갖는 인내력과 '거부 제로' 프로젝트에의 참여
11. 이동 교통수단이 있을 것

학교 밖에 있을 때, 학부모 연락관은 부모들에게 '우리 중 한 명'으로 좀 더 쉽게 받아들여질 수 있다.

학부모 연락관은 부모와 교사 양측 모두와 쉽게 이야기할 수 있고 들을 수 있는 능력을 가진 사람이 뽑힌다. 그들은 분명하고 이해하기 쉬운 용어로 양측에 설명하면서 집과 학교의 문화를 연결시킨다. 또한 대면 모임을 용이하게 하고, 부모와 교사 간의 대화를 지원하며, 적절한 공동체 서비스에 가족을 보낸다. 훌륭한 학부모 연락관은 공동체에서 가족들의 자연적 체제의 지원을 발달

ABC 프로젝트 학부모 연락관의 책임

1. 발견된 아동의 가족에게 프로그램에 대한 정보를 제공한다. 그 결과 부모들은 자신들의 참여에 대해서 완전히 숙지된 결정을 내릴 수 있다.
2. 비밀을 유지하고 법에 의해 설립된 대로 제한됨을 이해한다.
3. 아동을 위해 구성된 팀의 완전한 구성원으로서 부모들이 역할을 하도록 특별한 지원과 격려를 제공한다.
4. 가정과 공동체 내 자연적 체제의 지원 간을 연결한다.
5. 참여하는 학부모, 교사, 기타 공동체 자원의 사람들이 만날 수 있게 '학부모-교사 실행 연구' 모임을 구성, 수월하게 하며, 날짜, 시각, 장소를 정하도록 돕는다.
6. 프로그램에 필요한 조사를 부모들이 해낼 수 있게 돕는다.
7. 프로그램에 필요한 기록을 하고 측정을 한다.
8. 감독관, 다른 학부모 연락관과 규칙적으로 만난다.
9. 프로그램 평가에 참여한다.

시키는 데 능숙하다. 모든 연락관들의 목적은 부모들이 자력으로 의사소통을 유지하는 권한이 있다고 느끼는 상황에서 발을 빼는 것이다.

학부모 연락관은 선별을 통해 확인된 학생의 부모에게 연락하고, 학부모-교사 실행 연구에 대해 설명하며 질문을 받는다. 학부모가 참가하기로 동의하면 학부모 연락관은 그 전체 과정 내내 그 가정과 함께한다. 학부모 연락관은 집이나 학교가 아닌 중립적인 장소에서 모임을 가지며, 모임에서 학부모 연락관이 발언하도록 돕고, 부모와 교사가 서로에게 유사한 문장으로 말하는 것을 도와(예: 형식 이름이나 이름 모두를 쓰면서) 부모와 교사의 동등함을 확인하도록 한다. 그들은 아동을 위한 상호적 목표에 초점을 두는 구조화된 계획을 제공하고 용이하게 한다. 또한 학부모와 교사 모두가 행동계획의 한 부분으로 책임이 있음을 친절하게 주장하고, 많은 칭찬을 한다.

학부모 연락관 배치에 적합한 지원자 찾는 법

- 이러한 자격을 갖춘 사람이 있는지 교사, 행정가, 초기 아동 교육자들에게 물어본다.
- 부모결연(Parent-to-Parent), 아동 정신건강을 위한 가족연합, 기타 지지 집단과 같은 지역 총회에 전화한다. 이런 구성을 찾아내기 위해서, 장애 아동, 청소년을 위한 국가정보원에 www.nichcy.org/index.html 또는 1-800-695-0285로 연락한다.
- 지역 학부모·아동센터 또는 헤드스타트 사무소에 연락해서 게시판에 알린다.
- 전화할 수 있는 다른 사람들에게 각각 연락한다.

아동이 학년이 올라가면서 이동할 때, 이사할 때, 어떤 사유로 전학시킬 때, 학부모 연락관은 계속 그 가족과 함께 일한다. 새 학교가 적당한 거리에 있다면 그 학교의 임원들이 아동에게 가장 적합한 교실을 선택해 주도록 하는 일을 연락관이 도울 수 있다. 또한 교사가 기꺼이 원한다면, 부모가 새 교사와 함께 PTAR를 적용하는 일을 돕는다. 너무 먼 곳으로 이사 갔다면 학부모 연락관은 이동 후 몇 주 동안은 전화로 연락을 유지할 수 있다.

우리는 학부모·아동센터나 학교 외부의 다른 기관이 학부모 연락관을 고용하도록 권고하지만, 상호작용을 위한 자금이나 기동력은 대체로 학교에서 나와야 한다. 마약과 알코올 남용을 막기 위한 돈인 제1기금(Title I funds)과 연합지원책(United Way support) 모두를 고려해야 한다. 감독, 마일리지와 기타 지출에 대한 지불, 비밀의 동의 등과 같은 문제들 모두 학교와 협력 기관 간에 동의가 있어야 한다.[3)]

---

3) 대리 동의, 문헌 보기, 학교 관련 서비스 등의 보다 자세한 정보를 원한다면 www.gse.harvard.edu./~ciss와 http://smhp.psych.ucla.edu를 참조한다.

학부모-교사 실행 연구 과정

지난 50년 동안 실행 연구가 개인적 교수 실습과 동료 협력 관계 모두를 개선시키기 위해 교육계에서 사용되었다. 실행 연구는 문제 정의, 관찰과 자료 수집, 이론 설립, 행동계획 등이 계속 반복된다. 교사들은 실행 연구를 그들 개인의 전문 기술을 변화시키기 위해 사용하였다. 실행 연구가 학교 개선에 적용되었을 때, 교사들은 다른 동료들과 관계를 맺고 집단 과정을 관리하기 위해 상호 협동적으로 변화를 주고, 믿음을 쌓으며, 다른 사람들로부터 기술을 수용하고 배운 것을 적용했다.

지난 10년간 몇몇 학교 개선 창시는 각 학교의 개혁가 집단의 일원으로서 학부모를 참여시키기 위해 협력적 실행 연구를 사용하였다(Davies, Palanki, & Burch, 1993). 가정과 학교 간 협력에 대한 학교 개혁의 영향을 연구하기 위하여 학부모-교사 실행 연구를 적용한 이후에, 연구자들은 특수교육자들을 위해 그들의 기술에 대한 PTAR 적용법을 개괄하였다(Kay & Fitzgerald, 1997). 유사한 접근법이 중학생의 정서·행동 문제를 말하기 위해 Cheney(1998)에 의해서 사용되었다. 최근에는 연구 팀이 정서·행동장애로 발달할 위험이 있는 개별 아동을 위해 가정과 학교 간의 의사소통을 향상시키고 조화시켜 예방적 중재로서 PTAR의 힘에 초점을 맞추었다(McConaughy, Kay, & Fitzgerald, 1998, 1999, 2000).

ABC 프로젝트에 적용하는 실행 연구는 행동을 교정하기 위해 그에 가장 직접적으로 영향을 받은 사람들에 의한 기술 문제의 체계적인 연구이다. 이런 조사에 따라 체계적 연구는 몇 단계로 이루어져 있다—연구 질문 또는 해결할 수 있는 난제의 정의, 계획에 따른 자료 수집, 자료 분석, 이론 설립, 이론 실험 등. 실행 연구에서 이런 순서는 지속적인 개선을 통해 아주 많이 반복된다. 아동은 학부모-교사 실행 연구(PTAR) 팀 작업의 초점이다. 부모와 교사는 팀의 핵심으로 간주되고, 둘 다 아동에 대한 전문적 지식과 근본적 관점을 가지고 있다. 둘 다 PTAR에서 상호 전문가로 간주된다. 부모들은 그들 자신이 알고 있음을 인식하

PTAR 모임의 기본 규칙

- 부모가 먼저 이야기하고 그다음 교사가 이야기한다.
- 언제든 '통과'시키거나 중지시키는 것에 모든 사람들이 자유롭다.
- 생각은 가능한 한 긍정적으로 표현되어야 한다.
- 모든 일들은 있는 그대로 기록될 것이다.

지 못할지라도 아동에 대한 결정적인 사실과 전문 지식을 가지고 있다. 교사는 교육과정, 교수법, 학급 관리에 있어서 전문가로 인식된다. 학교와의 전문적 연락을 통하여 그들은 특별한 행동적 근심에 대해 상담할 수 있는 다른 전문가를 구할 수 있다. 그러나 상담 안내자, 특수교육자, 학교 임상심리사 또는 사회사업가와 같은 이런 다른 전문가들은 학부모와 교사 모두가 초대하는 데 동의하지 않으면 PTAR에 참석하지 못할 수도 있다.

모임 시간과 장소. PTAR 팀은 안전하면서 학교도 집도 아닌 중립 장소에서 처음 만난다. 이는 부모나 교사 양측 모두 다른 이에게 권력을 행사하고 있다는 시각을 줄이는 데 도움이 된다. 몇몇 부모들은 학교에 가는 일을 아주 불편해하는데, 이는 특히 학교에 대한 부정적인 경험이 있을 때 그러하다. 교사들 중 일부 역시 가정 방문을 불안해하는데, 심지어 학부모 연락관을 동반할 때도 그러하다. 학부모 연락관 혼자 정해진 장소에 가선 안 된다. 부모들과 함께하는 최초의 모임을 지역 패스트푸드점에서 가질지라도 말이다.

ABC 프로젝트 시행 학교는 대부분 농촌 지역에 있어서 학부모 연락관이 모임 장소를 정하기가 쉽지 않다. 시립 도서관, 은행 회의실, 소방서 등지에서 만나기도 하고, 바쁘지 않을 때에는 커피숍 한 모퉁이에서 만나기도 한다. 학교를 제외하고는 적당한 장소를 찾지 못할 때가 있다. 그러면 학부모 연락관이 교실을 개인적인 공간으로 사용하기 위해 정리 정돈을 한다. 학부모의 집에서는 모임을 잘 열지 않는다. PTAR 모임이 이루어지는 2년 동안, 학부모 연락관의 목표는 그 모임을 학급으로 옮기는 것이다. 그 프로젝트에 지원이 끝날 때쯤에는 부모들이 교사와 만나고, 그 학급에서 동등한 입장으로 아동에 대해 이야기하는 데에 자신감을 가져야 한다.

처음에는 학부모가 편한 시간에 모임을 갖는다. 학교장은 부모들의 스케줄에 따라 교사의 스케줄도 조정할 수 있게 도와준다. 시간이 지남에 따라 교사와 부모가 서로에게 스케줄을 맞출 수 있는 좋은 방법을 찾도록 학부모 연락관이 도와준다.

MAPS와 목표. 첫 모임을 시작하기 전에 학부모 연락관은 부모와 교사 모두를 동등하게 참여시키고 긍정적인 핵심을 유지하기 위해 기본 규칙을 정한다.

학부모 연락관은 학부모와 교사에게 아동 기술을 근거로 한 능력을 발휘하기 위해 MAPS 과정(Making Action Plans; Forest & Lusthaus, 1989)을 소개한다. 그 MAPS 질문들은 학부모와 교사 양측 모두 아동에 대해 가지는 희망과 꿈, 두려움, 걱정 등이 된다. 이는 PTAR 팀의 인생에서 강렬한 순간이 되기도 한다. 양측이 서로 믿음을 형성할 수 있는 안전한 장소를 학부모 연락관이 확보할 수 있을 때, 한쪽 또는 양쪽 다 자유롭게 중요 정보를 공유할 수 있을 것이다. 어떤 부모는 아동의 아버지가 임종을 앞두고 말했고, 또 어떤 이는 본인이 선천적인 질병을 갖고 있다고 말하기도 했다. 몇몇 부모들은 좀 더 나이 많은 형제가 그랬던 것처럼 아동이 약이나 알코올 중독에 빠질까 봐 두려워했다. 어떤 부모들은 성적 학대에 대해 걱정하기도 했다. 슬프게도 대다수의 사람들이 아동에 대해서 또는 본인 스스로에 대해서도 꿈을 갖고 있지 않았다.

교사들은 이런 질문들이 아동의 가정생활을 이해할 수 있게 하는 통찰력을 갖게 하므로 기뻐했다. 모두들 부모들의 꿈과 희망 상실에 진지하게 임했다. 몇몇 교사들은 아동에 대한 자신의 두려움에 솔직했고, 어떤 교사들은 질문으로부터 벗어났다.

차트지에 적혀 있는 정보를 모두 가지고, 학부모 연락관은 팀이 공동의 목표를 세우도록 돕는다. 목표 중 아주 일부만 학습과 관련된 성취에 대해 열거한다(예컨대 Fran[4]은 읽기와 수학에서 같은 나이의 집단을 따라잡을 것이다). 그

ABC MAPS 과정에 사용되는 질문

이 아동은 누구인가?

- 아동이 잘하는 것은 무엇인가?
- 아동이 좋아하는 것은? 그렇다면 그 점을 우리는 어떻게 알 수 있는가?
- 아동이 싫어하는 것은? 그렇다면 그 점을 우리는 어떻게 알 수 있는가?
- 아동의 친구나 항상 같이 지내는 놀이 친구가 있는가?

이 아동은 어떤 내력을 갖고 있는가?

- 아동이 태어난 곳은?
- 아동이 살고 있는 곳은?
- 아동이 살아오면서 특별한 점이 있는가?(사람, 장소, 기타)
- 아동이 겪고 있는 건강상 특이점이 있는가?

이 아동에 대해 바라는 것이 무엇인가?

- 당신이 아동에게 바라는 것은 무엇인가?
- 아동에게 가르치고 싶은 것은 무엇인가?

당신의 걱정은 무엇인가?

- 우리가 주의해야 할 것은 무엇인가?
- 뭔가가 잘못되었다는 것을 알려 주는 단서는 무엇인가?
- 아동에게 일어나지 않았으면 하는 것은 무엇인가?

러나 모든 목표들은 가정이나 학교에서 이루어지는 아동들의 삶에 영향을 미친다("Hank는 좀 더 빠르게, 조용하게, 행복하게 변할 것이다.", "Ellie는 올해 좋은 친구를 사귈 것이다."). 때로 양측의 공동 목표가 서로 일치하지 않기도 한다. 학부모 연락관은 그 양측이 각자의 목표를 향해 노력하도록 촉구하고, 그들

---

4) 학교명과 부모, 교사, 아동을 위한 모든 이름을 표기한다.

이 서로 동의할 수 있는 영역에 대해 계속 이야기해 나간다.

각자의 목표를 위해 촉진자는 팀에게 단서 명명하기를 요구하거나, 관찰 가능한 표시로 아동이 목표를 성취했음을 그들에게 말해 줄 것이다. 예를 들어 Monty의 아버지와 1학년 담임은 "Monty가 마음을 열고 더 사교적으로 변할 것이다."라는 목표를 세웠다. 만약 그 목표에 도달한다면, 이웃이 Monty에게 말을 걸었을 때 식료품점에서 Monty가 더 이상 자기 뒤에 숨지 않을 것이라고 아버지가 말할 것이다. 교사는 아침에 Monty가 교실에서 다른 아이들과 이야기

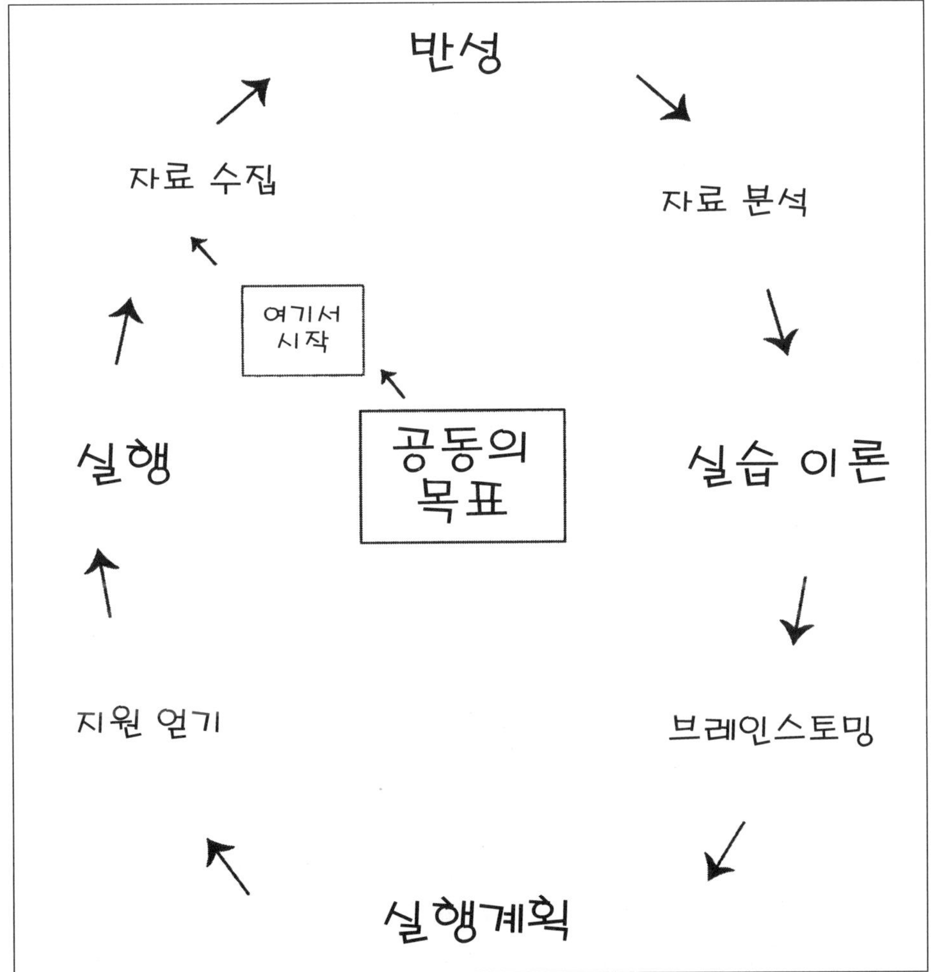

그림 6.1 학부모-교사 실행 연구 주기

하고 있는 걸 봤다고 전할 것이다.

실행 연구 주기. 부모와 교사가 한해에 하나 또는 그 이상의 목표에 동의했다면, 그들은 **그림 6.1**에 그려진 실행 연구 주기를 시작한다. 학부모 연락관은 그 주기를 통해 PTAR 팀으로 이동하여, 필요에 따라 이전 단계로 선회하여 돌아갈 수 있다. 그것이 행동계획 방향으로 이동하는 것은 중요하지만, 학부모 연락관은 부모와 교사가 자료의 의미에 대해 생각할 시간을 갖도록 격려해야 한다. 아동에게 아주 긍정적인 관심을 보여 주는 행동이 문제를 해결하는 도화선이 되기도 한다.

자료 수집. 행동 조사 자료는 부모와 교사의 아동 관찰에 달려 있다. PTAR 팀원은 ABC접근법을 사용하는데 이는 선행사상(Antecedent), 행동(Behavior), 결과(Consequences)를 의미한다. A에 대한 질문은 "행동이 일어나기 전 무슨 일이 있었습니까?", B(어떤 행동이었나요?)에 대답할 때, 부모와 교사는 아동의 행동에 이름을 붙이거나 특징짓는 것이 아니라 단지 행동을 기술하려고 노력한다. 예를 들면 "존이 화를 냈다."라고 하기보다는 "존이 발을 구르고 소리를 질렀다."로 표현한다. 마지막으로 C는 "그러고 나서 무슨 일이 있었습니까?"라는 질문에 답하는 것이다. 그들은 그들 자신의 행동과 담당하는 다른 아이들의 행동, 또는 아동 친구들의 행동에 대해 말할 것이다.

학부모와 교사는 자료를 수집하기 위해 고유한 방법을 택한다. 몇몇 교사들은 아동의 특별한 목표에 초점을 맞추기 위해 일화 기록 시스템을 적용한다. 다른 팀들은 가정/학교 신문을 이용하고, 그것은 교사와 학부모에게 모두 규칙적인 기준으로 쓰인다. 한 팀은 '자존심 측정(Self-Esteem Log)'을 만들었다. 학교뿐 아니라 가정에서 아동이 긍정적인 자존심을 보일 때마다 기록하는 것이다.

학부모가 관찰하는 데 어려움이 있을 때, 1주일에 2, 3일은 방과 후 부모가 아동에게 질문하는 질문지를 만들었다. 목표에 따라 "오늘 누구랑 점심을 먹었니?", "네가 잘했을 때 선생님께서 무슨 말씀을 하셨니?", "무슨 일이 가장 쉬웠니?" 등의 질문이 있을 수 있다. 읽고 쓰는 능력에 문제가 있을 때, 학부모 연락관이 1주일에 한 번씩 전화하거나 아동의 진행 상태에 관해 그들이 알고 있는 것을 말로 기록함으로써 자료 수집하는 일을 돕는다.

읽고 쓰기가 어려운 학부모를 위해서 한 학부모가 자료 수집 절차의 중요성을 이해했다는 것을 증명했다. 그녀는 학교 일과에 대해 아들에게 물어보기 위해 교사와 짧은 질문 목록을 뽑았다. 그리고 그녀는 답을 적을 수 있는 작업틀을 만들었다. "내가 Kim에게 질문하려고 앉았을 때, Kim의 형 또한 내가 자기에게 질문하기를 원했고, 그래서 난 질문했다. 하지만 형의 답을 적을 공간이 없었다. 그것들을 적는 것이 그것들을 좀 더 중요하게 만든다."고 그녀가 말했다.

자료 분석: 반성을 위한 시간. 학부모와 교사가 함께 PTAR 팀에 왔을 때, 그들은 타인의 것과 함께 자신들의 자료를 공유한다. 대화를 통해 각자 그들이 관찰했던 것을 반성할 수 있는 기회를 갖는다. 이 심사 과정 중 일부에는 "부모나 교사로서 내가 한 일이 그 행동에 어떻게 기여했는가?"와 같은 질문이 포함된다. 이는 아주 중요한 단계이고, 학부모와 교사 간의 높은 신뢰를 요한다. 촉진자는 모임 중 일정 부분 동안 조용히 편안하게 있어야 하고, 자신의 생각을 말하거나 관찰함으로써 끼어들지 않도록 주의해야 한다. 학부모 또는 교사는 실습의 변화에 대해 이야기하기까지 몇 번의 모임을 가질 것이다. 변화를 줄 결정은 좀 더 강력하고 그것이 자기반성으로부터 기인할 때 일어날 것이다.

실습 이론 발달. 학부모와 교사 모두 큰 소리로 그들의 자료를 공유할 때, 학부모 연락관은 "아동이 그런 식의 행동을 하는 이유가 뭐라고 생각하나요?"라고 묻는다. 기능 분석에 익숙한 사람들은 그 질문을 "아동에게 그 행동은 어떤 기능으로 행해진 것일까?"라는 질문으로 인식할 것이다. 실습 이론은 학부모와 교사 간 팀이 그 시간 그 시점에 할 수 있는 최고의 추측이다. 학부모 연락관은 너무 빨리 이 단계로 들어가지 않게 주의해야 한다. 종종 좀 더 많은 자료가 필요하거나 또는 그 자료가 다른 사람들의 관찰로부터 기인해야 한다. 예를 들어 아동에게 규칙적으로 일련의 질문을 하는 것은 그들을 괴롭히는 문제에 대해 좋은 대화를 열 수 있고 새로운 통찰력으로 행동을 일으킬 수 있다. 때때로 2학년 학생들이 PTAR 모임에 참석하고, 그들의 자기인식은 학부모와 교사들을 놀라게 한다.

이것이 주기에서 외부의 전문 지식을 가장 자주 필요로 하는 부분이다. 연구 기초 간행물, 웹사이트, 학교심리학자, 학회, 협회에서 제공한 자료들은 매우 도움이 되었다.[5] 상담자, 특수교육자 또는 다른 가족 구성원들이 PTAR 모임에 초대되어 왔을 때, 학부모 연락관은 아동에게 초점을 유지하고 학부모와 교사의 입장에서 결정을 내린다.

실행에 관한 아이디어 짜내기(브레인스토밍). 팀이 실습 이론에 대해 동의하면, 그들은 실행을 위한 관계에 대해 충분히 생각해야 한다. 학부모 연락관은 처음에 표현된 생각에 얽매이지 않고, 시간을 가질 것을 촉구한다.

브레인스토밍하는 방법

- 처음 표현될 때의 생각은 모두 좋은 것이다.
- 촉진자는 각자의 생각을 있는 그대로 정확하게 기록할 것이다.
- 타인의 생각에 '편승하기'가 허락된다. 오히려 격려하는 바이다.
- 어떤 사람이라도 타인이 하는 생각을 '막을 순 없다.'
- 시간제한을 짧게 설정하고 고수한다.

실행계획. 실행계획은 가능한 한 단순하게 한다. 학부모 연락관은 어떤 실행이 이루어질지, 누가 책임을 질지, 언제 이루어질지를 기록한다. 계획의 한 부분은 계획이 수행될 때 부모와 교사 모두가 지속적으로 수집하기로 한 자료의 종류에 동의하는 것이다.

지원 얻기와 인가. 일부 실행계획은 다른 것보다 따르기가 더 용이하다. 학부모 연락관은 계획이 부모 측에 있어야 한다는 필요성을 인지한다. 때로 부모들

5) 전국 학교심리학자 연합회의 웹사이트 www.naspweb.org를 통해 정보를 얻을 수 있다.

은 자신의 책임을 해내기 위해 학부모 연락관으로부터 다른 종류의 지원을 필요로 한다. 그것은 때로 조언이 될 수도 있고, 필요로 한 "새 계획이 어떻게 진행 중인가요?"라고 묻는 다정한 전화 통화가 될 수도 있다.

계획은 때로 교장과 같은 팀원이 아닌 사람의 인가가 필요한 경우도 있다. 그런 인가를 받는 일은 계획의 일부이다. 학부모가 받는 게 나을까? 아니면 교사가? 아니면 양측이 함께 받는 게 나을까? 어떤 것이 행정가에게 더 설득력이 있을까? 학부모 연락관은 또한 이 부분에서 중요한 역할을 할 것이고, 각각의 위치는 다르다.

실행하기와 다시 자료 수집하기. 계획이 실행될 때, 부모와 교사 모두 계속해서 아동의 자료를 수집한다. 수집된 정보는 아동의 진행 상황을 평가하기 위해 사용되며, 그들의 계획이 잘 적용되고 있는지를 결정하는 데 이용된다. 그들은 공정한 시도를 위해 충분한 시간을 주지만, 만약 아동에게 강한 부적 반응이 나타난다는 새 자료를 발견하게 된다면 바꿀 준비를 한다.

PTAR 팀 모임. 팀은 평균적으로 학기 중 한 달에 1번 대체로 1시간 동안 만난다. 마찬가지로 여름에도 한두 번 모임을 갖는다. 실행 연구 주기와 목표에 대해 각각의 모임마다 협의 사항을 추진한다. 촉진자는 이전 모임에서 기록된 것을 재검토하면서 각 모임을 시작한다. 기본 규칙을 따르면서 그들은 부모들에게 우선 발언하도록 청하고, 다른 사람들과 자료를 공유하면서 다음은 교사에게 발표하도록 청한다.

교사는 그들의 관찰이 어떻게 아동 행동의 관점을 형성하는지를 첫 번째로 인지한다. 바버라는 'playground duty(미국의 일부 초등학교에서 쉬는 시간을 이용하여 학부모들이 노는 것을 지도하는 프로그램)'를 하지 않을 때 낮에 Chip을 관찰하기 위해 운동장에 나갔다. 그녀는 보고할 때 다소 당황해했다. "나는 다른 소년들이 그가 문제를 일으키게 하는 것을 발견했어요."라고 말했다. "이처럼 아동에게 귀를 기울일 때, 당신은 교실에서 아동에 대해 보지 못했던 사실을 알게 됩니다."라고 다른 교사들에게 말했다. 어떤 학부모는 내 딸은 지역 학교를 통한 세 번째 아이이고, 다른 아이들에게 했던 대로 딸이 원하는 바에 주의를 많이 기울이지 못했다고, 자료 수집 과정은 그녀에게 있어 상대적으로 새롭다고 말했다. 자료 수집은 그 엄마가 학교에서 특별한 욕구를 가진 한 개인으로서 딸을 바라볼 수 있게 도와준다.

그들의 계획을 수행한 후에 학부모와 교사들은 실행 연구 주기를 다시 적용하기 시작하고, 아동을 관찰하여 아동의 행동 내용과 결과를 기록하며, 다음 모임에 가지고 올 자료를 수집한다. "이 프로그램이 성공할 수 있는 가장 중요한 이유는 이전 모임에 대한 재검토, 최근 관찰한 자료 공유, 다음 단계에 대한 확인과 같이 구조화된 모임이기 때문입니다."라고 어느 교사가 말했다. 학부모 연락관은 팀의 성공에 대해 똑같이 기뻐했다. "아주 작은 부분들이 그러한 성취의 결과를 얻게 하는 것은 아주 놀라운 일입니다."

행동 관리 프로젝트의 성취 결과

지난 2년 동안 문제행동의 감소와 적응행동의 증가로 ABC 프로젝트의 효과가 증명되었다. 특히 우리는 1학년 가을 학기(중재 시작)와 2학년 봄 학기(중재 끝)의 행동 발생률을 비교하였다. 행동 발생률은 교사, 학부모, 독립적인 관찰자 등 이렇게 3명의 관점에서 얻어진 것이다. 좀 더 많은 정보를 얻기 위해 특별한 측정법이 사용되었고, 그에 대한 정보는 제10장을 보라.

교사 보고서(Teacher Report Form, TRF)(Achenbach, 1991b)에서 교사는 학급에서 사회성 기술 수업만 받는 학생 집단과 비교했을 때, 학부모와 교사가 PTAR에 참여하는 학생 집단이 내면적 행동과 규율 위반 행동 모두 시간이 지남에 따라 의미 있게 감소하였음을 보고하였다. 또한 교사는 두 집단 모두에 걸쳐서 2년 동안에 수줍어하는 행동의 의미 있는 감소와 정당한 행동이 의미 있게 증가하였음을 보고했다. '교사용 사회성 기술률 시스템(Social Skills Rating System—Teacher Version, SSRS)'(Gresham & Elliot, 1990)을 적용하면서, 교사들은 두 집단 모두에서 전체적 사회성 기술, 협력, 적극성, 자기조절 등이 증가되었음을 보고했다.

아동을 위해 PTAR에 참여하는 부모들은 사회성 행동기술만 받는 아동의 부모와 비교했을 때, 아동 행동 체크리스트(Child Behavior Checklist, CBCL)(Achenbach, 1991a)를 사용하고 SSRS－P(학부모용)에 행동을 외면화하면서 전체 문제와 규칙 위반 행동이 감소되었음을 보고했다. 두 집단 모두에 걸쳐 학부모는 CBCL 내면화, 외면화, 수줍음, 사고의 문제, 공격적 행동, SSRS-P의 종합적 문제, 과잉행동에 있어서 2년 동안 전반적으로 의미 있는 감소를 보고했다.

추가적으로 PTAR 집단 아동의 학부모들은 단지 사회성 기술 아동의 학부모와 비교했을 때 시간이 지남에 따라 정당한 행동이 의미 있게 증가됨을 관찰했다. PTAR 집단의 학부모들은 SSRS-P의 협력, 자기조절과 CBCL의 전체적 정당성에서 크게 증가되었음을 관찰했다. 마침내 PTAR 가족들을 다른 가족들과 비교했을 때, 2년 동안 아동을 위한 학교 기초 서비스의 획득에 있어서 큰 권한을 보고했다. 여기서 사용된 측정은 학교 기초 서비스에 초점을 맞추면서 가족 권한 측정(Family Empowerment Scale, FES)(Koren, Dechillo, & Friesen, 1992)의 각색으로 이루어졌다.

부모와 교수 모두 PTAR 중재에 포함되기 때문에, 우리는 아동을 알지 못하고 집단 과제를 모르는 독립적인 관찰자를 고용했다. 이런 관찰자들은 PTAR 중재의 효과성에 대한 좀 더 나은 정보를 제공했다. 관찰자는 PTAR 집단의 아동들에 대해 내면화, 신경질적/극단적, 침체된 행동에 있어서 의미 있게 낮게 평가했고, 사회성 기술 교육만 받은 학생들은 모든 이런 척도에서 높게 평가했다. ABC 프로젝트를 위해 일상적인 증거에서 부모와 교사는 일관성 있게 칭찬을 해 왔다. 사실상 43개의 PTAR 팀 중 세 팀만이 최초 2년 주기를 완수하는 데 실패했다. 우리는 이런 관계가 계속 형성되도록 다음에 쓰인 글로 장려할 수 있다.

Sonya 교사가 쓰기를,

지난 2년 동안, 나는 우리 학급에 있는 2명의 학생을 위해 '한층 더 노력할' 기회를 갖게 되었던 것이 아주 운이 좋았다고 생각한다. 이는 이런 아이들을 위한 지원망을 만드는 단일 임무를 가진 팀의 일원으로 매달 모임을 가짐으로써 이루어졌다. 매달 그 모임에서 아동 부모와의 관계는 아주 놀랍다. 매 모임은 함께 관찰되는 성장에 대한 축하의 연속이었고, 미래의 성장을 확실히 하는 계획과 목표를 브레인스토밍하는 시간이었다. 이런 결과를 초래한 긍정적인 의사소통은 강력했다. 그것은 또한 학교나 가정에서 언어와 기대의 일관성이 고려되었다. 이 프로그램에서 이루어지는 성공의 가장 중요한 이유 중 하나는 이전 모임의 재검토, 최근 관찰의 공유, 다음 단계의 확인과 같은 구조화된 모임이다. 가끔 나는 이 과정이 반복적이고 지루하다고 느꼈지만, 다른 어떤 것도 우리에게 선명한 청사진을 주진 않았다는 느낌으로 나는 항상 다가간다.

한 어머니는 ABC 프로젝트에 대해 매우 긍정적으로 평가해 주었다.

PTAR 과정은 나에게 잘 작용하였다. 왜냐하면 우리는 합리적인 목표를 설정하고 그것들을 성취할 수 있었기 때문이다. 나는 기회를 가진 가족들에게 이것을 추천한다. 이것은 학교 안팎에서 아동들의 건강한 성장과 실제로 관련이 있는 가장 정당한 기회이다. 나는 학교에서 이용 가능한 좀 더 많은 프로그램을 보기를 바라고, 또한 내가 Amanda(학부모 연락관)와 다시 함께 일할 기회를 가지길 바란다. Amanda와 PTAR 프로그램은 훌륭하고 진심으로 그들에게 감사한다.

완성을 위한 일

연구 간행물 재검토 담당자가 지적한 대로, ABC 프로젝트는 일반교육 학급에서 사회적 기술 훈련을 받지 않은 제한 집단과 함께 실험되어야 한다. 우리는 모든 학교가 제4장에서 제시한 대로, 정서·행동장애를 위한 전반적인 예방의 한 일환으로 사회성 기술 교육과정을 가르쳐야 한다고 믿는다. 그러나 이 시점에서 우리는 ABC 프로젝트의 성공이 사회적 기술 훈련, 학부모 연락망, 학부모-교사 실행 연구 과정과 같은 구성원을 따로 생각해서 그 중 하나의 덕분이라고 생각할 수 없다.

또한 ABC 프로젝트와 PTAR 과정은 도시와 다민족 지역에서는 아직 실험되지 않았다. 그것이 잘 발달된 뉴잉글랜드 시골 마을에는 다문화 인구가 있지만, 인종적으로 또는 민족적으로 거의 혼합되어 있는 지역은 아니다. 그럼에도 불구하고, 지역 공동체로부터 학부모 연락관을 선택하고, 아동에게 초점을 맞추며, 학부모와 교사가 동등하게 함께할 수 있게 하는 원리는 다민족 학교에서도 능동하게 실용적일 것이다. 작가가 「아프리카 미국 엄마들과 도시 학교」라는 연구의 결론에서 작성한 대로, "학부모의 참여는 감수성이 예민한 아동의 마음과 학교, 그리고 모든 사회에 긍정적인 인상을 남기고, 잊혀지지 않는 인상을 남긴다."(1993, p. 111)

참고 문헌

Achenbach, T. M. (1991a). *Manual for the Child Behavior Checklist/4–18 and 1991 Profile*. Burlington: University of Vermont, Department of Psychiatry.

Achenbach, T. M. (1991b). *Manual for the Teacher's Report Form and 1991 Profile*. Burlington: University of Vermont, Department of Psychiatry.

Cheney, D. (1998). Using action research as a collaborative process to enhance educators' and families' knowledge and skills for youth with emotional and behavioral disorders. *Preventing School Failure, 42*(2), 88–93.

Davies, D., Palanki, A., & Burch, P. (1993). *Getting started: Action research in family-school-community partnerships*. Baltimore: Johns Hopkins University, Center on Families, Communities, Schools, and Children's Learning.

Delgado-Gaitan, C. (1990). *Literacy for empowerment*. Philadelphia: Falmer.

Duchnowski, A. J., Berg, K., & Kutash, K. (1995). Parent participation in and perception of placement decisions. In J. M. Kauffman, J. W. Lloyd, D. P. Hallahan, & T. A. Astuto (Eds.), *Issues in educational placement: Students with emotional and behavioral disorders*. Hillsdale, NJ: Lawrence Erlbaum.

Forest, M., & Lusthaus, E. (1989). Promoting educational equality for all students: Circles and MAPs. In S. Stainback, W. Stainback, & M. Forest (Eds.), *Educating all students in the mainstream of regular education* (pp. 43–57). Baltimore: Brookes Publishing.

Gresham, F. M., & Elliott, S. N. (1990). *Social Skills Rating System manual*. Circle Pines, MN:

American Guidance Service.

Harry, B. (1994). Behavioral disorders in the context of families. In R. L. Peterson & S. Ishii-Jordan (Eds.), *Multicultural issues in the education of students with behavioral disorders*. Cambridge, MA: Brookline Books.

Irwin, J. W. (1996). *Empowering ourselves and transforming schools: Educators making a difference*. Albany: SUNY Press.

Kay, P. J., & Fitzgerald, M. (1997). Parents + teachers + action research = real improvement. *Teaching Exceptional Children, 30*, 8-11.

Knitzer, J. (1993). Children's mental health policy: Challenging the future. *Journal of Emotional and Behavioral Disorders, 1*, 8-16.

Koren, P. E., DeChillo, N., & Friesen, B. J. (1992). Measuring empowerment in families whose children have emotional disabilities: A brief questionnaire. *Rehabilitation Psychology, 37*, 305-321.

Kottler, J. A. (1997). *What's really said in the teachers' lounge: Provocative ideas about cultures and classrooms*. Thousand Oaks, CA: Corwin Press.

McConaughy, S. H., Kay, P. J., & Fitzgerald, M. (1998). Preventing SED through parent-teacher action research and social skills instruction: First year outcomes. *Journal of Emotional and Behavioral Disorders, 6*, 81-93.

McConaughy, S., Kay, P. J., & Fitzgerald, M. F. (1999). The Achieving Behaving Caring Project for preventing ED: Two-year outcomes. *Journal of Emotional and Behavioral Disorders, 7*, 224-239.

McConaughy, S., Kay, P. J., & Fitzgerald, M. F. (2000). How long is long enough? Outcomes for a school-based prevention program. *Exceptional Children, 67*(1), 21-34.

Moll, L. C., & Diaz, S. (1993). Change as the goal of educational research. In E. Jacob & C. Jordan (Eds.), *Minority education: Anthropological perspectives*. Norwood, NJ: Ablex.

Shockley, B., Michalove, B., & Allen, J. (1995). *Engaging families: Connecting home and school literacy communities*. Portsmouth, NH: Heinemann.

Walker, H., & Severson, H. (1992). Users guide and administration manual. *Systematic Screening for Behavior Disorders (SSBD)*. Longmont, CO: Sopris West.

Wehby, J. H., Dodge, K., & Valente, E. (1993). School behavior of first grade children identified as at-risk for development of conduct problems. *Behavioral Disorders, 19*, 67-78.

Winters, W. G. (1993). *African American mothers and urban schools: The power of participation*. New York: Lexington Books.

자료

Achenbach, T. M. (1986). *Direct Observation Form of the Child Behavior Checklist* (Rev. ed.). Burlington: University of Vermont, Department of Psychiatry.

Burch, P. (1993, October). *Action research in family-school-community partnerships: The experience of one rural elementary school*. Paper presented at the 85th annual meeting of the National Rural Education Association, Burlington, VT.

Calhoun, E. (1993). Action research: Three approaches. *Educational Leadership, 51*, 62–65.

Calhoun, E. (1994). *How to use action research in the self-renewing school.* Alexandria, VA: Association for Supervision and Curriculum Development.

Cheney, D., & Osher, T. (1997). Collaborate with families. *Journal of Emotional and Behavioral Disorders, 5*(1), 36–44.

Cochran-Smith, M., & Lytle, S. L. (1993). *Inside/outside: Teacher research and knowledge.* New York: Teachers College Press.

Corey, S. M. (1953). *Action research to improve school practices.* New York: Teachers College Press.

Forest, M., & Pearpoint, J. C. D. (1992). Putting all kids on the MAP. *Educational Leadership, 50*, 26–31.

Friedman, R. M., Silver, S. E., Duchnowski, A. J., Kutash, K., Eisen, M., Brandenburg, N. A., & Prange, M. (1988). *Characteristics of children with serious emotional disturbances identified by public systems as requiring services.* Tampa: University of South Florida, Florida Mental Health Institute.

Glickman, C. D. (1990). *Supervision of instruction: A developmental approach.* Boston: Allyn & Bacon.

Harvard Graduate School of Education. (1999). *Full service schools: New practices and policies for children, youth and families.* Cambridge, MA: Collaborative for Integrated School Services.

Knitzer, J., Steinberg, Z., & Fleish, B. (1990). *At the school house door.* New York: Bank Street College of Education.

Kurcinka, M. S. (1992). *Raising your spirited child: A guide for parents whose child is more.* New York: HarperCollins.

Lareau, A. (1989). *Home advantage.* Philadelphia: Falmer.

Noffke, S. (1997). Professional, personal, and political dimensions of action research. In M. Apple (Ed.), *Review of Research in Education, 22*, 305–343.

O'Brien, J., & Forest, M. (with Snow, J., & Hasbury, D.) (1989). *Action for inclusion.* Toronto: Frontier College Press.

Oja, S. N., & Smulyan, L. (1989). *Collaborative action research: A developmental approach.* Boston: Allyn & Bacon.

Sagor, R. (1991). What project LEARN reveals about collaborative action research. *Educational Leadership, 48*(6), 6–10.

Shartrand, A. M., Weiss, H. B., Kreider, H. M., & Lopez, M. E. (1997). *New skills for new schools: Preparing teachers in family involvement.* Cambridge, MA: Harvard Graduate School of Education, Harvard Family Research Project.

U.S. Department of Education. (1998). *Twentieth annual report to Congress on the implementation of the Individuals With Disabilities Education Act.* Washington, DC: Author.

Ysseldyke, J. E., & Christenson, S. L. (1993–1994). *TIES II: The Instructional Environment System-II. A system to identify a student's instructional needs.* Longmont, CO: Sopris West.

제 7 장

공동체 협력을 통한 학습의 연계 설립

Peter E. Leone
Robert J. Evert
Karen A. Friedman

교사들은 나의 아들이 학교 과제에 관심을 기울이지 않았고 다른 아이를 때렸다고 호소했다. 나는 아들이 학교에 다닐 수 없게 될까 봐 걱정하며 살았다. 나는 우리 가족의 다른 문제에 대해 학습 상담자와의 연계하여 살펴보고 있었다. 그는 아들이 다른 아이들과 함께 재미있게 놀았던 방과 후 활동에 등록하는 것을 도와주었다. 이전에 나는 대부분의 시간을 일을 해야 했기에, 아들은 혼자 베이비시터와 있어야 했고 놀 기회가 없었다. 아이는 여전히 학교에서 문제를 가지고 있지만 그의 행동과 능력은 개선되고 있다. 나는 아이에게 "나는 너와 나에 대한 큰 꿈을 가지고 있어. 나는 일을 해야 하고 GED(General Equivalency Diploma: 미국의 고등학교를 여러 가지 사정으로 졸업하지 못한 경우에 고등학교 졸업 자격을 주는 시험으로, 우리나라로 치면 고등학교 학력 검정고시에 해당하는 제도) 수업에도 참석해야 해. 왜냐하면 그것이 좀 더 나은 미래를 위한 첫 번째 단계이기 때문이야."라고 말한다.

—Carla, 니카라과에서

저소득 가족과 이민 가족은 학교에서 그들의 아동들을 지원하고 향상시키고자 할 때 엄청난 도전에 직면한다. 비영어권 가족과 다른 집단들은 자료와 사회적 지원이 부족할 때 아동을 양육하는 능력이 떨어진다. 이런 가족, 특히 최근에 이민을 온 가족은 종종 추가적인 어려움에 직면한다–"그들은 학교 언어로 이야기하지 않는다."(Harry, 1992, p. xiii) 새로운 나라에 정착하는 과정은 물질적·정신적 대가 모두를 요한다. 가족과 그들의 아동을 돕는 것은 학교에서 정서 또는 행동 문제의 발생을 예방할 수 있고, 학업적 성취를 촉진할 수 있다. 종종 단편적인 서비스 체제는 혜택을 받지 못한 가족들의 가장 기본적인 욕구를 충족시키지는 못한다(Schorr, 1989).

이민 가족 및 저소득 가족의 학령기 아동의 욕구에 대하여, 메릴랜드 주의 몽고메리 카운티는 1990년대 초 중재 프로그램과 학습연계(Linkages to Learning, LTL)를 활발하게 시행하였다. 최근에 그 프로그램은 그 카운티의 7개 초등학교와 2개 중학교에서 아이들과 가족들에게 실시되었다. 이 프로그램은 원활한 서비스 전달 체제를 통해 재정적 지원과 음식 지원을 포함하는 사회적 서비스, 상담, 신체적·정신적 건강관리, 통역과 교육적 지원을 제공한다. 그러나 1993년 학습연계의 개시 이후 프로그램의 효능에 대해 매우 제한된 정보만 있었다(Leone, Lane, Arlen, & Peter, 1996). 이 장은 초등학교와 공동체 간의 연계와 가족들이 아동을 지원하는 것을 학습연계 프로그램에서 어떻게 지원하는지에 초점을 맞춘다. 그 프로그램의 효능 기술 외에 학교에서 학습연계를 형성하는 핵심 요소와 실행에 대해 논의한다. 이 장에서는 간단한 토론 그리고 아동과 학부모의 결과 평가, 그리고 학부모 만족도 평가를 결론짓는다.

광역 지역의 학습연계

1995년에 미국 교육부의 지원으로 메릴랜드대학교의 연구자들은 광범위한 초등학교 지역의 연계 프로그램을 개발하기 위해 몽고메리 카운티의 공립학교와 몽고메리 카운티의 건강과 인간 서비스, 그리고 몇몇의 사립기관과 함께 협력했다. 교육부의 인가는 저소득층 학생과 그들의 가족에게 정서·행동장애의 발달을 예방하기 위해 직접적인 서비스에 자금을 제공하고 평가 프로그램을 지원했다(Fox et al., 1999 참조).

광역 지역의 초등학교는 유치원부터 5학년에 걸친 아동들을 다룬다. 학교는 현지의 헤드스타트와 데이케어 프로그램 모두를 가지고 있다. 그 학교에는 2개의 자급자족 특수교육 학급이 있다. 학습연계 프로그램이 시작된 시점에 광역 지역의 전체 학생 수는 505명이었다. 광역 지역 학생의 약 95%는 그 학교를 걸어 다닐 수 있는 거리에 살고 있다.

광역 지역은 지역 공립학교 체제 안에서 가장 이동률이 높은 곳 중 한 곳이다. 대체로 30~40%의 학생들이 주어진 학년 안에 전학 오거나 전학을 간다. 광역 지역은 또한 40개국, 10개의 언어 이상을 나타내며, 문화적으로 다양한 학생들이 있다. 광역 지역 공동체의 약 75%의 학부모들은 최근에 이민을 온 사람들이다. 학생들의 55%는 스페인계, 27%는 아프리칸 아메리칸, 18%는 아시아인, 1%가 카프카스 백인종이다. 1998, 1999학년도에는 32%의 학생들이 ESOL(English for Speakers of Other Languages) 서비스를 받았다.

광역 지역 공동체는 문화적으로 다양하지만, 경제적으로 매우 소외되어 있

처음 연계 프로그램에 대해 배울 때, Marie는 3명의 학령기 아동을 둔 미혼모였다. 그녀의 딸은 병원에 있었고, 그녀는 개인적 이동수단이 없었으며, 그녀가 데려다 주는 아들은 "학교까지 울면서 간다." Marie의 아들은 2년간 개인별 상담을 받았고 학부모 지원 집단에 참석했다.

Thao와 Tran은 2명의 아들을 데리고 베트남에서 이민을 왔다. 이 학부모는 영어를 배우는 데 어려움이 있었고, 저소득 직업에 종사했다. 형이 학업적·행동적 어려움을 보일 때, 베트남 보조교사가 그 가족과 연계 프로그램을 적용했다. 통역자를 통해 어머니는 나중에 "상담 없이, 영어 학급, 편지와 문서 번역, 의사 면담은… 나는 절망에 빠질 거예요…."라고 말했다.

다. 1998, 1999학년도에 90%의 학생들이 종종 가난을 의미하는 데 인용되는 무료 축소 식사(Free and Reduced Meals, FARMS) 대상이 되었다. 1996년 봄 학기에 인터뷰한 학부모 96명의 평균 연간 소득은 12,000~20,000달러(원화로 약 1,200만~2,000만 원) 정도인 것으로 보고되었고, 단지 2%의 부모만이 연간 가족 소득이 35,000달러 이상인 것으로 보고되었다. 앞의 글 상자는 연계 프로그램을 적용받는 가족의 예이다.

아동과 가족을 위한 서비스

광역 지역의 정신건강, 사회, 교육, 건강 서비스는 학습연계를 통해 아동과 가족들에게 제공된다. 정신건강 서비스는 사정, 개인 상담과 단체 상담, 학부모를 위한 지원 집단, 교사를 위한 직원 확충을 포함한다. 사회 서비스는 번역, 이동 보조, 가정 도우미, 방과 후 그리고 여름 오락 프로그램, 다른 기관과의 연결 지원 등을 포함한다. 교육 지원은 아동의 교수와 멘토링에서부터 부모를 위한 영어와 컴퓨터 교양의 어른 교육 학급과 집단에까지 이른다. 또한 학생들은 청력과 시력 진단, 응급 처치, 면역, 위탁, 실례 관리와 같은 연계를 통하여 기본적인 건강관리 서비스를 받았다. 기본적 정신건강, 사회적 서비스, 교육, 건강 서비스 이전에, 학부모에 의해 확인된 욕구는 각 학기마다 이용 가능한 지원의 범위에 반영되었다.

그 프로그램이 가장 강조하는 것은 학교에서 성공할 수 있는 그들의 능력을 방해하는 아동의 사회적·정서적 건강 문제를 예방하고 감소시키는 데 있었다. 아동에게 위험한 요소를 감소시키는 과정의 한 부분으로 그들의 가족을 지원하고, 가족이 독립적으로 아동 프로그램을 도울 수 있도록 지원과 기술을 제공하는 것을 포함한다(Oppenheim & Evert, 2000).

문제 분석, 프로그램 개발과 핵심 프로그램 요소

몇몇 핵심 요소는 광역 초등학교 지역에서 연계 프로그램을 실행한다. 그 핵심 요소는 (a) 안정적이고 일정한 자금, (b) 자원의 중요한 매체, (c) 직원들끼리의 교육적 능력, (d) 협력교육 프로그램을 포함한다. 이런 프로그램의 특징은 연계 스태프들과 지역 학교 직원들 간의 효과적인 협력 관계를 가질 수 있는 것이다. 이런 근본적인 핵심 요소는 문제 관리, 갈등 해결 활동, 근본적 측면의 프로그램 개발이 적당한 단계(실행 단계, 프로그램 단계, 체제 단계)(Eber, 1997)의 실시로 지시되어야 한다. 실행 단계는 연계 직원, 아동과 가족, 학교 직원들 간의 상호작용을 포함한다. 프로그램 단계는 정책, 이해, 가족의 이웃, 학교 행정과 연계 지도자 간의 상호작용을 뜻한다. 체제 단계는 직접적 서비스 제공자의 상위 관리, 카운티의 정책적 지도자, 사회 서비스 기관과 공립학교의 지도부를 포함한다. 공동체를 토대로 한 협력 관계 수립의 프로그램 성공은 적합한 단계에서 관리되는 문제에 있다.

적절한 단계에서 문제를 말하는 것을 배우는 다른 예는 다른 기관과 학교가 보고하는 요구를 어떻게 충족시키는지를 해결하는 것을 포함한다. 각각의 체제는 다양한 자료 관리 도구를 사용했다. 보고는 지원 서비스를 대상자에게 실시하는 가치 있는 시간을 보낸 힘든 과정이었다. 학교와 참여하는 기관 모두는 매달, 매년 아동과 가족 서비스와 프로그램의 실시에 대한 자료를 필요로 한다. 시작 단계에서 체제 단계의 협력적인 자료 관리 과정을 고안하는 것, 각 기관의 공동 목표와 결과를 결정하는 것, 직업을 위해 필요한 자원과 사무원의 지지 모두를 확인하는 것은 프로그램과 실행 단계에서 직원들의 걱정거리와 짐을 덜어 줄 것이다.

핵심 요소

프로그램 실행을 형성하는 첫 번째 핵심 요소는 안정적이고 일정한 자금이다. 왜냐하면 연계 프로그램을 위한 지원 자원은 몇몇 다른 자원으로부터 나오기 때문에 이 핵심 요소를 성취하고 유지하기가 쉽지 않았다. 이 프로그램은 광역지역에서 시작되었기 때문에, 학교 지역의 재정 기부는 무엇보다 먼저 사회 서비스 기간에 첫 연계 트레일러를 구입했던 연계 사무실을 유지하는 것으로 이루어졌다. 연계 프로그램의 한 부분인 건강센터는 4년간의 체제 단계 정책의 올바르지 못한 모험과 연기 후에 완성되었다. 이 문제 방향으로 주목하게 했던 체제 단계의 지지자들이 근본적이다. 집안이 좋은, 이전의 광역 지역 교장의 노력은 학교 지역과 사회 서비스 기관 간의 자원과 책임 문제를 해결하는 것을 도왔다.

프로그램 자금의 몇몇 측면은 당연하지만, 기관과 제공자 간의 충돌은 가끔 프로그램의 안정성에 도전했다. 광역 지역의 연계 직원들의 봉급은 메릴랜드 인가의 하도급 계약을 통해 지불되고, 건강 서비스에는 Robert Wood Johnson의 인가를 통해 지불되었다. 그러나 정신건강 서비스 연계를 제공하는 개인적 하도급 계약자들의 지불 청구 기간을 증가시키고자 하는 욕구와 가족에 의해 자원의 최대 사용을 촉진시키고자 하는 프로그램 직원의 시도 사이에는 긴장이 존재했다. 정신건강 연계 팀(개인적 계약자에 의해 고용된)은 그것이 서비스의 충분한 요금을 산출할 수 없기 때문에 목표화된 경비를 충족시킬 수 없다. 개인적 계약자의 수입 예측은 저소득 가족에게 서비스하는 학교기초센터에 적합하지 않은 외래 환자 클리닉 모델을 기준으로 한다.

연계 직원, 학교 직원과 제공자 간 프로그램의 재정적 안정성을 제공하기 위해 협력 관계를 창조하고 유지하는 데 많은 시간이 소모되었다. 메릴랜드대학교의 외부 자금 인가가 끝남에 따라 서비스 요금 사금이 안정되고 연간 총수입에서 대략 30,000달러 정도를 산출하였다. 동시에 연계 직원은 이전에 대학교에 의해 지원됐던 자금을 얻고 보충하기 위해 몽고메리 카운티에 요청했다. 개인적 정신건강 기관은 새로운 자금 단계가 너무 낮아 프로그램 평가에 의해 증명되었던 아동과 가족을 위한 긍정적인 결과를 보장할 수 없기 때문에 프로그램을 떠나기 며칠 안에 왔다(이 장에서 이후 토론한다). 자금 간청의 해결책은 결국 외부 인가를 통해 지원되었던 이전의 단계에서 새로운 지역 자금을 가진 광역 지역의 프로그램에 자금을 제공하는 카운티 행정관과 기관장에 의한 결정을 포함했다. 안정적이고 일정한 자금은 광역 지역 연계 프로그램의 핵심 요소였지만, 이것을 성취하고 아동, 가족, 직원을 위한 프로그램의 안정성을 제공하기까지 4년이 걸렸다.

두 번째 핵심 요소는 결정적인 매체 자원이다. '결정적인 매체'라는 용어는 프로그램 실시의 근본적인 자원 단계를 제시한다. 예를 들어, 우리는 상대적으로 추가되거나 빼는 소량의 자원이 불균형적으로 프로그램에 큰 영향을 끼친다는 것을 발견했다. 우리는 자산의 다른 형태와 배치가 효과적인 서비스 배달에 결정적이었다는 것 또한 발견했다.

사무실 공간은 중요한 자산이다. 충분한 사무실 공간을 구하는 것 자체가 어려운 여정이었다. 그 프로그램의 4년에 걸쳐서 정신건강과 사회 서비스 요소의 연계는 트레일러에서 반영구적 구조인 2개의 임시 학급으로 이동되었다. 프로그램이 이동할 때마다 우리는 좀 더 많은 공간을 얻었다. 그러나 건강 직원과 함께하는 최근의 사무실로 이동했을 때, 처음에 우리는 매일매일 같은 사무실에서 건강 직원들과 함께 일을 했다. 작업 공간의 이런 재배치는 사회 서비스, 정신건강, 학교 건강 직원 간의 협력에 있어서 극적인 변화를 만들었다. 정책과 절차가 명확하였고, 의사소통이 개선되었으며, 가장 중요한, 학부모와 아동의 체제 서비스에 대한 훨씬 더 효과적이고 협력적인 접근이 가능했다. 마지막 이동은 건강 직원이 학부모가 필요로 하는 사회복지 활동원 또는 치료사와 함께 이야기하기 할 때 동행하는 것을 좀 더 쉽게 했다. 건강과 정신건강 직원들 간의 상담과 의뢰가 증가함에 따라 그 프로그램은 다른 핵심 요소인 협력적인 프로그램 문화를 확장하고 강화시키는 기회를 가졌다. 인접하는 사무실 공간에 건강, 정신건강, 그 프로그램의 사회 서비스 측면을 배치하는 것은 사무실 공간을 이중으로 쓰는 것보다 프로그램에 훨씬 긍정적인 효과를 만들어 냈다.

실행 단계에서의 주변 직원 배치는 좀 더 본질적이다. 광역 지역의 연계 프로그램 직원의 한 가지 핵심 자산은 자격을 갖춘 클리닉 사회사업가와 심리학자를 파트타임으로 고용하는 능력이다. 직원으로 이런 정신건강 구성원을 두는 것은 프로그램에 경험과 전문적 지식을 제공하고, 사회사업과 심리학 모두의 프로그램에 졸업생 인턴을 두는 것을 가능하게 만들었다. 실시 4년 안에 4명의 인턴은 프로그램의 사례 관리와 클리닉 직원의 시간을 주당 64시간으로 증가시켰다. 인턴은 또한 민족의 다양성, 직원의 언어 능력을 증가시켰다. 견습생 또한 프로그램에 에너지, 열성, 생기를 가져다주었다.

게다가 프로그램을 위한 결정적인 매체를 의미하는 사무실 공간과 직원 배치, 다른 근본적인 요소들은 사무실 장비와 정책적 능력이다. 이런 자원을 획득하고 유지하는 것이 과제였다. 예를 들어, 프로그램이 임시 공간에서 다른 공간으로 이동하였을 때, 우리는 전화기, 팩스, 복사기, 컴퓨터와 같은 핵심 사무실 자원을 얻고 잃는다. 처음에는 직원들이 기증받은 중고 컴퓨터와 다른 장치들, 대여 전화기를 가지고 꾸려 나가야 했다. 그 프로그램이 영구적인 사무실 공간으로 이사 갔을 때, 직원들은 매달 사무실 물품 할당액을 TV와 VCR, 프로젝터, 새로운 컴퓨터를 사는 데 충분한 돈을 저축했다. 때때로 직원들은 일을 완수하기 위한 그들의 능력에 심하게 손상을 입었다. 이런 상황은 직원들 간에 높은 수준의 좌절, 사기 저하, 무력감을 불러일으켰다. 만약 새로운 곳에 서비스를 시작하는 시도를 하기 전에 그 프로그램을 운영하기 위해 필요한 이런 자원과 토대에 대한 동의가 협력 기관에 의해 발생되지 않았다면 이런 문제들이 생기지 않았을 것이다.

정치적 능력을 살펴보면, 이 프로그램은 학교 교장과 카운티 정치인을 통해서 그 프로그램을 진척시킬 결정적인 자금과 자금 절차를 획득할 수 있다. 학습 프로그램 연계가 광역 지역에서 시작했을 때, 카운티는 다른 3개의 연계 장소에 자금을 주고 있었고 새로운 프로그램을 위해 자금을 좀 더 배분할 수 없었다. 학교 지역은 교육기관으로서 아동들이 교육받는 것을 확실히 하는 것을 그들의 근본적인 책임으로 보기 때문에 사회적 서비스를 위한 지원을 제한한다. 메릴랜드대학교가 연구 허가를 받았을 때, 직원을 위한 자금은 지원되었지만 광역 지역 프로그램을 위한 공간은 없었다.

역사적으로 광역 지역의 학교 연결 서비스 프로그램은 1995년 3월에 개인적 자금으로 건강센터를 시작하기 위한 것이었다. 건강센터를 위한 자금 조달에 실패했을 때, 학교 지역으로부터의 인가를 가진 교장은 진료 때마다 지불하는 것을 기본으로 아동과 가족에게 치료를 제공하기 위해 방과 후 광역 지역으로 치료사들을 보내기 위해 지역 사적 비영리 기관을 초대했다. 건강센터에 착수하는 계획이 실패한 후 몇 개월 동안, 그 학교는 메릴랜드대학교의 인가를 통해서 연계 센터를 위한 부분적 자금을 받았으며, 그때까지 학교에서 일했던, 진료 때마다 지불받는 자격을 갖춘 클리닉 사회사업가를 두었다. 연계 프로그램의 평가를 위한 아동과 가족의 최초 신규 모집은 1995년 9월에 시작되었지만, 서비스 배달은 임상의와 사회복지 사업원을 위한 공간 없이 시작할 수 없었다. 광역 지역 교장과 핵심 정치인들로부터의 많은 전화 요청 후 건강인간사업부가 건립되고, 학교 밖에 트레일러를 만들었다. 광역 지역 연계의 첫 4년 동안 많은 중대한 시기에 그 프로그램의 성공적인 정착 여부는 체제 단계에 정치적 능력의 결정적 매체와 거기에 접근하는 교장의 능력이었다.

연계 프로그램의 세 번째 핵심 요소는 문화적 능력이다. 문화적 능력은 2개 국어를 하는 직원을 가지는 것 이상으로 확장한다. 그것은 우위적인 미국 문화와 프로그램을 제공받는 많은 가족의 고배경 문화 간의 차이점을 각성하고 이해하는 것을 포함한다. 예를 들어, 고배경 문화에서 의사소통은 그들이 인지하고 이해하고 존중하는 방법으로 다른 사람들과 연결하는 것을 포함한다. 이것은 그들을 돕거나 함께 일하기 위한 필수 조건으로 존중을 나타내고, 가족과 협력 관계를 환영하는 것을 의미한다. 이런 관점으로부터 학부모가 프로그램 자원을 사용하기 전에 필요한 단계는 신뢰 있는 협력 관계를 형성하는 것이다. 신뢰를 발달시키는 것은 비공식적으로 개인과 이야기를 하고, 종종 정해지지 않은 시간에 이야기하는 것을 요구한다. 고배경 문화의 가족들은 다르게 의사소통하기 때문에, 우리는 가족과 함께 근본적인 협력 관계를 구축하는 데 시간이 걸린다는 것을 알게 되었다. 고배경 문화에서 협력 관계와 환경의 비구어적 의사소통은 모두 중요하다. 프로그램 단계에서 문화적 능력은 가족과 의사소통하고 협력 관계를 구축하는 데 유동성 있고 민감하게 구조화된 시간을 의미했다. 그것은 학부모에게 프로그램 서비스에 대해 알리기 위한 광고지, 편지, 소식지보다 학교 밖에서의 전화 통화, 가정 방문, 비공식적인 연결을 좀 더 신뢰한다는 것을 의미했다.

프로그램으로서 문화적으로 능력이 있다는 것은 연계 사무실이 학부모가 방문하기에 자유로운 평일 밤이나 주말에 열려 있어야 한다는 것을 의미했다. 그러나 기회가 주어졌을 때 학부모와 함께 시간을 보내는 것은 학교 직원과의 예정된 약속에 혼란을 준다. 필요에 의해서 대부분의 학교 문화는 매우 저배경적이고 아주 예정적이다. 고배경 문화의 학부모에게 민감하기 위해 프로그램을 구조화하다 보면 학교 직원과 연계 직원 간의 정기적이고 예정된 모임에 문제를 촉진시킬 수 있다. 실행 단계에서 이런 현상의 예는 교사가 학부모-교사 모임을 예정할 때, 학부모가 연속적으로 30분 늦게 도착할 때이다. 교사는 다음 학부모에게 불편함을 주지 않게, 늦게 온 학부모와 원활한 대화를 하지 못하고 모임을 다시 잡기 위해 친절하게 말한다. 그 학부모는 메시지 내용 때문이 아니라 대화의 간결함 때문에 아마 내쫓긴다고 느끼면서 걸어 나간다.

연계 직원은 문화 적응과 문화 능력 문제에 대해 학교와의 상담과 현직 연수를 위해 매주 2시간 직원 모임을 사용했다. 예를 들어, 연계 직원은 학부모, 교사, 교장을 포함하여 모임에 참여했다. 이런 상황은 문화적 차이(고배경 대 저배경)가 몇몇 가족과의 잘못된 의사소통의 진행을 어떻게 풀어 내는지를 교장 및 학교 직원들과 함께 토론할 기회를 만들었다.

협력적 문화의 직원 참여는 연계 프로그램의 네 번째 핵심 요소이다. 협력적 문화는 고객을 위한 예상된 결과 관점의 공유와 공통의 목표에 도달하기 위해 함께 일하는 것의 참여를 포함한다. 바꿔 말해서 협력적 문화는 고배경 문화이다. 협력적인 프로그램은 동등한 노력이 협력 관계의 네트워크와 같은 고배경 의사소통을 통해서 이루어진다는 것을 의미한다.

구조 안의 모든 직원들이 같은 문화적 배경을 공유하고 같은 구조화된 문화 내에서 일할 때 협력적 문화의 요구가 적다. 그러나 직원이 문화적으로 다양하고 다른 구조화된 문화(학교, 아동 복지, 개인 사업가 등등) 출신일 때 협력 프로그램 문화는 근본적이다. 구조화 내의 팀이 다문화적일 때, 그 팀은 문화적으로 능력이 있어야 한다. 학습연계는 다른 구조화된 전문적 문화로부터의 직원이 다른 민족적 배경의 고객에게 서비스하는 것을 포함했기 때문에 협력 문화는 근본적이었다. 연계로 진전되었던 협력적 문화는 다른 민족적 배경 출신의 가족과 아동에게 반응하는 것과, 다른 전문적 구조화된 문화 출신의 프로그램과 학교 직원에게 반응하는 것을 포함하였다.

광역 지역의 협력적 문화가 발달됨에 따라, 연계 직원은 학교에서 교사가 경험하는 전망, 요구, 스트레스를 이해하는 것을 배웠다. 게다가 학교 직원은 연계 치료사와 사례 관리자가 할 수 있고 할 수 없는 것에 대한 현실적인 예상과 고객과 치료사 간 비밀의 중요성에 대한 이해를 전개시켰다. 연계 직원과 학교 직원들은 협력 문화 내에서 결정적 단계를 위해 의뢰 절차, 통합교육, 정신건강 팀, 동등한 정책을 해결했다. 직원이 다른 직원을 신뢰하지 못하고 자원을 위해 경쟁을 해야 한다고 느꼈던 환경에서는 이런 일이 일어날 수 없다. 시간이 지나면서 연계 치료사들은 매주 학교에서 가지는 교육지원 팀 모임에 참여했고, 연계 지역 조정자는 학교계획위원회의 일원이 되었다. 연계 직원들은 정기적으로 학교에서의 학부모 프로그램을 조정하기 위해 그 모임에 참여하고, 교장은 연계자문위원회의 한 일원이 되었다. 직원 모두 비전과 임무 진술을 발달시키기 위해 각각의 다른 모임에 참여했다.

매 학기 말에 연계 직원과 학교 직원들은 의사소통을 촉진하기 위해 연간 평가의 한 일환으로 만났다. 이 모임에서 직원들은 학교 또는 연계 프로그램의 직원들이 얼마나 잘 그들의 기대를 충족시켰는지를 평가하기 위해 질문을 받는다. 이 모임에서 각각의 직원들이 결정적이고 긍정적인 피드백을 보였을 때, 다른 직원들은 질문 없이 조용히 경청했다. 토론 후에 공통적 의견이 확인되었고, 모든 직원들은 다음 학년 동안 해야 할 상위 3개의 우선시되는 일을 채택했다. 학교와 연계 직원 간의 협력적 문화를 건립하는 데는 몇 년에 걸쳐서 대위원회의 시간을 필요로 한다. 피드백 회의, 재치료, 팀 모임을 통한 협력 관계의 형성과 유지를 위해 할당된 결정적인 매체의 시간 없이는 협력적 문화의 형성이 어려울 것이다.

그 프로그램의 결정적 측면은 학부모와 함께하는 협력적 문화이다. 연계 직원은 먼저 문화적으로 충분한 면으로 그 프로그램을 구조화함으로써 그들과 함께 협력 관계를 만들었다. 1996년 가을, 우리는 학부모를 위한 3개의 공개 토론회를 열었다. 학부모들은 그 프로그램을 만드는 데 참여하지 않았지만 그것의 성장에는 영향을 미칠 수 있었다. 세 가지 토론 모두에서 학부모들은 그 프로그램이 영어 수업과 컴퓨터 교육을 제공하기를 원한다고 말했다. 영어 수업은 그해에 구조화되었고, 컴퓨터 교육은 그 프로그램이 학부모를 교육시킬 컴퓨터를 가진 후에 발달하였다. 학부모자문위원회가 출범하였지만, PTA와 자문위원회의 역할에 대한 혼란은 자문위원회를 해산시키는 결과를 초래했다. 그러나 학부모는 그 프로그램의 측면에 대한 피드백을 주는 중심 집단에 참여하기를 주기적으로 요청받았다. 학부모와 함께 협력적 문화를 발달시킬 때, 연계 직원은 먼저 학부모와 그들의 요구를 경청하려고 노력했다. 그 중에서도 특히 직원들은 그 나라 언어를 배우기 위해 그들과 함께 일했다. 우리는 '학교 언어'를 그들이 배우는 것을 도왔다. 그들은 우리에게 그들의 경험의 언어를 가르쳐 주었다.

다음 절에서는 학습연계 프로그램의 광대한 평가를 간단하게 기술한다. 그 정보는 중재의 효과성을 증명한다.

아동과 가족의 학습연계 효과 평가하기

아동과 가족의 학습연계 프로그램의 효과를 사정하기 위해서 우리는 광역 지역을 다른 초등학교와 비교했다. 그 프로젝트 중간쯤에 우리는 또한 그 프로그램을 서비스 받는 가족의 대표자인 여덟 가족을 인터뷰했다. 이 장에서 보고되었던 결과는 마지막 보고에서 제시된 자금과 학부모 만족 연구로부터의 자금으로 요약된다(Fox ct al., 1999 참조).

평가계획은 광역 지역의 아동 및 가족과 비교하거나 또는 제한 학교와 비교했다. 4년에 걸쳐서 총 119명의 아동과 69명의 학부모가 평가의 부분이었다. 견본은 연계가 광역 지역에서 시작되기 직전에 모아졌던 것과 3년 후의 자료로부터의 가족들로 이루어져 있다. 연계 서비스를 받는 아동과 가족 수의 상대적 작은 크기의 견본은 비정상적으로 실험 학교와 제한 학교 모두에서 높은 이동률을 나타낸다. 이 프로젝트는 비교 학교 연구로 설계되었기 때문에, 우리는 두 학교 모두의 아동과 가족들이 많은 공통의 특성을 공유할 것이라고 예상했다. 불행하게도 주요한 차이점이 있었다. 민족성, 수업 수준, 교육, 미국에서의 기간에 차이가 있을 뿐 아니라 다른 학교 전반의 인구통계학적 차이 또한 발견되었다. 일반적으로 광역 지역 실험 학교는 제한 학교보다 사람들에게 어려움의 큰 위험을 제공했다. 제한 학교는 그 프로젝트를 위한 연구자에 의해서가 아니라 공립학교 행정가들에 의해 선택되었다. 광역 지역과 좀 더 닮은 인구통계학적 도표를 가진 다른 초등학교는 선택되지 않았다. 왜냐하면 그들은 어느 정도 다른 특수 프로그램과 보충 서비스를 받고 있었기 때문이다.

연계 평가에 참여하는 것을 거절했던 많은 학부모들은 그 프로그램의 일부였으며 그들과 아동들은 연계 서비스를 받았다. 평가에 참여하는 아동과 가족에 대한 분석과 참여하지 않은 아동과 가족에 대한 분석은 어떤 측정에서 중요한 차이를 나타내지 않았다.

아동 행동 문제의 측정과 사전검사에서의 학업 수행은 광역 지역의 아동들이 제한 학교의 아동들보다 좀 더 어려움을 가지고 있는 것으로 보였다. 예를 들어, 교사들은 광역 지역의 학생들이 제한 학교의 학생들보다 학급에 방해가 되고, 학습에 좀 더 어려움을 가지고 있으며, 부족한 집중력과 같은 행동을 좀 더 실행한다고 증명했다는 것을 우리는 발견했다. 어머니들은 광역 지역의 아동들이 제한 학교의 아동들보다 공격성, 우울증과 같은 좀 더 전체적인 문제행동을 보인다고 증명했다. 그리고 광역 지역 학생들은 수학, 읽기, 쓰기 능력 측정에서 좀 더 부족한 학업 수행을 보였다.

과정

프로젝트 첫해 가을 동안, 학습연계 평가 프로젝트에 대한 정보는 실험 학교와 제한 학교에 다니는 K–2학년 아동을 둔 모든 학부모들에게 배분되었다. 2개 국어를 하는 직원은 정보 광고지를 배분했고 학부모 모임, PTA 기능, 다른 학교 활동에 대한 질문에 대답했다. 모든 광고지와 동의서는 영어, 스페인어, 베트남어로 이용 가능했다. 추가적으로 K–2학년 교사들은 그들 학급에 있는 모든 아동들에게 동의서와 교장에게 받은 승인서를 배분했다. 아동과 학습연계 평가에 참여하기로 동의한 학부모나 보호자는 매년 인터뷰를 하고 평가되었다.

추가적으로 교사들은 매년 2개의 질문지를 완성하도록 요청받았고, 프로그램에 참여하는 각 아동의 행동을 평가하도록 요청받았다. 연구도구에 대한 요약은 제10장에서 볼 수 있다.

정서·행동 결과의 학부모 보고. 광역 지역 학부모는 3년에 걸쳐서 아동의 부정적인 행동의 의미 있는 감소를 보고했다. 감소는 아동 행동 체크리스트의 외면화와 내면화 세부 항목 모두에서 보고되었다. 그 프로젝트를 시작하기 전에 광역 지역의 아동들은 제한 학교의 아동들보다 좀 더 부정적인 행동을 나타냈다. 3년이 지날 무렵, 광역 지역 아동들은 제한 학교 아동들보다 부정적인 행동을 덜 보였다. 이것은 연계가 학부모가 보고한 문제행동의 보급에 학교 전반에 긍정적인 영향을 끼쳤음을 시사한다.

서비스에 의한 CBCL 점수의 차이. 우리는 또한 세 집단의 아동들 간 차이를 평가했다. 우리는 제한 학교의 아동들, 연계를 통해 직접적인 서비스를 받는 광역 지역 아동들, 서비스를 받지 않는 광역 지역 아동들을 검사했다. 시간이 흐르면서 우리는 CBCL의 내면화와 외면화 하부 항목 모두에서 세 집단 간에 의미 있는 차이점을 발견했다. CBCL에서 가장 높은 점수를 받은 아동들은 연계 서비스를 받는 아동들이었다. 이것은 서비스를 가장 필요로 하는 아동은 서비스를 받았던 아동임을 시사한다. 서비스를 받고 있는 아동들의 외면화 문제 점수는 같은 학교에서 서비스를 받지 않는 아동들보다 평균 2점이 더 높았고, 제한 학교의 아동들보다는 4점이 더 높았다.

연구가 끝날 무렵, 학부모가 보고한 광역 지역에서 서비스를 받는 아동들의 문제는 제한 학교의 아동 수준으로 떨어졌다. 우리는 서비스를 받지 않은 광역 지역 아동들 또한 학부모가 보고한 문제행동에서 극적인 감소를 보였다는 것을 발견했다. 사실상 이 집단의 감소는 서비스를 받는 아동들보다 특히 내면화 하부 항목에서 심지어 훨씬 컸다. 이 발견은 학습연계 프로그램이 학교의 감정적인 분위기에 영향을 끼침을 시사한다. 심지어 서비스를 직접적으로 받지 않은 아동의 학부모들은 아동 행동의 의미 있는 개선을 보고하였다. 아마도 문제행동을 가진 이런 아동들은 서비스를 받는 아동들보다 덜 심각하고 덜 확립되어 있으며, 심지어 중재의 최소 단계에서 행동적 이익을 좀 더 창출할 것이다(예: 학교에 프로그램의 존재, 교사 또는 학부모 태도에 대한 프로그램의 영향 등). 증거 또한 광역 지역에 정서·행동장애를 가진 몇몇 학생들이 학교에 남을 수 있었고, 특성화되고 분리된 치료 프로그램에 배치되지 않았음을 시사한다.

정서·행동 결과의 교사 보고. 학급에서 아동의 행동에 대한 자료는 교사-아동 비율 척도(Teacher-Child Rating Scale, T-CRS)를 이용함으로써 교사로부터 수집되었다. 교사들은 매년 자신들이 관찰한 학생들 간 행동의 강약을 기록하기 위해 체크리스트를 완성했다. T-CRS 집단은 긍정적·부정적 행동을 기록한다. 부정적 행동은 학급에서 방해하기, 부족한 동기부여, 반항적인 행동과 같은 것을 포함한다. 긍정적인 행동의 예는 실패에 잘 대처하고, 다른 아동의 감정에 민감하며, 좌절을 잘 참아 내는 것을 포함한다. 우리의 평가는 부정적 행동 집단들 간에는 차이를 발견했으나 긍정적 행동 집단들 간에는 차이를 발견하지 못했다.

전반적으로 제한 학교의 아동들은 나이를 먹음에 따라 부정적인 행동이 증가했다. 반면에 실험 학교의 아동들은 좀 더 위험 요소를 가졌음에도 불구하고 유사한 경향을 보이지 않았다. 한 가지 가능한 설명은 초등학교 학년이 올라갈수록 학급이 좀 더 구조화된 환경이 된다는 것이다. 부정적 행동은 학업적·행동적 문제의 위험을 가진 아동들 사이에서는 특히 좀 더 뚜렷해진다. 아동들이 나이를 먹음에 따라 행동을 따르게 하기 위한 교사들의 기대가 좀 더 높아지는 것 또한 가능하다. 학업적으로 뒤떨어질 때, 아동들은 좀 더 행동을 보이며 반응할 것이다. 그런 행동은 학업적 어려움으로부터 전환하려는 시도일 수 있고, 또한 좌절, 화 또는 부족한 자아상의 표현일 수 있다.

정서적 결과의 아동 보고. 아동은 정서적 행복에 대해 질문을 받았다. 이 측정을 위해 아동들은 자신이 경험한 불안, 우울, 주의산만, 부족한 자부심의 정도를 나타냈다. 평가를 시작할 때에는 제한 학교의 아동들에게서 정서적 고통이 의미 있게 낮은 단계로 보고되었고, 광역 지역과 비교했을 때 각각 의미 있는 차이를 보였다. 그러나 3년의 기간 동안 광역 지역 학생들 간의 고통의 단계는 안정성을 유지하였고, 반면에 제한 학교 아동들의 점수는 광역 지역 아동들의 고통 점수를 능가하면서 의미 있게 증가하였다.

우리는 제한 학교 아동들 간의 고통 증상의 증가에 대한 이유를 추측할 수 있다. 성숙하고 자기인식이 더욱더 발달됨에 따라 아동들은 슬픔, 불안, 낮은 자아개념과 같은 내적 경험을 좀 더 보고할 수 있고, 보고하는 경향이 있다. 학령기 아동이 경험하는 공통적인 스트레스는 학습 면에서의 성공, 사회적 용인, 이혼과 같은 가족적 요소와 관련된 것을 포함한다. 첫 학기 몇 년 동안 문제행동을 보일 때, 정서장애에 대해 많은 아동들은 먼저 특수교육 서비스로 보내진다. 반면에 우리는 두 학교 모두의 아동들이 유사하게 스트레스와 같은 영향에 상처 받기 쉽다는 것을 예상할 수 있지만, 제한 학교의 아동들만 시간이 지남에 따라 고통 단계에 증가를 보인다. 이 발견은 광역 지역 연계가 정서적 고통의 증가에 대항하여 보호적 요소로 제공됨을 시사한다.

학업적 결과. 광역 지역의 두 집단 내에서 아동의 수행이 달랐다. 연계 서비스를 직접적으로 받지 않은 아동들이 수학 수행 점수는 좀 더 높게 시작했지만, 연구가 끝날 무렵, 지금 서비스를 받는 아동들이 받지 않은 집단 또래들의 수행 점수에 다가가는 성과를 이루어 냈다.

수학 수행에 대한 학습연계 프로그램의 이런 긍정적인 영향은 수행 측정의 하부 항목인 읽기 또는 쓰기에서는 발견되지 않았다. 한 가지 중요한 고려 사항은 광역 지역의 의미 있는 아동 수가 영어 기량에는 제한을 보이고, 그 영어 기량은 황당한 읽기와 쓰기 점수를 나타냈다는 것이다. 수학은 언어에 덜 의존적이기 때문에 수학 점수는 이런 요소에 영향을 덜 받을 것이다.

학부모 결과. 학부모 실행의 평가는 광역 지역의 연계 서비스를 받는 학부모들이 시간이 지남에 따라 부모 훈련 기술의 일관성에 가장 큰 성과를 나타냈음을 보였다. 반면에 제한 학교의 학부모들은 약간의 증가를 보였다. 우리는 또한 그 프로그램의 학부모 만족과 그들의 욕구를 어느 정도 충족시켰는지를 검사했다. 우리는 학부모와 일련의 인터뷰를 수행했고 그들이 가장 유용하다고 생각한 프로그램의 측면을 확인했다(Meisel, 1997). 일반적으로 학부모들은 그 프로그램에 아주 만족했다. 그들은 아동의 개선된 학업적·행동적·사회적 기술을 확인했고, 학교 직원과의 개선된 의사소통, 그 프로그램의 가장 중요한 결과로서 개선된 부모 훈련 기술이 있다. 학부모는 개인과 단체 상담, 학업적 교수, 방과 후 활동, 여름 활동이 아동이 받은 가장 중요한 서비스였다고 말했다. 스스로 학부모는 영어 수업, 다른 사회적 서비스 기관에의 접근, 부모 훈련 수업이 가장 유용했다고 보고했다.

그 프로그램의 만족도에 대한 질문에 대답하면서 한 학부모가 "연계 서비스는 우리 딸에게 아주 많은 도움이 되었다. 딸은 혼날 때 자해를 하거나, 종종 형제, 급우들과 싸웠어요. 딸은 상담을 받았고, 나도 상담을 받았습니다. 지금 우리의 삶은 좀 더 부드러워졌어요."라고 말했다. 그리고 "나는 몇 번의 약속만을 하지만, 나는 많은 시간을 학교에 있기 때문에 항상 연계 직원을 만나는 것처럼 느낍니다. … 그래서 나는 약속 없이도 몇 분간 그들과 이야기를 할 수 있고 그런 방법으로 간단한 것은 해결합니다."라고 말했다.

공동체 협력 관계. 아동의 사회적 행동이나 학업 수행에 있어서 변화보다 정량화하는 데 좀 더 어려운 또 다른 결과는 학습연계 프로그램으로 발달시킨 협력 관계를 포함한다. 개인적 정신건강 기관에 추가적으로, 공립학교와 사회 서비스 기관, 연계 직원이 발달했고, 미국·베트남 교수연합, Bikes for Tykes, MANNA Food Bank, 지역 사업, 몇몇 지역적 모임과 같은 집단과 함께 지속적으로 협력 관계를 발달시키고 있다. 이런 협력 관계는 연계 가족에게 추가적인 연계와 지원, 기회를 제공한다. 계획 단계에서 컴퓨터 회사와 협력 관계를 맺고, 그 회사는 숙련된 기술자의 훈련과 고용에 관심을 가진다.

학습과 공동체 협력 관계 연결의 관점

아동들 간에 정서·행동적 문제의 발달을 예방하고 가족을 지원하기 위해 설계된 학습연계, 학교 기본 프로그램은 저소득 가정과 이민 가정의 욕구를 충족시킬 것 같은 접근법일 것이다. 안정적인 자금, 결정적인 자원 매체, 문화적 능력, 협력적 문화와 같은 핵심 요소들은 아동과 가족에게 긍정적인 결과를 이끌어 내기 위한 설정 단계에서 근본적인 요소였다.

광역 지역 초등학교 평가의 발견은 아주 고무적이다. 다양한 자원으로부터의 정보는 아동과 가정에 긍정적인 결과를 제시한다. 몇몇 영역에서 광역 지역 아동과 학부모의 기능은 시간이 지남에 따라 개선되었지만, 그에 반해 제한 학교의 아동과 가정의 기능은 개선되지 않았다. 이것은 광역 지역 학습연계 프로그램의 존재가 행동·정서적 문제가 증가되는 것을 예방하기 위해 서비스된 것을 시사한다.

광역 지역 학습연계 프로그램은 아동에게서 긍정적인 결과를 이끌어 내고 그 결과를 유지할 수 있는 가능성을 촉진하기 위해 광역 지역의 아동 가정들에게 새로운 시작으로 발달되었다. 게다가 지속적인 학부모 교육과 지원, 진행 중인 훈련과 협력적 활동은 직업 준비성, 컴퓨터 교육, 사회화를 포함한다. 연계와 함께 학부모는 학교 언어를 말하는 것을 배울 뿐만 아니라, 학교 또한 공동체의 욕구를 듣는 법을 배운다.

참고 문헌

Eber, L. (1997). *Applying "System of care" approaches through schools?* (Presentation at the First National School-Based Mental Health Conference). College Park: University of Maryland, University College.

Fox, N., Leone, P., Rubin, K., Oppenheim, J., Miller, M., & Friedman, K. (1999). *Final report on the Linkages to Learning program and evaluation at Broad Acres Elementary School.* College Park: University of Maryland.

Harry, B. (1992). *Cultural diversity, families, and the special education system.* New York: Teachers College Press.

Leone, P. E., Lane, S. A., Arlen, N., & Peter, H. (1996). School-linked services in context: A formative evaluation of Linkages to Learning. *Special Services in the Schools, 11*(1/2), 119-133.

Meisel, S. M. (1997). *Evaluation of low-income families' satisfaction with school-linked social services.* Unpublished manuscript, University of Maryland, Department of Special Education.

Oppenheim, J. A., & Evert, R. J. (2000). *Reflections on the development and implementation of the Linkages to Learning program at Broad Acres Elementary School.* Unpublished manuscript. Available from Broad Acres Elementary School, Silver Spring, MD.

Schorr, L. (1989). *Within our reach: Breaking the cycle of disadvantage.* Garden City, NY: Doubleday.

제 8 장

긍정적인 행동지원을 위한 갈등 해결과 또래 중재

Stephen W. Smith
Ann P. Daunic

최근 학교 내 폭력에 대한 공포로 미국 시민들은 학교 안정성에 대한 믿음을 재고하고 있다. 세간의 이목을 끄는 무분별한 총기 난사는 행정가, 교사, 학부모, 학생, 공동체 모두를 놀라게 하고 곤혹스럽게 만들었다. 콜로라도, 켄터키, 오리건, 미시간 등지에서 학생과 사람들을 죽이는 사건이 발생한 일은 학교 안전과 치안을 위해 국가 역사상 선례가 없는 요구를 하게 만들었다. 의견 차이 또는 문제에 대한 답이나 해결책을 찾기 위해 설계된 활동에 참여하는 학생들은 부조화, 공격, 폭력성을 예방하기 위한 잠재력, 학교에서 긍정적인 행동을 촉진시킬 잠재력을 약속했다.

몇 년 동안, 학령기 아동과 함께한 교수들은 공격적인 행동과 관련된 문제에 대해 걱정해 왔다. 이런 문제들은 새로운 것이 아니다. 그러나 학교 안전 문제는 나라 전체에 걸쳐 최근 세간의 이목을 끄는 학교의 폭력적인 사건의 발생으로 점점 촉박해졌다. 학교 행정가는 학생 간 공격성을 줄이고 심각한 사건의 발생을 예방하기 위한 절차와 프로그램을 계속해서 찾고 있다. 가혹한 감금, 정학, 성인 지도와 같은 많은 전통적 실행 방법들은 학생들에게 긍정적인 문제 관리법을 가르쳐 주지 않았고, 효과도 지속되지 않았다. 결과적으로 연구자와 학교 기초 전문가들은 행동이 발생되는 환경적 배경의 변화와 함께 학생 중심의 기술 형성 중재를 포함하는 문제행동의 예방적 접근법을 주장하기 시작했다(Andrews, 1995; Leone, Mayer, Malmgren, & Meisel, 2000 참조). 또래 중재(peer mediation, PM)를 포함하는 갈등 해결(conflict resolution, CR) 프로그램이 그런 접근법의 좋은 예가 된다. 그것들은 지난 10년 동안 확산되었고, 대안을 가지고 반응적 성인 지도 정책을 교육자에게 제공했다.

학교 기초 프로그램으로서 갈등 해결은 문제를 대체로 파괴적이기보다는 오히려 건설적인 과정으로 만드는 교육을 포함한다. 그것은 예방적으로 설계된다. 갈등 해결 개념은 자체적 부분으로 가르쳐질 수 있거나 다른 학습적 내용과 함께 가르쳐질 수 있고, 선택된 집단이나 모든 학생들에게 가르쳐질 수 있다.

또래 중재는 갈등 해결 교육과정과 함께 사용되는 중재법이며, 특히 또래들이 긍정적으로 문제를 해결하도록 협상하는 것을 돕는 특별한 과정을 훈련된 학생들이 따를 때 이용되는 중재법이다. 갈등 해결 교육과정은 일상생활 문제의 긍정적인 접근에 대한 일반적인 개념을 학생들에게 가르치기 위해 설계되었지만, 또래 중재는 학생들이 배운 기술을 실행하기 위한 특별한 정식 기회이다. 또래 중재는 중재자로서 활동할 선택된 학생들의 핵심 집단에게 가르칠 수 있고, 또한 각각의 학생들이 서로 돌아가면서 중재자로 활동할 기회를 가지는 일반적인 접근법이 될 수 있다.

갈등 해결 프로그램의 일부분으로 또래 중재(Benson & Benson, 1993; Deutsch, 1994; Schrumpf, Crawford, & Usadel, 1991)는 반발적이고 가혹하고 격리적인 방법을 그만두는 의미 있는 방법이고, 그 지지자들은 다음을 제안한다.

- 문제를 해결하기 위한 기본 틀을 학생들에게 제공하라.
- 자기가 한 행동에 대한 책임을 학생들이 질 수 있는 기회를 주어라.
- 교사들이 다루어야 할 학생 문제의 수를 줄임으로써 그들의 스트레스

를 줄여라.

- 교육 시간을 늘려라.
- 문화적 다양성이 대인관계 의사소통과 인간의 상호작용에 어떻게 영향을 미칠 수 있는지 학생들이 이해할 수 있도록 도와줘라.

문제를 건설적으로 해결하도록 학생들에게 가르치는 일은 특히 학생들의 만성적 행동 문제가 교사와 행정가 직원들의 중요한 시간과 주의를 요하기 때문에 학교 환경에 긍정적인 영향을 줄 수 있다. 갈등 해결과 또래 중재 프로그램은 학생에게 건설적으로 문제를 관리하는 기술을 가르칠 뿐만 아니라 그들이 배웠던 것을 실습할 기회를 제공하거나 권한을 부여하는 환경을 만드는 데 초점을 맞출 수 있다. 대인관계 갈등에 긍정적인 학교 접근을 발달시킴으로써, 교사와 행정가들은 학생들이 학교와 학교 이외에서의 성공을 위해 필요한 개인적·사회적·학업적 기술을 발달시키는 데 도울 수 있다. 이 장에서는 (a) 갈등 해결과 또래 중재 프로그램의 기능, 구성요소와 발달적 체제 내에서의 이론적 근거를 기술할 것이고, (b) 간단히 몇몇 관련된 연구를 재검토할 것이며, (c) 중학교 3년 동안의 과제와 우리가 발견한 것을 기술할 것이고, (d) 효과적인 프로그램을 이행하고 유지하는 방법에 대한 권고와 피할 수 없는 문제는 성장과 학습을 위한 기회로 바꿀 수 있게 학생을 돕는 영향에 대한 제안으로 결론짓는다.

갈등 해결과 또래 중재에는 무엇이 관련되어 있는가?

Johnson과 Johnson(1996)은 만약 폭력 없이 건설적으로 문제가 관리된다면 바람직할 것임을 논의한다. 갈등 해결과 또래 중재는 학교에서 필연적인 문제를 긍정적인 방법으로 대처하기 위해 추천된 절차이다.

갈등 해결

문제 해결 프로그램은 전형적으로 이기고 지는 상황(win-lose)을 둘 다 이기는 상황(win-win)으로 변화시키고, 효과적으로 문제를 해결하도록 협상하면서 학생들에게 개인의 차이에 대한 기본적인 지식을 제공하기 위해 설계된 교육과정을 포함한다. 갈등 해결 교육과정은 감정이입 훈련, 효과적인 의사소통, 스트레스와 분노 관리, 문제에 대한 태도, 편견 인식, 협상, 대집단 갈등 해결과 같은 사회적 기술에 초점을 맞출 수 있다. 교사나 타 학교 전문가들은 즉각적이고 특별한 문제 해결 방법보다는 오히려 일반적인 개념 구조 내에서 기술 발달에 초점을 맞춤으로써 대인관계 갈등을 다루는 과정을 학생들이 배우도록 돕는다. 학생들은 문제 상황을 승리자와 패배자가 생기는 하나의 기회로 보는 경향이 있다(Carlsson-Paige & Levin, 1992). 그들에게 모든 사람들이 이길 수 있는 시나리오를 소개하는 것은 상호 문제를 해결하고 사회적 관계를 강화시키는 기회를 배우는 것으로 보는 범위 내에서 체제를 제공한다. 갈등 해결 교육과정은 학생들에게 단지 문제를 제거하거나 예방하는 것에 초점을 맞추는 대신 문제의 생산적인 측면을 소개할 수 있다. 교사가 경쟁적인 학습 접근법보다는 오히려 통합적인 접근법을 촉진하는 협력적인 학습 정책을 사용할 때 특히 효과적일 것이다(Stevahn, Johnson, Johnson, & Real, 1996).

갈등 해결 프로그램은 어른이 중심이 되기보다 오히려 학생이 중심이 되어야 한다. 어른들이 항상 매일 일어나는 문제에 대한 해결책을 학생들이 협상하는 것을 도울 수는 없다. 어른의 의사결정에만 의지하는 프로그램은 어른의 관리가 없을 때 적용할 수 있는 적절한 해결 기술을 학생에게 가르치는 데에 실패한다. 토론, 역할극, 격려와 같은 다양한 학습 경험을 통하여 그리고 학생들의 권한을 부여하는 데에 초점을 맞춤으로써, 갈등 해결 교육과정은 (a) 문제의 이해와 결정 요소를 촉진시킬 수 있고, (b) 학생들에게 효과적인 의사소통, 갈등 해결, 협상 과정을 가르칠 수 있으며, (c) 평화와 비폭력에 대한 교육의 기본을 제공할 수 있다.

또래 중재

어른들은 문제에 대해 학생들에게 가르칠 뿐만 아니라, 실생활에서 처한 문제 상황하에서 그들이 배운 것을 실습할 기회도 제공해야 한다. 학생들은 끊임없이 미디어 매체에서 이기고 지는 상황으로 폭력과 공격성에 노출되어 있고, 가정이나 공동체 내에서 비슷한 환경에 노출될지도 모른다. 그런 부정적인 노출의 영향에 대항하기 위해 학생들은 적절하고 긍정적인 협상을 관찰하고 위협적이지 않은 환경에서 갈등 해결 기술을 실습할 기회를 필요로 한다. 또래들이 문제를 해결하도록 학생이 돕는 명백한 중재인 또래 중재는 그런 기회를 제공한다. 중재는 어른들이 강요한 해결책과 조절 결과 나타날 수 있는 권위의 분노를 피하는 법이다. 조정자와 논의자들이 독립적으로 일할 수 있을 때, 학교 전문가들은 발생된 문제에 주의를 기울이는 데 대한 시간 소비를 줄일 수 있고, 학생들은 논쟁을 성공적으로 해결하려는 책임감을 갖는 권한을 부여받는다.

학교에서의 또래 중재는 학생들이 논쟁을 어떻게 해결할지를 말하게 함으로써 학생을 위해 그리고 학생에 의해 실시되는 갈등 해결 방법이다. 이는 학생들 간에 문제를 정의 내리고 해결하는 것을 논의자들이 돕기 위해 학생 중재자가 사용하는 특별한 단계로 구성된 구조화된 절차이다. 종합적인 갈등 해결 프로그램의 결정적인 부분으로, 또래 중재는 학생들에게 평화적으로 문제를 해결하는 방법과 미래의 문제를 건설적인 기회로 접근하는 기술을 제공할 수 있다. 또래 중재는 또래 상담이나 또래 조력자와 같은 또래에 의해 촉진되는 다른 프로그램과는 다르다. 왜냐하면 그것은 각각의 참여자가 뚜렷한 역할을 가진 명백하게 정의된 형식적 과정을 포함하기 때문이다.

학교 전반의 또래 중재자는 전형적으로 특별하고 철저한 중재 훈련을 받은 학생 집단이다. 중재에는 몇 가지 모델이 있다. 일반적 경향으로, (a) 중재자는 논의자들이 문제의 의견을 말하는 지원적인 환경을 제공한다. (b) 중재자는 논의자들이 서로 확인된 문제에 초점을 맞추게 한다. (c) 중재자는 논의자들이 브레인스토밍을 통해 가능한 해결책 리스트를 전개할 수 있도록 돕는다. (d) 중재자는 논의자들에게 서로 동의한 해결책을 안내한다. 중재자와 논의자에게 요구되는 협상 기술은 자기조절, 효과적인 의사소통, 갈등 해결, 비평적 사고, 적절한 계획을 포함한다.

협상 기술을 개발할 기회를 학생들에게 제공하는 것은 그들의 자존심을 개선하는 것을 돕고, 대인관계 갈등의 평화적인 해결을 촉진하는 학교 분위기에 기여해야 한다. 논쟁을 처리하는 긍정적인 경험을 한 후에, 학생들은 체제와 안내를 좀 더 잘 수용할 수 있고 좀 더 자발적이 된다. 따라서 또래 중재를 통해 얻은 경험으로 많은 학생들은 전통적 학급 환경에서 이익을 증가시킬 수 있다. 다른 긍정적인 결과는 (a) 문제를 학습 기회로 간주하는 것을 포함할 것이고, (b) 이익이 오래 지속되는 가혹하지 않은 규율 방법을 포함할 것이며, (c) 폭력, 야만 행위, 장기 결석의 감소를 포함할 것이고, (d) 개인차의 좀 더 나은 이해를 포함할 것이다(Goldstein & Glick, 1987; Schrumpf et al., 1991 참조; 지도, 협상과 중재 기술의 장기적 효율성에 있어 보다 나은 정보를 제공함).

중학교에 갈등 해결책을 어떻게 적용할 것인가?

우리는 발달적 배경 내의 갈등 해결 정책을 통하여 만성적 행동 문제의 예방을 바라볼 수 있다. 어릴수록 갈등 해결 정책 이용을 배울 수 있지만, 우리는 이런 기술이 중학교에 더 적절하다고 생각한다. 중학생들은 어른으로부터 점점 독립적이 되고, 또래에 의해 좀 더 많은 영향을 받는다. 효과적·교육적 프로그램은 아동기부터 사춘기에 이르기까지 이 결정적인 변화 동안 직면하게 되는 도전을 학생들이 효과적으로 대처할 수 있도록 돕는다.

그들이 직면하는 환경적 요구를 위해 긍정적인 대처전략을 발달시키는 학생들은 감정적으로 건강한 성인으로 성장하는 기회를 가진다. 그런 발달은 학생들이 그들의 이전 반응이 더 이상 작용하지 않을 때 상황을 개념화하고 다루는 새로운 방법을 배울 것을 요한다. 발달심리학자들은 새로운 인지 구조를 만드는 과정을 조절(accommodation)(Berger, 1994)이라 부른다. 조절은 이전의 인간적 발달 단계가 더 이상 새로운 환경적 요구에 적합하게 충족시키지 않을 때 대체하는 것이고, 그것은 적당한 단계의 도전 과제(challenge)와 지원(support) 모두를 제공하는 상태하에서 가장 쉽게 나타난다. 충분한 도전 과제는 문제를 해결하는 새로운 방법을 발달시킬 필요성을 만드는 것을 요구된다. 충분한 지원은 새로운 대처 정책을 시도하는 위험에 대해 개인이 충분히 안전함을 느끼는 분위기를 만들 것을 요구한다. 성공적인 발달은 과제가 이용 가능한 지원과 함께 균형을 이룰 때 나타난다.

중학교 학생들에게 결정적인 도전 과제의 원천은 또래와의 갈등이다. 또래 갈등은 그것을 경험한 학생들에게는 힘든 일이고, 결정적으로 학교 전체, 가족을 포함하여 공동체까지 영향을 미칠 수 있다. 또래 중재는 학생들이 경험하는 사회적 과제의 몇 가지를 위한 지원 시스템을 제공하고, 학교 배경 내에서 발달적으로 적절한 환경에 기여한다. 사춘기의 초기 발달적 도전 과제는 (a) 부모나 다른 어른들로부터 정서적 독립을 획득하는 것, (b) 사회적으로 책임감 있는 행동을 바라고 성취하는 것, (c) 행동을 안내할 일련의 가치와 윤리 체제를 획득하는 것이다(Havighurst, 1972). 또래 중재를 통해 실행되는 갈등 해결 원리는 학생들의 성공적인 사회 적응과 자기강화에 기여할 수 있다.

Lawrence Kohlberg(1963, 1984)의 업적은 갈등 해결이 중학생들의 윤리적·도덕적 사고 결정의 발달 향상에 어떻게 영향을 미치는지에 대해 추가적인 통찰력을 제공한다. 여기에 Kohlberg의 두 가지 도덕 발달 단계가 관련되어 있다. 1단계는 전 인습 단계이며 2단계는 인습 단계이다. 전 인습 단계에는 어린 아동들이 규칙에 복종하거나 벌을 피하기 위해 필요성에 의해 동기를 부여받는다. 아동이 성장함에 따라 인습 단계로 들어가고, 동기부여 요소는 점차 사회적 규칙, 단체의 기대와 같은 것을 포함한다. 갈등 해결의 원리를 배우는 것과 갈등을 해결하기 위해 중재를 어떻게 효과적으로 사용하는지를 배우는 것(좀 더 전통적인 교장실로의 이동 대신에)은 전 인습적, 형벌 복종 순응에서 인습적·사회적 순응으로의 이동과 일치한다. 인습적 순응의 발달은 자발적으로 되는 중요한 단계이다.

갈등 해결과 또래 중재 프로그램

4년에 걸쳐 우리는 또래 중재를 포함하는 갈등 해결 프로그램을 제작, 평가하기 위해 남동쪽에 위치한 중학교 임직원들과 협력했다. 학교의 학생 수는 780~1,135명 정도였고, 인종 구성 면에서나 사회 경제적 면에서나 다양했다. 32~61%의 학생들이 무료 또는 저가 점심을 먹고 있었고, 12~16%는 장애를 가지고 있었다. 우리의 목표는 갈등 해결의 기본적인 방침을 학생과 직원들에게 소개하는 것이고, 학교 공동체 내의 갈등에 대해 긍정적인 태도를 형성하는 것을 포함하며, 대인관계 갈등에 대한 학생들의 공식 소견서를 줄이는 것을 포함한다.

갈등 해결 교육과정

효과적인 갈등 해결책을 가르치는 일은 갈등 자체의 존재보다는 오히려 성공적인 사회적 발달을 결정하는 갈등 접근법을 학생들이 깨닫도록 돕는 것이다. 우리의 주요 목적은 갈등 다루는 것을 어떻게 생산적인 과제로 만드는지를 보여주는 것이다. 우리는 갈등의 문제 해결 접근법을 촉진하고 서로 동의한 해결책을 학생들이 추구하도록 촉진하는 교육과정을 개발했다. 우리는 네 가지 특정 영역(갈등 이해하기, 효과적인 의사소통, 화 이해하기, 화 다루기) 내에서 열두 번의 40~50분 수업을 설계했다. 추가적 수업은 또래 중재 절차에 소개를 제공했다. 수업은 학생 활동, 새로 배운 기술의 실습을 위한 역할극을 포함한다. 우리는 교육적 방침, 예제 스크립트, 프로젝트 투명 필름지, 학생들 작업 계획표를 포함하는 모든 자료를 가진 교사를 제공했다. 예를 들어, 학생들은 화 다루기 수업에서 충동적으로 반응하기보다는 오히려 어려운 상황을 통해서 생각하는 것을 실습하는 '긴장 풀기-호흡하기-생각하기' 모델에 대해 배웠다. 그러고 나서 교사들은 몇 가지 시나리오를 학생들에게 제공하고 그들에게 "지배자는 누구인가? 나? 아니면 문제?"라는 질문에 각각 대답하는 것을 가르쳤다.

각 학교의 행정가들은 갈등 해결 수업이 전반적인 프로그램에 어떻게 통합되는지를 결정했다. 한 사례에서는 모든 학생들에게 비평적 사고에 대한 새로운 학습 과정을 적절하게 제공한다. 또 다른 학교에서는 하루의 시작에 있는 홈룸 시간(생활지도 시간)에 교사가 학교 전반에 대해 말하기에 충분한 시간의 교육과정을 운영한다. 우리는 학생들이 화를 인지하고 다루는, 그리고 협력적인 갈등 해결책을 통해 생각하고, 효과적인 경청과 의사소통 기술을 실습할 기회를 제공함으로써 학년 내내 교사가 수업을 강조하는 것을 촉진했다.

또래 중재 프로그램

효과적인 갈등 해결 기술을 학생에게 가르치는 것과 함께, 우리는 또한 학교 교직원이 또래 중재 프로그램을 제정하는 것을 도왔다. 우리는 훈련, 프로그램 구성요소, 실행을 제공하고, 각 학교는 중재자를 선택하고 중재계획을 설립할 방법을 개발했으며, 중학교 3학년에 재학 중인 25~30명의 학생들 모두는 그해 내내 논의자들을 중재하는 일을 했다.

또래 중재 훈련은 갈등과 효과적인 의사소통의 본질을 이해하는 것과 같은 학교 전반 교육과정에 의해 포함되는 것과 유사한 개념을 포함했다. 그것은 또한 문화적 영향, 비밀성, 효과적인 의사소통과 관련된 기술, 그리고 특별한 중재 과정상 절차와 같은 문제에 초점을 맞추었다. 훈련은 역할극과 중재 자극을 포함한다. 훈련을 성공적으로 완수한 사람들은 최소의 감독 또는 어른에 의한 중재로 중재 과정을 수행할 수 있었다.

체계적 의뢰 과정은 학교 전반의 학생들에게 또래 중재의 접근성을 제공했다. 소견서 형식은 보내는 부분의 기록, 갈등 위치, 문제의 간단한 기록, 논의자 이름을 제공하는데 학생과 직원(예를 들어, 학급에서 또는 안내 사무실에서)에게 이용 가능하다. 또래 중재에서 가장 중요한 참여는 항상 자발적인 것이다. 각 중재의 결론에서 중재자와 논의자는 날짜, 갈등 형태, 동의된 해결책을 포함하는 동의서에 서명을 했다. 교사 또는 상담자는 중재 중에 어른의 중재가 필요한 경우 이용 가능하지만 그들이 제공하는 감독은 최하였다. 우리와 함께 일했던 교사에 의하면, 긍정적으로 그들의 논쟁을 다루는 데 독립적인 학생의 느낌은 프로그램에 대한 그들의 태도와 진정으로 기꺼이 책임감을 가지려는 태도에 영향을 미친다.

학교 전반 프로그램의 좀 더 도전적인 측면은 소견서가 만들어진 후에 가능한 바로 중재가 발생하는 것을 보장하고, 논쟁을 중재하기 위해 충분한 기회를 훈련된 모든 중재자들에게 제공하는 것을 보장하는 것이다. 추가적인 과제는 중재자를 논의자와 적절하게 연결하는 것이다(예: 나이, 성별). 학교 직원들은 상호 지원과 좀 더 잦은 중재 기회를 제공하기 위해, 보고를 받는 동안 토론을 용이하게 하기 위해 중재자와 조를 이룬다. 우리는 프로그램 촉진자가 중재를 계획하고 중재자가 정기적으로 필요하지 않더라고 도움이 될 수 있는 보고를 받기 위해 모임(예: 홈룸 시간)을 계획할 수 있는 기간 동안 학급의 유용성을 발견했다. 중재가 발생하는 기간 동안 일정을 다양하게 고안하는 것은 가능할 것이다. 그러나 적당한 위치를 찾아내고 감독을 제공하는 것이 항상 쉬운 일은 아니다. 또한 학업적 고려할 점으로, 가능하면 중재자가 시험 또는 중요한 학급 프레젠테이션을 놓치지 않도록 예방하기 위해 적당한 우선권이 제공된다.

요약하면 또래 중재 프로그램을 적용하는 데에는 중요한 계획과 학교 자원이 필요하다. 진행을 책임지는 사람들은 소견서 세부 계획과 중재 절차를 고려했을 때 다음의 질문을 고려해야 한다.

- 학생들은 어떻게, 누구에 의해서 보내지는가?
- 어떤 종류의 갈등이 중재에 적합한가?
- 중재는 어디에서 이루어지는가?
- 누가 중재를 관리하는가?
- 중재자는 어떻게 이용 가능한가?
- 종종 중재자는 어떻게 수업을 놓치는가?
- 교사는 중재자(또는 논의자)가 학급에서 중재에 참여하기 위해 가는 것을 거절할 수 있는가?

중학교 3년 동안 어떻게 갈등 해결이 작용하는가?

중학교 3년 동안 갈등 해결과 또래 중재의 수행을 원조하고 중재 자료를 모을 때, 우리는 공식 소견서의 형태, 갈등 문제, 중재 해결을 조사했다. 우리의 발견은 세 학교에 있는 학생들에게서 뚜렷하지만, 그들은 일반적으로 다른 연구자들의 발견과 일치한다. 그들은 또한 학생들이 또래 중재를 어떻게 이용하는지, 학생들이 그것을 유용한 대안으로 생각하는지, 덜 건설적인 갈등 해결 정책으로 생각하는지까지 통찰력을 제공한다.

누가 논의자인가?

어린 중학교 학생들은 논쟁을 정착시키기 위해 중재를 이용하는 데에 좀 더 나이 많은 또래들보다 더 개방적인 것 같다. 6학년 학생들은 중재를 위해 대부분의 소견서에 포함되어 있다. 물론 협력 관계 또는 감정에 따른 갈등과 같은 문제는 7학년 또는 8학년보다는 6학년들 사이에서 중재를 통해 적당히 다루어질 수 있다. 발달적 관점에서 중학교를 통해 학생들이 발달됨에 따라 독립 욕구도 성장한다는 것을 믿는 이유가 있다. 이것은 또래의 도움을 포함하여 갈등을 안정시키며 독립적이고자 하는 욕구를 갖는다. 몇몇 학생들은 중재하러 간다면 친구가 어디에 가는지 물어보기 때문에 당황해할 것이라고 한 중재자가 우리에게 말했다. 이런 학생들은 만약 친구들이 도움을 요청했다는 것을 알게 되면 자신의 평판에 위험을 끼친다고 생각했다.

우리는 또한 남학생보다는 여학생이 중재에 더욱더 참여했다는 것을 발견했다. 또래 중재자들 중 몇몇은 중재의 사용이 약함의 상징으로 인지될 수 있기 때문에 본래 남학생들에게는 덜 호소적인 것 같다고 제의했다(Robinson, Smith, & Daunic, 2000). 예를 들어, 인터뷰한 한 학생은 남자 또래들은 중재를 사용하지 않는다고 말했다. 왜냐하면 그들은 친구들과 함께 있을 때 '강인'해 보이고 싶어 하고, 그래서 '자신의 평판을 향상시키기를' 원했기 때문이다. 몇몇 소년들은 힘을 통해 대인관계 갈등을 해결하기 위한 도움의 필요 또는 꺼림을 수반하는 어떤 과정도 피하려 한다. 학교 분위기에 긍정적인 효과를 가지기 위해서 또래 중재는 사회적으로 가능한 한 많은 학생들에게 받아들여져야 하고, 특히 공격을 사용하는 경향이 있는 학생들에게 받아들여져야 한다.

무엇이 갈등 문제인가?

이름 부르기, 위협하기, 또는 가족 구성원 모욕하기와 같은 구어적 괴롭힘이 중재의 대부분의 이유였다. 종종 소문을 퍼트리거나 누군가의 뒤에서 이야기하기(즉, 험담하기)는 다른 문제였다. 우리는 널리 보급되지 않은 밀기 또는 때리기와 같은 경미한 형태의 신체적 공격성을 발견했다. 소년은 신체적 공격성의 형태를 더 포함하는 경향이 있고, 소녀는 우정이 깨지거나 험담을 하는 것과 같은 대인관계 문제에 더 관련되는 경향이 많다.

중재에서 구어적 괴롭힘 문제의 높은 발생은 심각한 갈등의 예방을 위해 중요한 관련이 있다. Bandura와 같은 공격 이론가들은 구어적 조롱하기, 이름 부르기, 또는 위협이 신체적 공격성으로 확대될 수 있다고 주장한다. 이것은 특히 잠정적으로 폭력적 상황으로 확대되지 않게 하기 위해 필요한 구어적 기술이 부족한 학생들의 경우이다. 이런 학생들을 위해 또래 중재는 구조화된 환경에서 효과적인 구어 정책을 실습함으로써 부정적인 구어적 사건을 해결하는 기회이고, 파괴적인 사건의 연속으로 확대되는 것을 피한다. 만약 중재가 최소한의 구어적 위협 또는 구어적 사건이 좀 더 심각해지기 전에 영향을 확산시킬 수 있다면, 그것은 중요한 예방적 기능으로 작용할 것이다.

흥미 있는 질문은 여학생들은 신체적 사건과 덜 관련되어 있고 구어적 사건과 좀 더 관련되어 있는 경향이 중재에 아주 의존하는 경향과 관련이 있는지 아닌지에 대한 것이다. 아마 일반적으로 사회적 대인관계를 조정하는 구어 정책의 선호는 구어적 기술의 사용에 의존하는 과정에 여학생들이 좀 더 긍정적으로 반응하게 한다. 만약 그렇다면, 프로그램 조정자가 남학생을 위한 또래 중재의 사회적 수용 가능성을 언급할 필요성을 강조한다. 몇몇 연구자들(Lochman, Dunn, & Klimes-Dougan, 1993)은 사춘기 이전 아동들이 구어적 기술 단계와 신체적 공격의 사용 간에 관계가 있다는 것을 제시했다. 구어적으로 덜 발달된 아동일수록 갈등 해결에 신체적 힘을 사용하는 경향이 심하다. 만약 그렇다면, (a) 학생들이 구어적으로 협상하는 것을 가르치는 것, (b) 요구된 기술을 실습할 기회를 주는 것이 중요하다. 적절하게 수행된 또래 중재 프로그램은 결정적인 발달 기간 동안 구어적 기술을 향상시키는 매체를 제공한다.

전형적인 학생 해결책은 무엇인가?

먼저 우리는 몇 년에 걸쳐서 95% 이상의 중재가 논의 대상 모두들에게 수용되는 해결책의 결과를 보이는 것을 발견했다. 이 발견점은 중학교 학생들이 매우 최소로 구조화된 절차를 성공적으로 따를 수 있고, 논의자들이 상호 동의한 몇 가지 갈등 해결책에 도달할 수 있게 도와줄 수 있다는 개념을 시사한다. 그들이 도달한 해결책의 질 또한 중요하다. 우리의 연구에서 대부분의 학생들은 종종 서로서로 피하는 것, 위반하는 행동을 멈추게 하는 것, 또는 잘 지내는 데에 동의하는 것을 해결했다. 이런 자료는 초등학교 또는 중학교 단계에서 연구자들이 도달한 해결책의 형태로 보았던 또래 중재에 대한 다른 연구로부터의 발견점을 지지한다(Johnson & Johnson, 1996 참조; 갈등해결의 효과를 재정리해 봄).

또래 중재를 통해 학생에 의해 도달한 동의의 질은 다양한 요소로부터 결론지어질 것이다. 먼저 우리는 또래 중재자들이 나이가 많으면 많을수록, 해결책은 간단히 서로 피하거나 위반적인 행동을 멈추기보다는 오히려 잘 지내는 것에 대한 동의를 더욱 포함한다는 것을 발견했다. 이것은 절차적 의사소통을 용이하게 하고 논의자들이 좀 더 사회적으로 건설적인 해답에 도달하기까지 협상 절차를 고수하는 능력에 있어서 발달적 과정을 포함한다. 갈등 해결 일에 일찍 관심을 가지고 논의자 무리 간에 협력 관계를 강화시키는 역할을 하는 바람직한 해결책이 되기 위해 구어적 또는 신체적 공격성을 간단히 종결시키거나 서로 피하는 것을 고려하지 않았다. 연구를 지속함에 따라, 수용할 수 있는 어떤 해결책을 통한 협상 과정을 따르는 11살과 12살 중재 학생들의 능력과 의지는 중요한 성취이고, 일생 동안의 협상 기술의 기본을 제공할 수 있다는 것을 깨달았다.

전반적인 프로그램 효과는 무엇인가?

우리는 규율적 사건의 소견서 확률 조사와 학교 공동체의 다양한 직원들의 태도에 대한 포괄적인 갈등 해결/또래 중재 프로그램의 효과를 측정할 계획이었다. 학교 규율 기록을 조사하고 학교 갈등과 학교 분위기에 대한 교사와 학생의 태도에 대한 조사를 실행하였다. 학생과 교사 하부 항목의 20개 이상에서 1개를 제외하고, 또래 중재자가 받은 조사에 이것들을 포함하면서, 프로그램 수행을 따르는 반응 조사에서 어떤 결정적인 변화도 발견하지 못했다. 매 학기마다 단지 다섯 번의 수업 교육과정을 초래한 경쟁적인 학교 우선권이 학생의 태도와 학교 분위기에 프로그램의 전반적인 효과를 감소시켰다고 믿는다. 교육적 사건에서 감소하는 경향이 있다는 것을 발견했다. 특히 직원 대부분이 포함되는 학교에서 그러했다. 학교에서 또래 중재 프로그램은 매년 가을 학기에 일찍 시작되었고, 훈련의 책임과 학생 지원은 선명하게 배분되었다. 그리고 중재를 위한 홈룸 시간이 매일 이용되었다. 이 학급 시간 또한 중재자가 교사와 함께 보고하고, 그들의 경험을 토론하는 시간을 제공했다. 이런 각각의 요소들이 효과적인 프로그램 수행에 중요하다고 생각하고, 그것들은 학교 행정과 시설의 한 부분으로 프로그램의 수용과 강한 의무에서 초래될 것이다.

학교 전반의 태도 변화에 대한 증거가 거의 없음에도 불구하고, 중재자와 논의자는 중재 과정과 갈등 해결에 대한 능력에 높은 만족도를 표현했다. 또래 중재자와 학부모는 갈등이 학교 밖의 형식적 중재에서 또는 집에서 발생했을 때 훈련 동안 배운 중재 기술이 자주 이용되었다고 보고했다. 적어도 1주일 동안 중재를 따르는 것을 조사받은 논의자들은 진행 절차의 중재 참여에 대한 동의와 높은 만족도에 지속적인 지지를 보고했다.

우리가 찾는 유일한 일관성 있는 태도 변화는 교사들의 의사소통을 중재자들이 평가하는 데 있다. 중재 훈련을 따르면서, 교사의 의사소통에 대한 학생들의 평가는 중재 훈련을 받지 않은 제한 집단의 평가와 비교했을 때 훈련 전보다 의미 있게 낮아졌다. 좀 더 명확하게, (a) 효과적인 경청과 말하기, (b) 자신의 의견과 반대되는 다른 사람의 의견 받아들이기, (c) 의견을 표현할 수 있는 기회를 다른 사람에게 주기 등 중요성에 대해 배운 후, 학생들은 이런 영역에서 교사들을 판단하는 데 사용하는 기준을 분명히 향상시켰다.

학생 훈련을 따르면서 교사 의사소통의 학생 인지에 있어서의 변화는 중요한 발견점이다. 또래 중재 훈련의 결정적인 부분이 효과적인 의사소통의 발전에 대한 것이었기 때문에, 중재 기술에 있어서 훈련된 학생들은 그들의 교사에 대해서 훈련되지 않은 또래보다 좀 더 거칠게 평가했다. 이런 발견은 긍정적인 갈등 해결과 중재의 원칙을 지지하는 학교 문화 건립의 중요성을 강조한다. 만약 교사들이 효과적인 의사소통과 협상 기술을 시범 보이지 않는다면, 또래 중재가 학생 의사소통과 갈등 관리 형태에 영향을 미치기 위해 동합하는 프로그램의 장기간의 영향이 타협될 것이다.

지속성 형성하기

새로운 프로그램의 성공은 학교 고유의 공동체와 문화가 바탕이 되는 좀 더 큰 환경의 기능일 것이다. 특히 학교 일정, 경쟁적 교육과정의 요구, 이용 가능한 공간과 자원, 프로그램에 할당된 우선권과 같은 학교 전반 프로그램의 효과적인 수행을 촉진하거나 방해하는 어떤 일반적인 상태가 있다. 이런 변수들이 주어지고, 다른 연구자들의 경험과 자신의 경험으로부터 얻은 통찰력을 가지고 우리는 프로그램 개발자가 몇몇 요소들을 성공적으로 학교 또래 중재 프로그램을 수행하고 지속하는 핵심 요소로 생각하는 것을 시사한다. 요소들은 헌신적인 지도력, 일관된 촉진과 프로그램 모니터, 또래 중재자 선택 과정이다.

헌신적인 지도력

다음은 전형적으로 효과적인 학교와 프로그램의 토론에서 언급되는 특징이다.

- 모든 것을 위한 학습에 대해 선명하게 초점을 맞춘 임무
- 교수적 지도력

- 모든 책임자들의 높은 기대
- 배우는 기회와 학생들의 과제 수행 시간
- 종종 학생 과정의 모니터링
- 학습을 위한 안전하고 정돈된 환경
- 긍정적인 집/학교/공동체 관계

행정가, 교사 그리고 다른 학교 직원들이 이런 특징을 인식하는 데 있어서의 중요성은 효과적인 갈등 해결과 또래 중재 프로그램을 성취하고 유지하는 데 관련이 있다.

행정가. 학교는 그들이 서비스하는 아동들에게 안전한 환경을 제공하기 위해 학부모와 공동체 임원들로부터 지속적인 압력을 받고 있다. 특히 학교 전반의 규율을 즉시 책임지는 많은 행정가들은 반폭력적인 반응과 안전한 학교 프로그램을 발달시킬 것을 강요받는다. 점점 다양한 학생들로 이뤄진 학교에서 학업적 개선을 위한 요구를 강화함과 더불어, 반폭력성 척도를 증명하기 위한 강요는 종종 완전히 자원을 탐색하거나 효과적으로 만드는 데 필요한 노력 없이 새로운 프로그램을 시작하려고 시도하게 한다. 장기간에 걸친 프로그램의 성공을 확신하기 위해서, 또래 중재 프로그램의 한 예로 1명 또는 그 이상의 학교 행정가들은 근본적인 자원을 제공하고 책임감 있는 실행에 임해야 한다. 예를 들어, 헌신적인 행정가는 (a) 프로그램의 이행에 대한 주요한 책임을 개인 또는 팀에게 배분할 것이고, (b) 개인 또는 팀이 반드시 효과적으로 요구된 의무를 수행할 수 있는 시간을 가질 수 있게 하며, (c) 주기적으로 프로그램의 상태와 요구에 대하여 피드백을 요구한다. 이런 행정적 수행은 아마 실행 가능한 프로그램을 유지하는 데 가장 중요한 단일 요소일 것이다.

직원과 다른 학교 직원들. 최고 단계 행정가의 헌신과 함께, 우리는 프로그램 관리에 직접적으로 포함되는 각 학년 교사와 행정가 또는 안내 상담가를 포함하는 '학교 중재 팀'을 구성하는 것이 프로그램 성공을 향상시킨다는 것을 제시한다. 이런 핵심 집단을 도입하는 것 또한 중요하다. 만약 팀 인원들이 또래 중재를 직원과 학생 모두에게 이익이 되는 것으로 본다면, 그들은 자연히 직원을 존속시켜 포함하는 것을 촉진할 것이다. 반대로, 학교 행정가가 주입, 격려, 수행할 임무 없이 교사 또는 교사 집단에게 프로그램의 책임을 할당한다면, 프로그램의 성공에서 교사가 가지는 흥미는 심각하게 감소된다(Matloff & Smith, 1999). 대부분의 정보와 프로그램의 직접적인 경험을 가진 교사들이 그것을 사용하는 데 가장 편안함을 느낄 것이다.

만약 그들이 프로그램 경험이 부족하다 할지라도, 갈등 해결 프로그램을 기꺼이 지지하는 직원은 그것을 사용하는 데에 신중할 수 있다. 단지 교사들 또는 다른 학교 전문가들은 지식에 밝아지고 직접적으로 포함된 후에야 완전히 전념할 수 있다. 더욱이 학교 중재 팀은 교육과정 운영, 프로그램 논리, 또래 중재자 선택에 관한 다양한 결정을 해야 한다. 그들은 각 학교의 욕구에 따라서 이런 결정을 해야 하고 '일괄적인' 처방에 의존할 수 없다. 팀 임원들은 충분한 계획하는 시간 및 자원과 함께 이런 노력에 대한 격려를 필요로 한다. 시간과 자원이 부족할 때, 팀은 종합적인 학교 전반 프로그램을 시작하고 유지하기 위해서 요구되는 수고를 투자할 기대를 할 수 없다.

결국, 교육자들이 진실로 학교 문화에 총괄적으로 영향을 주기를 바라고, 건설적이고 협력적인 갈등 해결 정책을 학생들이 지속시키는 것을 발전시키도록 도와준다면, 그들은 학생뿐만 아니라 직원들 사이에서도 갈등이 어떻게 처리할지를 조사해야 한다. 교육과정에 포함된 갈등 해결 개념의 노출을 통해서 학생들은 자극된 갈등 상황과 진짜 갈등 상황에 적절하게 반응하는 것을 배울 수 있다. 그러나 그들은 또한 그들이 빠져 있는 학교 문화에 의해 큰 영향을 받을 것이다. 예를 들어, 우리와 함께 일하는 교장 선생님은 학생만큼이나 학교 교사들도 적절한 갈등 해결에 대한 지도가 필요했다고 관심을 표명했다. 만약 학생들이 어른 스스로가 건설적인 갈등 관리인이 아니라는 것을 본다면 어른들은 효과적인 역할 모델이 되지 않을 것이다. 학교 직원들은 학생들 사이든 어른들 사이든 평화적이고 건설적인 갈등 해결에 도움이 되는 환경을 촉진해야 한다.

촉진과 수행의 일관성

전통적이고 성인 의존적인 학교 규율을 경험한 학생들은 대인관계 갈등을 안정시키는 것을 돕기 위해 또래 중재를 사용하는 것을 자동적으로 생각하지 않을 것이다. 심지어 대안이 자립의 필요성을 발달시키는 것을 호소할 때, 만약 적극적이고 일관적으로 대안 사용을 촉진시키지 않는다면 중학교 단계의 학생들은 손쉽게 이용할 수 있는 성인에게 계속해서 부탁할 것이다. 학교 전문가들은 또래 중재의 이용 가능성을 지속적으로 규율상 선택 사항으로 어떻게 선전할지를 언급해야 한다. 예를 들어, 우리 연구에서 교사들은 종종 학생들이 또래 중재를 어떻게 긍정적으로 보는지를 언급했고, 학년이 올라감에 따라 중재의 수가 감소함에 놀랐다. 되돌아보면 그들은 쇠퇴하는 프로그램의 명성이 이 감소에 기여했다고 믿었다. 지속적으로 학생과 직원들에게 또래 중재를 홍보하기 위한 몇 가지 제안은 다음과 같다.

- ◆ 규칙상 의뢰(소견서)의 대안으로 학생과 교사의 중재를 상기시키기 위한 잦은 안내
- ◆ 프로그램 소개 촉진하기
- ◆ 홈룸 교사들에게 배분된 전단
- ◆ 또래 중재자들이 입은 티셔츠
- ◆ 또래 중재자의 기여에 대한 학교와 전 지역의 인식

요약하면, 학교 중재 팀원들은 학교 규율 실행에서 중재가 변화를 나타낸다면 중재가 실용적인 선택이라는 말이 얼마나 학생과 직원들에게 잘 전달되었는지를 지속적으로 평가해야 한다.

또한 또래 중재 프로그램의 보존과 지속성에서 중요한 것은 논의자들이 과정을 어떻게 바라보는지를 지속적으로 체크하는 것이다. 그들이 중재에 따르는 며칠 동안의 간단한 조사를 완수하는 것이 그들의 만족도를 평가하는 한 가지 방법이다. 예를 들어, 학교 중재 팀의 일원은 다음에 대한 관점을 요청하기 위해 논의자들에게 질문지를 제출할 수 있다—(a) 중재 과정의 가치, (b) 중재

자들이 따르도록 요청되는 단계인지 아닌지, (c) 중재가 논의자들을 안정화시키는 데 어떻게 도움을 주었는지, (d) 그들이 합의한 동의 사항을 어떻게 잘 고수하고 있는지. 이런 종류의 수행은 학생에 대해 중재 과정과 수용 가능성의 충실도를 평가하는 데 중요하다.

동등하게 중요한 것은 중재자와 교사들이 중재 경험에 대해 자주 토론하는 기회를 갖는 것이다. 때때로 중재 과정은 심지어 성인들도 마스터하기에 어려울 정도의 정교하고 견고한 기술을 요한다. 우리는 학생들이 하룻밤 사이에 전문가가 되기를 기대할 수 없으며, 중재에 대한 개념과 효과적인 의사소통을 재검토하고 경험을 토론하기 위한 정기적인 모임 없이 훈련 동안 배운 기술들을 유지하는 것을 기대할 수 없다. 따라서 효과적인 프로그램 수행은 학생들이 특별한 절차를 얼마나 잘 따르는지를 모니터링할 수 있는 학교 중재 팀원에게 중재자들이 보고할 수 있는 고유의 시간을 요한다. 학생들은 각자의 경험을 배울 기회를 이용할 수 있고, 또한 학교 또래에게 바람직한 중재를 향상시키는 방법을 토론할 수 있다.

또래 중재자의 선택

또래 중재 프로그램의 학교 전반 수용 가능성을 위한 핵심은 교육자가 학생 중재자를 선택하는 방법일 것이다. 이 선택 과정은 학생 신청, 학생 추천, 교사 추천, 이런 과정의 혼합에 기초할 수 있다. 우리의 경험에서 대부분의 중재자들은 종종 인구학적으로 다양할지라도 실제로 학생 모임의 대표라기보다는 '성공적인' 또는 '지도자형' 학생들이었다. 예증하기 위해 우리 연구에서 또래 중재자들은 중재 훈련, 갈등, 학교, 공동체에 대한 태도, 개방성에 앞서 인구학적 변수에 조화된 제한 집단과는 다르다. 각각의 경우에 중재자 점수는 훈련을 받지 않은 또래(학교, 학년, 성별, 인종, 사회 경제적 위치, 특별한 프로그램의 배치에 조화된)의 점수보다 좀 더 긍정적이었다. 점수는 중재자들이 학교에 대해서 좀 더 긍정적이었고, 아마 좀 더 효과적인 의사소통자였을 것임을 의미한다. 즉, 그들은 아마 일반적으로 좀 더 '성공적인' 학생이었다.

학교 직원은 얼마나 진지하고 성실하며 유능한 학생들이 또래 중재자 역할을 할 수 있을지를 당연하게 고려해야 하지만, 단지 그 일을 위한 '최고의' 학생을 뽑으면 딜레마가 생긴다. 일이 벌어졌을 때, 중재를 필요로 하는 학생들은 중재자를 그들의 문제를 덜 이해하는 경향이 있는 선택 집단으로 바라볼 것이다. 그들은 또한 전체 프로그램을 '제도 소속'으로 볼 것이고, 그들이 그러해야 하는 것으로 바라보지 않는다. 갈등에 반응하는 대안으로서 중재의 사회적 수용 가능성은 넓은 범위의 학생, 특히 가장 방해 행동 또는 공격행동을 시작할 것 같은 학생들에게 호소하는 데에 달려 있다. 더욱이 또래 중재 훈련은 공격적인 학생 행동을 줄이는 것을 목표로 하는 잘 연구된 몇몇 중재의 한 부분으로 문제 해결 단계를 포함한다(Lochman et al., 1993). 프로그램 조정자들이 만약 중재 훈련에 그들을 포함시키는 데에 실패한다면, 사회적으로 고립될지도 모르는 학생들을 참여시키는 기회를 놓치게 된다. 또래 중재가 특별하지 않더라도, 또래에게 형식적 사회성 기술 교육과정을 사용하면서 사회적 상호작용 기술을 훈련시킬 때, 진술된 문제행동을 가진 학생들은 긍정적인 영향력이 될 수 있다(Blake, Wang, Cartledge, & Gardner, 2000). 이 연구에서 또래 훈련자와 훈련받는 학생 모두 긍정적인 또래 상호작용 면에서 증가를 보였다. 그래서 학교에서 높은 수준의 대인관계 갈등을 가진 학생들은 효과적인 또래 중재자가 될 수 있고, 다른 점에서 문제를 공유하는 데 달갑지 않게 느끼는 학생들에게 프로그램의 수용 가능성을 향상시킬 수 있다.

학교에서의 갈등 해결 프로그램의 관점

학생들은 갈등 해결과 또래 중재 프로그램으로부터 이익을 얻는다. 그들은 효과적인 의사소통, 비평적 사고, 논쟁을 중재하여 문제를 해결하는 것에 대하여 배우고, 갈등을 건설적인 기회로 만드는 방법을 배운다. 그들은 형식적 중재 절차를 배울 수 있고 또래가 갈등에 긍정적인 해결책을 협상하는 것을 도울 수 있다. 우리는 또래 중재자들이 논쟁을 해결하고 전통적인 규율에 효과적인 대안으로 중재를 만족스러운 방법으로 고려한다는 것을 발견했다. 우리 연구에서 중재가 적용되었던 대부분의 갈등에서 논의자들은 상호 동의한 해결책에 도달했고, 그 과정에 매우 만족했다.

교사들은 소문을 퍼트리고 구어적 험담을 하는 것에 대한 갈등을 관리하는 데 유용한 교수 시간을 보낸다는 것을 보고한다. 이런 문제들이 상대적으로 중학교 학생들에게 덜 해롭고 전형적인 것 같지만, 그것들은 좀 더 심각한 갈등으로 확대시킬 수 있거나 소외감을 느끼는 데 기여할 수 있다. 결과를 관리하고 일생의 사회적 기술을 발달시키기 위해 논쟁을 해결하는 방법을 학생들에게 가르치는 것은 폭력성과 소외감에 반하고, 교수와 학습시간을 증가시킨다.

또래 중재를 사용하는 중학생들은 대개 그들의 갈등에 대해 단순한 해결책을 선택한다. 만약 우리가 이런 해결책(예: 서로서로 피하기, 공격적인 행동 그만두기)을 관계를 강화시키는 정도에 따라 판단한다면, 그것들은 매우 생산적이지는 않지만 여전히 파괴적인 갈등 확대에 대안을 제공한다. 갈등 해결 교육과정과 결합하였을 때, 중재 실습은 학생들의 협상 기술을 증가시킬 수 있고, 될 수 있는 한 시간이 지남에 따라 좀 더 건설적인 동의를 이끌 수 있게 한다. 더욱이 갈등 해결 프로그램의 장기간의 효과에 대해 연구되어야 하고, 얼마나 많은 교육과정 노출과 중재 훈련이 갈등에 건설적인 접근을 증가시키는 데 필요한지 연구되어야 한다.

작업의 처음부터 우리는 갈등 해결과 또래 중재 프로그램이 학생의 관점과 갈등 관리에 어떻게 영향을 미쳤는지를 입증하기 위해 전통적 결과 측정에 초점을 맞추었다. 우리는 학교 분위기, 정학률, 공식 소견서 수의 변화를 살펴봄으로써 그 프로그램의 효과성을 조사할 작정이다. 그러나 연구가 진행됨에 따라 우리는 본질적으로 바람직한 결과로서 학생들의 중재 절차 사용에 대해 동등하게 관심을 가지게 되었다. 우리는 중재자와 논의자들이 중재를 사용하는 것을 배울 수 있고, 그들은 중재가 유용하고 효과적임을 인지했다는 것을 발견했다. 중재자의 학부모들은 프로그램의 효과에 만족했고, 갈등이 집에서 일어났을 때 아동이 중재를 사용했다고 보고했다.

연구자로서 우리의 경험은 학생들이 얼마나 잘 전통적 결과 측정뿐만 아니라 과정에 참여했는지에 유념함으로써 우리가 배울 수 있다는 것을 가르쳐 줬다. 또래 중재는 훈련 동안 가르친 개념과 기술을 시범 보이면서 학생들이 다양한 논의자들과 독립적이고 건설적으로 협상하게 한다. 공식 소견서와 정학의 감소는 장기간의 프로그램 효과의 중요한 전통적 징후이다. 동시에 폭력성의 대안으로 사회적으로 수용 가능한 절차를 학생에게 제공하는 것 또한 중요한 고려점이다.

마침내 갈등 해결/또래 중재 프로그램 개발자들이 고려하는 두 가지의 뚜렷한 접근법이 있다. 첫 번째 접근법에서 중재에 필요한 기술을 가진 학생들(예: 지도력 특성, 높은 사회적 위치, 효과적인 의사소통 기술을 가진 학생들)은 중재자를 동료로 구성할 것이다. 그 프로그램의 초점은 공식 소견서를 줄이고, 교사가 학생들의 갈등에 보내는 시간을 줄이는 가장 빠른 방법일 것이다. 이 접근법은 명확한 장점을 가지고 있고, 아마 학교 행정가들에 의해서 가장 자주 채택될 것이다. 학생 지도자들이 포함될 때, 원활하게 진행되는 프로그램을 빨리 수립할 가능성이 증가한다. 변화를 위한 주요한 목표는 학생 중재자의 행동과 태도보다는 오히려 중재가 적용된 학생의 행동과 태도일 것이다. 좀 더 넓은 목표는 학교 전반 갈등 해결 교육과정과 정학률 감소를 통해서 학교 분위기를 개선하는 것을 포함할 것이다.

또 다른 접근법은 갈등 해결과 또래 중재 훈련을 통해서 학생들의 사회적 행동을 발달시키거나 개선시키는 주요 목표를 가진 프로그램을 이행하는 것이다. 지도력과 의사소통 기술이 부족한 학생들과 사회적 지위 범위 전역에 걸친 학생들은 형식적 중재에 요구되는 기술을 배우고 실습하기 위해 학생 지도자와 함께 일할 수 있다. 학업 실패의 위험이 있는 학습, 행동, 또는 사회적 문제를 가진 학생들은 또래 중재자로 활동함으로써 갈등을 좀 더 효과적으로 다루는 것을 배울 수 있다. 이 접근법은 처음에는 효과적이지 않겠지만, 그것의 가치는 전체적으로 논의자나 학교뿐만 아니라 중재자로 활동하는 학생에게 변화하는 결과로 나타날 것이다.

학교 갈등 해결과 또래 중재 프로그램 영역에서 행해지는 작업은 약속을 보여 준다. 우리는 중재자 교육, 논의자 태도, 시간에 따른 학생 해결의 특성,

공격적인 행동에 대한 프로그램의 효과를 추적하는 잘 수행된 프로그램의 장기적인 연구를 통해 우리의 이해를 촉진해야 한다. 학교 전반의 변화에 영향을 주기 위해서 학교 전문가들은 건설적인 갈등 해결을 수용적이고 의미 있는 문화의 한 부분으로 만들어야 한다. 장기간에 걸쳐서 갈등 해결과 또래 중재 프로그램의 영향에 대해 계속 연구함으로써, 우리는 매일의 학교생활의 한 부분으로 피할 수 없는 갈등을 해결하기 위한 긍정적 학생 중심 접근법으로부터 학교가 어떻게 이익을 얻을 수 있는지에 대해 좀 더 배울 것이다.

참고 문헌

Andrews, D. W. (1995). The adolescent transitions program for high-risk teens and their parents: Toward a school-based intervention. *Education and Treatment of Children*, *18*(4), 478-498.

Benson, A. J., & Benson, J. M. (1993). Peer mediation: Conflict resolution in schools. *Journal of School Psychology*, *31*, 427-430.

Berger, K. S. (1994). *The developing person through the life span* (3rd ed.). New York: Worth.

Blake, C., Wang, W., Cartledge, G., & Gardner, R. (2000). Middle school students with serious emotional disturbances serve as social skills trainers and reinforcers for peers with SED. *Behavioral Disorders*, *25*(4), 280-298.

Carlsson-Paige, N., & Levin, D. E. (1992). Making peace in violent times: A constructivist approach to conflict resolution. *Young Children*, *48*(1), 4-13.

Deutsch, M. (1994). Constructive conflict resolution: Principles, training, and research. *Journal of Social Issues*, *50*(1), 13-32.

Goldstein, A. P., & Glick, B. (1987). *Aggression replacement training: A comprehensive intervention for aggressive youth*. Champaign, IL: Research Press.

Havighurst, R. J. (1972). *Developmental tasks and education* (3rd ed.). New York: McKay.

Ivey, A. E. (1991). *Development strategies for helpers*. Pacific Grove, CA: Brooks/Cole.

Johnson, D. W., & Johnson, R. T. (1996). Conflict resolution and peer mediation programs in elementary and secondary schools: A review of the research. *Review of Educational Research*, *66*(4), 459-506.

Kohlberg, L. (1963). The development of children's orientation toward a moral order. *Vita Humana*, *6*, 11-33.

Kohlberg, L. (1984). *The psychology of moral development: The nature and validity of moral stages*. San Francisco: Harper & Row.

Leone, P. E., Mayer, M. J., Malmgren, K., & Meisel, S. M. (2000). School violence and disruption: Rhetoric, reality, and reasonable balance. *Focus on Exceptional Children*, *33*(1),

1–20.

Lochman, J. E., Dunn, S. E., & Klimes-Dougan, B. (1993). An intervention and consultation model from a social cognitive perspective: A description of the Anger Coping Program. *School Psychology Review, 22*(3), 458–471.

Matloff, G., & Smith, S. W. (1999). Responding to a schoolwide conflict resolution–peer mediation program: Case study of middle school faculty. *Mediation Quarterly, 17*, 125–141.

Robinson, T. R., Smith, S. W., & Daunic, A. P. (2000). Middle school students' views on the social validity of peer mediation. *Middle School Journal, 31*(5), 23–29.

Schrumpf, F., Crawford, D., & Usadel, H. C. (1991). *Peer mediation: Conflict resolution in the schools*. Champaign, IL: Research Press.

Stevahn, L., Johnson, D. W., Johnson, R. T., & Real, D. (1996). The impact of a cooperative or individualistic context on the effect of conflict resolution training. *American Educational Research Journal, 33*, 801–823.

제 9 장

학생들이 계속 학교에 오게 하는 연결 확립하기

Mary F. Sinclair
Christine M. Hurley
David L. Evelo
Sandra L. Christenson
Martha L. Thurlow

학교를 마치지 않은 젊은이들은 졸업한 이들보다 남은 인생에서 더 많은 문제에 직면한다는 것이 수년 동안 알려져 왔다. 그러나 국가에서 학교, 공동체, 가족들이 학생을 유지시키기 위해 대부분의 노력을 기울일 것을 요구한 반면 중퇴율은 높게 유지된다. 학교에서 학생들을 지도, 선도하는 것은 국가적으로 우선시해야 하는 일이다.

정기적인 출석, 학급 활동의 참여, 급우, 교사와 함께 공유하기는 학교와 학생이 연결되었다는 표시이다. 또한 학교 업무로 나타나는 이런 연결 표시는 성공적인 학업 성취를 예언한다. 학업 실패, 정학, 중퇴 과정을 거친 경력을 가진 학생의 교육자와 학부모는 몇몇 학생들이 학교 관계가 빈약하게 연결되어 있다는 것을 안다. 소외감은 좀 더 정확하게 이 무리를 특징짓는 단어이다. 학교 전반 규율, 종합적 질 교육, 환영하는 분위기와 같은 많이은 추천된 학교 실행과 정책들은 학생과 학교의 연결을 촉진시키는 것으로 보였다. 지지적인 학교 정책이 체계적으로 사용되지 않았을 때, 소외된 학생과 가족을 위한 복지가 종종 손상된다. 만약 가족이 아주 유동적이라면, 가장 강력한 학교 중심 지원 서비스가 1년 안에 이동하는 사람들에게 제한적인 영향력을 가질 것이다.

이 장에서 기술한 조사·연결 모델(Check & Connect model)은 특권을 빼앗긴 학생, 가족들과의 연결을 수립하는 데 이용될 수 있다. 여기에서 특징지어진 핵심 요소는 학교와 학생의 연결을 촉진시키는 일을 책임지는 사람의 역할을 포함하고(모니터), 학교 업무를 촉진시키는 데 이용되는 절차(조사하고 연결하기)를 포함한다. 간단하게 말해서, 돌보는 성인은 장기간의 시간에 걸쳐서 무관한 학생, 가족들과 함께 일한다. 이 성인은 체계적으로 학생들의 학교 참여 정도를 조사하고, 학교와 학습의 연결을 구축하고 유지하기 위해서 개별화된 중재를 적절한 때에 제공한다. 조사와 연결은 학교-집 협력 관계 회복과 조사를 기본으로 하는 자료이다. 이 장에서는 직원 배치와 프로그램 경비를 포함한 수행 문제의 토론으로 결론짓는다.

왜 연결 형성에 초점을 맞추는가?

아동과 성인의 활기에 대한 연구는 역경에 직면했을 때의 생존과 성공에 대해 설명하는 것을 시도했었다. 인생 결과는 전형적으로 위험과 보호 요소 사이의 상호작용 용어로 설명된다. 아동의 삶에서 돌보는 성인과 같은 보호 요소들은 큰 위험을 경험하게 될 아동들에게 가장 중요하다. 회복 체제를 이용하면서, 결정된 학부모, 교사, 또는 공동체 멘토와의 연결이 학업 실패의 높은 위험을 가진 정서·행동장애 학생의 교육적 생활에 어떻게 심각한 영향을 미칠 수 있는지를 이해하는 것은 어렵지 않다.

정서·행동장애를 가진 아동들의 공통적인 특징은 주거 이동 또는 행정적 전환과 관련된 이동에 의해 종종 구성된 제한된 개인적·경제적 자원(예: 장애의 정의, 가난, 형제, 부정적인 학교 경험을 가지고 있는 학부모에 의한 학습과 정신건강 과제)을 포함한다. 초등학교에서 중학교로 이동하는 학생들은 심지어 큰 과제에 직면한다. 중등학교의 반응성의 전형적인 감소는 초등학교 체제의 특성 적응에 익숙해진 학생과 가족들에게 문제점을 증대시킬 수 있다.

더욱이 우리는 학생들이 고립 상태로 배우고 발달하지 않는다는 것을 안다. 몇 십 년 동안, 학자들은 아동의 학습 능력에 대한 문화와 사회화의 영향에 주의를 기울이고, 아동과 사춘기 행동이 학습 능력 및 사회화와 관련해서 아동 발달 이상에 의해 영향을 받는 것에 대해 토론했다. 학생 소외감의 배경은 Bronfenbrenner(1979, 1986)에 의해서 광범위하게 연구되었다. 그는 집, 학교, 공동체를 포함하는 다양한 영역의 영향으로부터 문제가 유래될 때, 학생들이 가장 큰 위험을 경험한다는 것을 문서로 증명했다. Bronfenbrenner는 학교와 관련된 행동의 고위험성을 가진 아동의 행동은 성인들의 삶(학부모와 교사), 체제와 서비스 내의 부조화, 아동들에게 명백한 학습에 대한 일관성 없고 부정확한 전달에 의한 스트레스 환경에 의해 반대로 영향을 받을 것이라고 예상했다. "청년기의 소외감을 발생시키는 영향력은 증가하고 있으며… 소외감에 대항하는 가장 좋은 방법은 문화를 통한 결합 또는 연결의 조성을 통하는 것이다. 학교는 그런 연결을 형성할 수 있다."(Bronfenbrenner, 1986, p. 430)

효과적인 학교는 전 학생의 욕구에 주목함으로써 학생들이 교육적 목표를 성취하는 것을 돕는다. Coleman(1987)은 사회적 자원의 쇠퇴에 관한 토론에서 아동 중심에 초점을 맞추는 것의 중요성을 강조했다. 맞벌이 부부와 외벌이 가족 모두에서 아동은 학업적 과제와 개인적 일에 대한 학부모와의 잦은 상호작용과 일상생활을 덜 경험하는 것 같다. 더욱이 많은 가족들은 공동체로부터 소외감을 느끼고, 의지할 사회적 망이 제한되어 있다. 몇몇 가족들은 또한 학교 문화의 경험 또는 그것에 대한 지식을 덜 언급하는 제한된 문화적 자원을 가진다. 결과적으로 학생과 가족 모두가 학교에서 학생들이 성공할 수 있도록 촉진하는 최적의 환경적 조건을 어떻게 만들어 내는지를 아는 데에 난처할 수 있다. 이런 학생과 가족 지원의 실패는 지속적인 소외감의 순환을 초래한다.

조사·연결을 사용하는 연결 형성하기

> 처음 조사·연결에 적용되었을 때, Anthony(가명)는 7학년이었다. 그는 8학년에 올라갈 예정이었지만, 전년도의 과도한 결석 때문에 올라가지 못했다. Anthony는 엄마와 함께 살았으며 아빠와는 거의 연락하지 못했다. 그는 특히 조사·연결을 시작했던 주에 화는 냈다. 왜냐하면 가족이 다시 이사를 가야 한다는 것을 알았기 때문이다. 그의 형이 파티를 너무 자주 열어서 아파트에서 내쫓기게 되었다. Anthony의 학교 기록은 학년 초 몇 달 동안 학교 직원에게 구어로 욕을 해서 몇 번의 정학을 받았던 것을 보여 줬다. 그의 상담원은 Anthony의 선생님 중 몇 사람은 신체적으로 바뀔 수 있는 공격적인 그의 언어를 두려워했다고 보고했다.

조사·연결은 Anthony와 같은 학생을 지원하기 위해 고안된 모델이다. 그 목표는 특히 학생의 교육적 성공에 초점을 맞추는, 지속적이고 관심을 갖는 성인과의 연결을 통해 학교와의 참여를 촉진하는 것이다. 그 모델은 장애를 가진 아동들 간의 중퇴율을 감소시키기 위한 중학교 연구의 일부분으로 중서부의 도시 중학교 두 곳을 배경으로 발달되었으며, 특수교육 프로그램 부서에서 자금을 제공받는다. 중재는 학습장애 또는 정서·행동장애를 위한 특수교육 서비스를 받는 7학년에서 시작되었다. 한 집단은 8학년에 조사·연결에 참가했고, 두 번째 집단은 고등학교로의 이동을 위해 9학년에 참여했다.

조사·연결은 공동체 자문위원회와 함께 참여하면서 발달되었다. 그 위원회는 1년 반에 걸쳐서 정기적으로 만났으며 장애를 가진 학생들, 학부모, 정규교사와 특수교사, 아동 중재자, 공동체 봉사 활동인으로 구성되었다. 우리가 발달시킨 모델이 실행될 가능성을 증가시키기 위해서, 그것을 실행시킬 사람들의 참여를 촉진하기 위해서 선두 조언자들의 참여가 의미 있게 간청되었다.

우리는 모델을 구축할 이론적 바탕이 되는 실험 참여 팀을 자문위원회에 오게 했다. 첫째, 중퇴 문제를 해결하는 것은 집, 학교, 공동체, 그리고 청년기의 종합적인 다구성요소의 노력을 요할 것이다. 다양한 이유로 발생된 학생들의 정학 해결책이 간단하거나 한 가지로 해결될 수 없기 때문이다. 둘째, 졸업

이전에 학교를 떠나는 것은 순간적인 사건이 아니다. 해결책은 장기간의 반응을 요할 것이므로 교육자와 가족들이 변해야 한다. 셋째, 학생들은 학업 완성과 행동의 조절을 위해 지식과 기술을 습득함으로써 능력을 부여받아야 한다. 넷째, 학교는 학교에서 전력을 다하는 학생들을 위한 지원망을 강화하기 위해 학부모들과 접촉하고 공동체 임원들과 협력 관계를 맺을 때 지도력을 가져야 한다.

자문 임원들은 이런 가설에 동의했고 가족-학교 신뢰 형성, 학교 외 시간의 활용, 문제 해결, 대안적 교수 정책, 지도와 멘토링 지원, 다른 학교로의 이동을 의미하는 중퇴 문제의 반응을 지지했다. 그 조사·연결 모델은 최초의 개발 후 추가 3년 반에 걸쳐 공동체 자문위원회의 임원으로부터 지속적인 투입을 전개시켰다. 조사·연결이 어떻게 작용하는지를 설명하기 위해 우리는 학교에서의 학생 참여 촉진자의 역할을 기술하였고, 조사·연결 중재를 안내하는 근본적인 절차상 측면을 기술하였다(**표 9.1** 참조).

모니터 역할

학생의 학교와 학습의 연결을 촉진시키는 것을 담당하는 사람을 모니터라고 말한다. 모니터의 역할은 장애를 극복하기 위해 필요한 인생 기술의 발달을 촉진시키고 동기화를 자극하는 것이다. 모니터의 주요 목표는 학생과 학부모, 교사를 위해 정규적인 학교 참여를 촉진하도록 하는 것이다. 모니터의 역할은 멘토, 중재자, 서비스 조정자 등으로 특징지을 수 있다. 중학교 연구에 참여했던 학생 중 1명은 모니터의 역할을 "학교에 오는 데에 관여하는, 내 등 뒤에 있는 사람"으로 기술하였다. 모니터의 학생, 학부모, 교육자, 타인과의 상호작용은 모델의 조사와 연결 요소에 의해서 지도된다(**표 9.1** 참조).

학생, 학부모 또는 교사 간의 협력 관계를 형성하는 모니터의 근본적인 접근법 원리는 지속성, 연속성, 일관성을 포함한다. **지속성**(persistence)은 학생의 교육적 도달을 포기하지 않을 누군가가 있거나, 학생이 학교의 중요성을 혼란스럽게 하지 않을 누군가가 있다는 것을 의미한다. **연속성**(continuity)은 학생

표 9.1 조사하기와 연결하기는 무엇인가?

조사하기	잔존하는 학교 기록을 이용하면서 학교에서의 학생 참여와 학업적 진행을 정기적으로 모니터링하는 것을 포함한다.
Q.	학생이 학교에 참여하는가? 지각하기, 수업 빼먹기, 결석, 정학, 다른 행동으로 규율 위반(예: 소견서 의뢰, 학교 내 정학, 버스 사고), 학급 낙제, 만족스럽지 않은 읽기나 수학 점수
Q.	학생들의 참여 정도를 이전에 매일, 주별, 월별, 연별로 어떻게 비교했는가? 개선되거나 감소했거나 또는 동일하게 유지되는 학교 참여 퍼센트를 가지고 있다.
연결하기	학교에서 학생의 참여를 증가시키고 유지시키기 위해 학생과 가족에게 적절한 지원을 제공하는 것을 포함한다.
Q.	연결 중재는 무엇인가? 중학교 중재는 대체로 세 가지 큰 카테고리 중 하나가 된다. ① 갈등 해결과 문제 해결을 통해 극복하기, ② 학업적 지원, ③ 레크리에이션과 공동체 서비스 탐구
Q.	특별한 중재는 어떻게 결정되는가? 특별한 중재는 요소들의 혼합에 기초를 둔다(요소: 학생의 개인적 욕구, 아동들을 학교와 학습에 참여시키기 위한 학생, 학부모와 학교의 과거 노력, 집, 학교와 공동체의 지원적 자원의 이용 가능성).
Q.	학교와의 특별한 참여 정도에 상관없이 모든 조사·연결 학생들이 받는 중재가 있는가? 있다. 이것은 기본 중재(basic intervention)라고 불린다. 각각의 학생들은 매월마다 대화에 참여했다. 그 대화는 학생들의 학교에서의 진행을 포함했고, 학업 완료와 참여 표시 '조사' 간의 관계, 학교에 머무는 것의 중요성, 갈등을 해결하고 삶의 과제를 극복하기 위한 문제 해결 단계의 재검토를 포함했다.
Q.	학생들은 얼마나 많은 중재를 받는가? 학생의 참여 정도는 중재 지원 정도를 결정하기 위한 지침서로 이용되었다. 학교에 참여하는 학생들은 단지 기본 중재를 받았다. 참여하지 않는 학생들은 집중 중재(intensive intervention)를 받았고, 집중 중재는 기본 중재에 개별화된 중재를 포함하는 것이다.

학교를 믿고 돌보는 어른은 중요하며, 당신은 성공할 수 있고, 일할 수 있으며, 학급에 참여할 수 있고, 제시간에 있을 수 있고, 건설적으로 좌절을 표현할 수 있고, 학교에 머무를 수 있다. 교육은 너의 미래에서 중요하다.

그림 9.1 모니터의 메시지

의 교육적 경력을 알고 있고, 학생의 가정 배경에 익숙하며, 학년과 여름, 다음 학년 동안에도 이용 가능한 누군가가 있다는 것을 의미한다. 일관성(consistency)은 각각의 모니터가 똑같은 메시지를 강화하는 것을 의미한다(**그림 9.1** 참조).

신뢰와 익숙함은 지속적인 노력을 통해 시간이 지남에 따라 발달되었다. 노력은 학생의 출석과 학업 수행의 정기적인 조사, 학생의 과정에 대한 지속적인 피드백 제공, 문제 해결 기술의 이용 시범, 좋은 소식과 나쁜 소식 모두에 대한 가족과의 빈번한 의사소통, 그리고 개인적 관심을 경청하기 위해 아동들이 이용되는 것을 포함한다. 우리는 학생과 가족들이 모니터에 대한 믿음을 기꺼이 확대시켰음을 발견했다. 왜냐하면 모니터는 학교와 가족들이 전형적으로 거의 신임을 갖지 못한 제도인 사회 서비스 체제와 독립적이기 때문이다.

주당 일하는 고용 시간 수에 기초하는 모니터 담당 건수의 크기는 1.25명으로 증가했다. 따라서 주당 30시간 일하는 모니터들은 최대 37명의 담당 건수를 수행한다. 중학교 연구의 학생 담당으로 일하는 동일한 모니터의 기간은 1~3년이다. 이상적으로 직원의 연속성은 적어도 2년, 몇 년에 걸쳐서 계속되어야 한다. 이 연속성은 모니터가 교사에게 역사적 자원이 되게끔 하고, 학부모에게 익숙한 얼굴이 되게 한다. 시간이 지남에 따라 동일한 모니터를 유지할 수 없을 때, 돌보는 성인으로부터 학생에게 전하는 메시지는 동일하게 유지된다(**표**

9.1 참조).

중재가 여름에 걸쳐 1년 내내 지속될 때, 모니터의 근본적인 자격은 다음의 기술과 태도를 포함한다—모든 아동은 능력을 가지고 있다는 믿음인 지속성, 가족들과 기꺼이 가깝게 일하는 마음, 비난하지 않는 접근법 사용, 지지하는 기술, 협상하고 타협하고 갈등에 직면하는 능력을 포함하고, 좋은 구성 기술, 중재 노력의 정확한 문서화, 다양한 환경에서 독립적으로 잘 일할 수 있는 능력이다. 모니터들은 연구를 위해 대학교에 고용되어 일했다. 보통 배치된 사람들은 인간 서비스 관련 분야의 학사 학위를 가지고 있었으며, 적어도 1년에서 2년의 유급이나 봉사 형태로 아동 및 가족들과 일한 경험을 가지고 있다. 학교 심리학과 특수교육의 면허 교부 프로그램의 졸업생들 또한 그 위치에 배치되었다.

그 프로젝트에 가입한 학교 지역 특수교육 조정자는 매주 사례 상담을 제공하고 지속적으로 모니터들을 감독한다. 이 감독관은 모니터를 결정적인 학교와 공동체에 연결하고, 적절한 중재와 절차에 관해 필요한 전문가를 제공해 주며, 학교 직원들 간 프로그램의 타당성을 이끌면서 학교에 근본적인 연결을 제공했다.

조사하기

구성요소 조사는 학교에 참여하는 학생들 수준의 지속적인 평가를 촉진하고 중재 결과를 안내하기 위해 설계되었다. 참여 정도는 교육자나 학부모의 힘 내에서 변경할 수 있는 몇몇 표시에 의해서 측정된다. 변경 가능한 표시는 출석(수업 결석, 장기 결석), 사회적/행동 실행(유기정학, 행동 소견서, 구금, 수업금지와 같은 다른 규율적 결과), 학업 수행(과정 낙제)을 포함한다. 참여 정도는 체계적으로 모니터링되고, 모니터지를 이용하여 매일, 적어도 1주일에 한 번씩 문서화된다. 8학년부터 Anthony의 모니터지 한 부분은 그가 결석과 유기정학으로 위험했다는 것을 보여 준다(**그림 9.2** 참조).

모니터는 학교 기록(온라인 지역 자료)으로부터 주로 출석 정보와 참여를

Check & Connect Monitoring Sheet

Student: Anthony **ID:** 123456

School Year: 1992-93 **Start Date:** 11-2-1992 **Monitor:** David **Grade:** 7 **DOB:** 10-2-1978

SCHOOL	Sept	Oct	Nov	Dec	Jan	Feb	March
Name	*Jefferson*	*Jefferson*	*Jefferson*	*Jefferson*	*Jefferson*	*Jefferson*	*Jefferson*
Setting	*traditional*	*traditional*	*traditional*	*traditional*	*halftime sped*	*halftime sped*	*halftime sped*

CHECK	Sept	Oct	Nov	Dec	Jan	Feb	March
Tardy	*0*	*0*	*0*	*0*	*0*	*0*	*0*
Skip	*0*	*4*	*0*	*0*	*1*	*0*	*0*
Absent	*2*	*5*	*6*	*2*	*1*	*1*	*2*
Suspension	*1*	*2*	*3*	*0*	*0*	*1*	*0*
Other Beh	*no*	*yes*	*no*	*no*	*no*	*no*	*no*
Fs/ Total # Classes				1st period 2 / 6		2nd period 1 / 6	
Credits (total number to date)				*not applicable*		*not applicable*	

CONNECT	Sept	Oct	Nov	Dec	Jan	Feb	March
Student	1 2 3 4 5 6 7 8 9 10 11 12 13 14 15 16 17 18 19 20 21 22 23 24 25 26 27 28 29 30	31 1 2 3 4 5 6 7 8 9 10 11 12 13 14 15 16 17 18 19 20 21 22 23 24 25 26 27 28 29 30	1 2 3 4 5 6 7 8 9 10 11 12 13 14 15 16 17 18 19 20 21 22 23 24 25 26 27 28 29 30	1 2 3 4 5 6 7 8 9 10 11 12 13 14 15 16 17 18 19 20 21 22 23 24 25 26 27 28 29 30 31	30 31 1 2 3 4 5 6 7 8 9 10 11 12 13 14 15 16 17 18 19 20 21 22 23 24 25 26 27 28 29	1 2 3 4 5 6 7 8 9 10 11 12 13 14 15 16 17 18 19 20 21 22 23 24 25 26 27 28 29	1 2 3 4 5 6 7 8 9 10 11 12 13 14 15 16 17 18 19 20 21 22 23 24 25 26 27 28 29 30 31
Family	1 2 3 4 5 6 7 8 9 10 11 12 13 14 15 16 17 18 19 20 21 22 23 24 25 26 27 28 29 30	31 1 2 3 4 5 6 7 8 9 10 11 12 13 14 15 16 17 18 19 20 21 22 23 24 25 26 27 28 29 30	1 2 3 4 5 6 7 8 9 10 11 12 13 14 15 16 17 18 19 20 21 22 23 24 25 26 27 28 29 30	1 2 3 4 5 6 7 8 9 10 11 12 13 14 15 16 17 18 19 20 21 22 23 24 25 26 27 28 29 30 31	30 31 1 2 3 4 5 6 7 8 9 10 11 12 13 14 15 16 17 18 19 20 21 22 23 24 25 26 27 28 29	1 2 3 4 5 6 7 8 9 10 11 12 13 14 15 16 17 18 19 20 21 22 23 24 25 26 27 28 29	1 2 3 4 5 6 7 8 9 10 11 12 13 14 15 16 17 18 19 20 21 22 23 24 25 26 27 28 29 30 31
School Staff	1 2 3 4 5 6 7 8 9 10 11 12 13 14 15 16 17 18 19 20 21 22 23 24 25 26 27 28 29 30	31 1 2 3 4 5 6 7 8 9 10 11 12 13 14 15 16 17 18 19 20 21 22 23 24 25 26 27 28 29 30	1 2 3 4 5 6 7 8 9 10 11 12 13 14 15 16 17 18 19 20 21 22 23 24 25 26 27 28 29 30	1 2 3 4 5 6 7 8 9 10 11 12 13 14 15 16 17 18 19 20 21 22 23 24 25 26 27 28 29 30 31	30 31 1 2 3 4 5 6 7 8 9 10 11 12 13 14 15 16 17 18 19 20 21 22 23 24 25 26 27 28 29	1 2 3 4 5 6 7 8 9 10 11 12 13 14 15 16 17 18 19 20 21 22 23 24 25 26 27 28 29	1 2 3 4 5 6 7 8 9 10 11 12 13 14 15 16 17 18 19 20 21 22 23 24 25 26 27 28 29 30 31
Social Worker	1 2 3 4 5 6 7 8 9 10 11 12 13 14 15 16 17 18 19 20 21 22 23 24 25 26 27 28 29 30	31 1 2 3 4 5 6 7 8 9 10 11 12 13 14 15 16 17 18 19 20 21 22 23 24 25 26 27 28 29 30	1 2 3 4 5 6 7 8 9 10 11 12 13 14 15 16 17 18 19 20 21 22 23 24 25 26 27 28 29 30	1 2 3 4 5 6 7 8 9 10 11 12 13 14 15 16 17 18 19 20 21 22 23 24 25 26 27 28 29 30 31	30 31 1 2 3 4 5 6 7 8 9 10 11 12 13 14 15 16 17 18 19 20 21 22 23 24 25 26 27 28 29	1 2 3 4 5 6 7 8 9 10 11 12 13 14 15 16 17 18 19 20 21 22 23 24 25 26 27 28 29	1 2 3 4 5 6 7 8 9 10 11 12 13 14 15 16 17 18 19 20 21 22 23 24 25 26 27 28 29 30 31
Probation Officer	1 2 3 4 5 6 7 8 9 10 11 12 13 14 15 16 17 18 19 20 21 22 23 24 25 26 27 28 29 30	31 1 2 3 4 5 6 7 8 9 10 11 12 13 14 15 16 17 18 19 20 21 22 23 24 25 26 27 28 29 30	1 2 3 4 5 6 7 8 9 10 11 12 13 14 15 16 17 18 19 20 21 22 23 24 25 26 27 28 29 30	1 2 3 4 5 6 7 8 9 10 11 12 13 14 15 16 17 18 19 20 21 22 23 24 25 26 27 28 29 30 31	30 31 1 2 3 4 5 6 7 8 9 10 11 12 13 14 15 16 17 18 19 20 21 22 23 24 25 26 27 28 29	1 2 3 4 5 6 7 8 9 10 11 12 13 14 15 16 17 18 19 20 21 22 23 24 25 26 27 28 29	1 2 3 4 5 6 7 8 9 10 11 12 13 14 15 16 17 18 19 20 21 22 23 24 25 26 27 28 29 30 31
Other	1 2 3 4 5 6 7 8 9 10 11 12 13 14 15 16 17 18 19 20 21 22 23 24 25 26 27 28 29 30	31 1 2 3 4 5 6 7 8 9 10 11 12 13 14 15 16 17 18 19 20 21 22 23 24 25 26 27 28 29 30	1 2 3 4 5 6 7 8 9 10 11 12 13 14 15 16 17 18 19 20 21 22 23 24 25 26 27 28 29 30	1 2 3 4 5 6 7 8 9 10 11 12 13 14 15 16 17 18 19 20 21 22 23 24 25 26 27 28 29 30 31	30 31 1 2 3 4 5 6 7 8 9 10 11 12 13 14 15 16 17 18 19 20 21 22 23 24 25 26 27 28 29	1 2 3 4 5 6 7 8 9 10 11 12 13 14 15 16 17 18 19 20 21 22 23 24 25 26 27 28 29	1 2 3 4 5 6 7 8 9 10 11 12 13 14 15 16 17 18 19 20 21 22 23 24 25 26 27 28 29 30 31
Basic	*na*	*na*	X	X	X	X	X
Intensive	*na*	*na*	X	X	X	X	X

그림 9.2 모니터지

나타내는 다른 표시를 얻는다. 온라인으로 이용 가능하지 않은 정보는 출석 서기관, 교사, 교감을 포함해서 몇몇 자원으로부터 얻는다. 이런 사람들은 또한 학생 또는 학부모로서 모순된 정보를 증명하기 위해 상담을 받았다.

연결하기

연결하기는 학교에서 참여를 증가시키거나 유지하기 위해 학생과 가족에게 때마침 지원을 제공하는 것을 포함했다. 절차는 학생과 학부모를 위해 이용되었다.

학생 연결 절차. 두 단계의 학생 중심 중재는 한정된 자원의 사용을 최대화하기 위해서 발달되었다. 기본 중재는 모든 학생들에게 동일하고 적어도 한 달에 한 번 시행된다. 집중 중재는 좀 더 자주 하고 개별화된다. 모든 학생들은 기본 중재를 받았고(집중 중재를 받을지라도), 반면에 학교 참여 표시는 좀 더 집중 중재의 시행을 받는 아동들을 안내하기 위해 이용되었다. 학생과 가족의 개인적 욕구는 어떤 특별한 중재 정책이 사용되었는지를 구술한다. 두 단계의 중재는 모니터가 시간과 자원을 좀 더 효과적으로 반응하여 관리할 수 있게 돕는다.

인정받은 예방적 측정으로서 기본 중재는 모든 목표 학생들에게 시행된다. 기본 중재는 특히 모니터, 학생, 학부모, 학교 직원 간에 작업 협력 관계가 확립된 후에 중재 교육을 효과적으로 유지시키기 위해 노력할 때 최소의 자원을 이용한다. 기본 중재는 학생과 가족에게 모니터의 역할과 조사·연결 모델에 대한 일반적인 정보를 공유하거나 소개하면서 시작된다. 기본 중재의 내용은 매달 각각의 학생과 대화하는 것이다. 대화는 학교에서 학생들의 학업 과정을 포함하고, 학업 완수와 참여 표시 '조사하기' 간의 협력 관계를 포함하며, 학교에 다니는 것의 중요성, 갈등을 해결하고 삶의 과제에 대처하기 위해 이용되는 문제 해결 단계의 재검토를 포함한다. 문제 해결을 위해 학생들은 5단계 인지·행동 문제 해결 정책〔(a) "그만하고 문제에 대해 생각해 보세요." (b) "선택에는 무엇이 있나요?" (c) "하나를 선택하세요." (d) "실행하세요." (e) "그것이 어떻게 작용했나요?"〕을 사용하는 실제 또는 가설 문제를 통해 안내된다. 매달의 대화는 모니터가 정보를 공유하고 학생들이 활동적으로 학교와 연결되는 것을 촉진시키는 데 필요한 기술을 강화하는 체계적인 기회가 된다.

> Anthony의 모니터는 점심 시간과 자습 시간 동안 그와 접촉하는 것이 가장 효과적이라는 것을 알아냈다. 그들은 문제 해결 정책의 첫 번째 단계에서 많은 대화 시간을 보냈다. 행동하기 전에 멈추기는 Anthony에게 완수시키기에 어려운 기술이었다.

집중 중재는 퇴학의 초기 경고제에서 높은 위험성을 보이는 학생에게 시행된다. 연구 기간 동안 주어진 시간에 적어도 3/4의 학생들이 집중 중재를 받았다. 이런 중재는 학생과 가족의 개인별 욕구에 맞추어지지만, 세 가지 큰 유형(문제 해결, 학업적 지원, 레크리에이션과 공동체 서비스 탐구) 중 하나로 선택될 수 있다. 실존하는 지원 서비스는 학생의 공동체 참여를 촉진하고 서비스의 중복을 최소화하기 위해 가능한 한 많이 사용된다.

문제 해결은 갈등을 건설적으로 해결하는 방법과 일상에서 매일의 과제에 대처하는 방법을 학생들에게 가르치기 위해 사용되는 5단계 인지·행동 접근법에 기초한다. 중학교 프로젝트에서 그런 중재는 고위험 행동을 보이는 학생과 함께하는 즉각적인 문제 해결 회기를 포함한다. 따라서 5단계 계획은 실생활 상황에서 사용된다. 개별화된 행동 계약은 간단한 칭찬에서부터 학교 준비물, 지역 패스트푸드 레스토랑 선물 상품권, 학교 밖에서 함께 공유하는 시간에 이르기까지 다양한 보상으로 이용된다. 모니터와 특수교육 사례 관리자들은 정서·행동장애를 가지고 있는 학생들의 정당한 절차 권리가 규율적 결과의 한 부분으로 고려되기 위해서 보조 원리로써 밀접하게 함께 활용했다. 상업적으로 이용 가능한 사회적 기술 교육과정 내용〔예: 거친 아이들(Tough Kids), 능력별 학급 편성법(Skill-streaming)〕은 또한 기술 습득을 보충하기 위해서 사용된다(제4장 참조).

> Anthony를 조사하는 동안, 그의 어머니는 그가 무기 폭력으로 10일간 학교에서 정학을 받았다는 것을 들었다. 그 이상의 조사를 통해 모니터는 Anthony가 역사 시간에 고무줄을 가지고 종이 클립을 쏘았던 것을 알았다. 교사는 그 물건이 새총처럼 사용되었고 심각하게는 다른 학생의 눈을 다치게 할 수 있었다고 주장했다. 모니터는 교사와 상담했고 정학 기간을 줄이기 위해서 보조 원리를 가지고 이야기했다. 그는 Anthony가 벌써 아주 많은 학업을 놓쳤으며, 무기 폭력성은 아마도 가장 정확한 공격의 유형이 아니고, 우발적 사고가 장애를 일으킬 수 있다고 주장했다. 모니터는 학생, 역사 교사, 특수교육 사례 관리자, 학부모 간의 대화 촉진을 제의했다.

학업적 지원은 개별화된 학업적 계약과 유사한 행동 계약을 포함했다. 몇몇 학생들은 숙제로 돕거나 추가적인 수학 또는 읽기 실습을 제공하기 위해서, 학업적 동기 지지를 제공하기 위해서 또는 재학의 중요성을 강화시키기 위해서 교사 또는 멘토와 연결되어 있다. 그 외의 단계는 학생들이 실질적으로 교사나 멘토와 연결되는 가능성을 증가시키기 위해서 수행되었고, 그것은 학생 또는 학부모나 프로그램 참여 형식을 작성하는 것을 돕거나, 개인적으로 교사에게 학생을 소개하거나, 학생들이 처음의 몇 회기를 수행하는 것을 포함했다.

레크리에이션과 공동체 서비스 탐구는 학년을 통해 또는 여름에 걸쳐서 관련되어 있는 공동체 기본 프로그램뿐만 아니라 학교 기본 활동과 프로그램을 학생과 연결하는 것을 포함했다. 프로젝트 자원은 새로운 활동을 발달시키거나 서비스를 복제하기보다는 오히려 학생들이 존재하는 프로그램에 접근하는 것을 돕는 데 초점이 맞추어져 있다. 학생들의 인가 문서에 사인을 받기 위해 집을 방문하는 모니터들은 학생들이 참가비 면제를 위해 문서를 작성하는 것을 도와주었고, 프로그램의 옵션을 설명해 주었으며, 학생을 첫 모임에 데리고 왔다. 또한 방과 후 몇몇 활동의 협력 직원 및 학부모와 함께 정보를 공유하기 위해 공동체 레크리에이션 기술과 인생 기술 프로그램 협력자를 프로젝트 학부모 모임에 참석시키기 위해서 초대했고, 그 절차를 도왔다.

학부모 연결 절차. 이 절차를 실습에서 구분하여 기술하는 반면, 그것은 학생 복지 노력과 얽혀 있다. 가족 구성원들은 자원과 파트너로서 그 과정에 참여한다. 비난하지 않는 접근법은 비난을 찾는 경향을 새로운 방향으로 전향시키는 데 이용되고, 새로운 활동계획을 발생시키고 전진하는 쪽으로 노력을 기울이는 데 이용된다. 모니터들이 아동의 교육적 과정에 대한 정보를 공유하고 교환하려고 할 때, 전화나 가정 방문으로 가족 구성원들과 접촉한다. 학습을 위한 학부모 지원은 학교에서의 아동의 참여 정도에 관계없이 모든 대상 학부모들에게 제공되는 기회뿐만 아니라 집중 중재의 한 부분으로 개인적으로 촉진된다.

개별화 중재는 가족에 의해서 확인되는 교육 관련 장벽을 최소화하는 것(예: 돌보는 사람과 학교 직원 간의 의사소통)에 초점을 맞추거나 학생과 학교의 연결을 직접적으로 또는 간접적으로 촉진시키는 자원으로의 접근을 촉진시키는 것(예: 학부모가 더 어린 아이를 헤드스타트에 등록시키는 것을 도와, 그 결과 중학교 아동이 아이를 돌보기 위해 집에 있지 않아도 되는 것)에 초점을 맞춘다. 중학교 프로젝트 동안의 다른 공통적인 집중 중재는 전형적으로 돌보는 사람인 엄마를 돕고, 대안적 규율 정책에 대한 생각과 청소년들을 위한 경계를 어떻게 정하는지에 대한 정보를 교환한다.

개별화된 복지에 추가하여 두 가지 추가적인 기회가 소비자 자문위원회의 제안으로 모든 중재에 참가하는 중학교 학부모에게 제공되었다. 한 가지 기회는 '학부모 일꾼'인 중학교에서의 파트타임 자리로 제공되었다. 최소 임금을 제공하고, 이 자리는 선임자가 구역 내에서 교사의 보조로 간주된다. 학부모 일꾼의 목표는 다른 학생들뿐만 아니라 프로그램의 학생 참여를 유지하고 학급 지도와 함께 학생의 과제 수행을 돕는 것이다. 교사가 수업 시간에 계속 진행하는 동안 학부모 일꾼은 자는 학생을 깨우거나 아동들과 몇 분을 보낼 것이다. 그 특별한 작업의 기술은 학부모 일꾼과 파트너로 일하는 교사의 욕구의 기능에 따라 다양하다. 학생들은 종종 학부모 일꾼을 '엄마'라고 불렀다. 3년에 걸쳐서 고용된 40명의 학부모 일꾼들 대부분은 복지에 의존적이고, 사전에 안정적인 고용을 거의 유지하지 않았다. 그 프로그램 조정자는 아주 많은 시간을 학부모가 그 일의 기술을 배우는 것을 돕는 데 소비하거나, 그들의 복지 자격 손실을 예방하기 위해 문서를 완성시키는 것을 돕는 데 소비했다.

가족의 조사·연결 복지의 또 다른 형태는 정기적인 학부모 모임이다. 중학교 프로젝트 동안 이런 모임은 매달 저녁에 자연적인 공동체 환경 내에서 열렸다. 학생과 교사, 공급 직원들이 초대되었다. 협의 사항은 참가하는 가족들과 함께 향상되었고, 항상 학생의 교육 프로그램과 가능한 한 직접적으로 연결되었다. 그 모임의 주제는 종종 청소년기 발달 문제와 학생, 학부모 모두를 위한 건설적인 문제 해결 기술의 사용을 촉진하기 위한 정책에 초점을 맞추었다. 학부모에게는 수송 지원이 제공되고, 데이케어와 식사가 서비스되었으며, 학부모와 교사에게 상담과 참가를 위한 적은 봉급이 제공되었다.

> Anthony의 엄마는 다른 곳으로 이사를 가는 기간 동안 몇 번을 제외하고는 대부분의 모임에 참여했다. 그녀는 어떻게 야간 외출 시간에 Anthony가 밖에 있는 것을 막을 수 있을지에 당황해했다. 이제 Anthony는 엄마보다 몸집이 더 커서 신체적 협박이 더 이상 효과적이지 않다.

우리는 조사·연결의 효과에 대해 무엇을 아는가?

중학교 연구에서 조사·연결의 효과는 엄밀한 실험 설계를 이용하여 평가되었다. 그 평가는 학교 중퇴에 위험이 높은 정서·행동장애를 가진 도시 학생들에게 결정적인 결과를 보여 주었다. 중학교 3년 이후로 정서·행동장애 또는 학습장애를 위한 특수교육 서비스를 받고 있는 모든 7학년 학생들이 그 연구의 대상이었다. 학생들은 세 집단 중 한 집단에 배치되었다—조사·연결 서비스를 받지 않는 대조군, 7·8학년에 조사·연결 서비스를 받는 치료군, 9학년까지 조사·연결 서비스를 받는 또 다른 치료군. 따라서 그 연구는 학생이 중학교 환경에서 고등학교 환경으로 이동하는 기간 동안 추가 연도의 조사·연결 서비스를 받는 데에서 기인하는 이점의 평가를 포함했다.

샘플링 절차는 민족성, 성별, 사회 경제적 위치, 장애, 나이, 최초의 학교 출석을 포함하는 몇몇 핵심 변수에 따라 잠재적인 차이를 설명하기 위해 설계되었다. 8학년이 끝날 무렵, 추가 변수는 **수준등급**(profile rating)으로 언급되는 학생의 학교 참여 단계에 의한 두 치료 집단에 걸쳐서 잠재적 차이점을 대조하기 위해 검사되었다. 수준등급은 장기 결석, 행동 사건, 과목 낙제를 기본으로 한 4점의 혼합 점수를 사용함으로써 참여를 측정한다. 낮은 수준(low-profile)의 학생들은 매달 두 번 또는 그 이하 결석을 하며, 결정적인 문제행동을 보이지 않고, 모든 과목에서 통과한다. 반면에 높은 수준(high-profile)의 학생들은 매달 네 번 이상 결석을 하며, 정학과 행동 소견서를 반복하고, 학점에서 D 또는 F를 3개 이상 받는다.

효과성의 강력한 증거는 정서·행동장애와 학습장애를 가진 학생들이 학교에 참여할 수 있다는 것을 증명한 중학교 연구에서 얻었다. 그러나 이전에 발간되었던 결과의 관련성을 증가시키기 위해, 중학교 연구 자료는 정서 또는 행동적 욕구가 확인되지 않은 심각한 학습장애를 위한 특수교육 서비스를 받는 4명의 학생들을 제외하면서 이 장에서 재분석되었다. 이 장에서 마지막 예들은 8학년에 조사·연결을 받은 39명의 학생들을 포함하며, 9학년에 걸쳐서 조사·연결을 받은 36명의 또 다른 학생들(고등학교로의 이동)을 포함하고, 제한 집단의 학생들 56명을 포함한다. 특히 학교 참여(participation in school)의 구성체와 관련된 자료들이 재분석되었다. 학교 참여는 중학교 연구에서 검사된 여섯 가지의 결정적인 구성체 중 하나였다. 조사·연결 모니터지는 참여 정보의 최조 자원이고 세 가지 참여 표시로부터의 결과 자료를 포함했다.

프로그램의 효과는 9학년이 끝날 무렵의 재학 상태로 시작하면서 참여의 세 가지 표시 모두에서 발견되었다. 학교에 등록되어 있다는 것은 전통적 학교 또는 대안적 프로그램과 같은 형식적 교육 프로그램에 등록되어 있는 학생을 의미한다. 만약 학기 말에 학교에 출석하지 않는다면(이유 없이 15일 또는 그 이상 연속적으로 결석) 학생들은 중퇴로 간주된다. 7~9학년에 걸쳐 조사·연결을 받은 학생들은 대조 집단의 유사한 학생들뿐만 아니라 8학년에 걸쳐서 조사·연결을 받은 유사한 학생들과 비교해서 9학년 학기 말(92%)에 좀 더 재학 중인 것 같았다(두 집단 모두 약 75%).

참여의 두 번째 표시는 지속성(persistence) 비율이다. 이 두 번째 접근법은 표준 중퇴율 공식이 일정하게 학교에 있는 학생들과 학교 안팎에서 탈락하는 학생들을 구별하지 않기 때문에 조사되었다. 특히 '지속인'은 9학년 동안 중퇴하지 않았던 학생들이었다(즉, 이유 없이 15일 또는 그 이상의 장기 결석). '방해자'는 학기 말에 재학 상태에 관계없이 9학년 동안 적어도 한 번은 중퇴했던 학생들이다. 지속률은 유사하게 조사·연결의 효과성을 의미했다. 7~9학년에 걸쳐서 조사·연결 중재를 받은 학생들은 대조 집단(61%)의 유사한 학생들뿐만 아니라 8학년 동안 조사·연결 중재를 받은 유사한 학생들(67%)과 비교해서 학교에 좀 더 재학(83%)하는 것 같다.

참여의 세 번째 표시는 재입학률(rate of reentry)이다. 이 측정은 학교를 그만둔 학생들이 또 다른 형식적 학교에 도전하려고 하는 정도를 반영한다. 재입학률은 7학년에서 시작하는 3년 기간 동안 적어도 한 번 학교를 그만둔 중학교 연구에 포함된 학생들 모두를 포함한다. 조사·연결 서비스를 받지 않은 대조 집단의 유사한 학생들이 45%인 데 반해 치료 집단의 약 67%의 학생들이 되돌아왔고 같은 연도 내내 학교에 남아 있었다.

> 9학년이 다가오는 가을에 Anthony는 도시에서 약 4시간 떨어져 있는 할머니 동네에서 여동생과 함께 살고 있었다. Anthony의 엄마는 그때 노숙자 쉼터에서 지내고 있었지만 Anthony와 계속 연락을 했다. 모니터는 계속 두 달마다 Anthony에게 전화를 했다. 그는 Anthony가 잘 지내고 있고 학교도 잘 다니며, 졸업을 위해 학점을 얻고 있다고 보고했다.

조사·연결 모델은 도시와 교외 환경에서 유치원부터 12학년에 이르기까지, 장애를 가진 위험행동 학생과 장애가 없는 위험행동 학생들에게도 머지않아 적용될 것이다. 예비적 효과성 자료는 최초의 연구와 유사한 영향을 보증하고 있다.

조사·연결 모델은 경비가 얼마나 드는가?

정서·행동 과제를 가진 학생들이 중퇴하는 데 따르는 대가는 이런 학생들이 사회에 기여하는 일원이 되기 위해 필요한 기술과 자신감을 가지고 졸업하기 위한 과정과 학교의 참여를 유지하는 데 요구되는 자원을 능가한다. 중학교 조사·연결 연구를 위한 최초의 경비 범주는 인사였다. 중재를 실행하고 프로그램 평가 자료를 모았던 모니터는 교사 보조와 유사한 임금과 이익을 얻었다. 주당 40시간을 일하는 모니터 요원이 40~50명의 학생들을 맡았다는 것을 상기해야 한다.

프로그램 조정자 또한 최소 주당 이틀은 필요하였다. 이 사람은 전형적인 특수교육 조정자 또는 학교 심리학자였다. 경영상 경비는 모니터, 프로그램 조정자(가정을 방문하고, 공동체 모임에 참석하며, 학교 간 이동하는)와 의사소통 지원(음성 메일, 종이)을 위한 대부분의 마일리지 보상과 관련된 경비와 다음으로 중요한 품목명이었다. 또 다른 경영상 경비는 자료 입력, 분석, 제품의 기술적 보고를 포함하여 프로그램 평가와 관련되었다. 마지막 경비 범주는 직원 개발 자료, 매년 학생당 약 20달러의 학생과 학부모 복지 보상, 사진 복사, 사무실 소모용품을 포함했다. 중·고등학교에 이어, 최근 장애를 가지고 있거나 장애를 가지지 않은 초등학교 학생들을 대상으로 하는 복제 연구에 대한 프로그램 추정 경비는 매년 학생당 약 1,100달러 정도이다.

개인에게 드는 경비는 사회 경비만큼이나 압도적이다. 고등학교를 마치지 못한 학생들은 좀 더 실업, 불완전 고용, 투옥, 장기간 사회 서비스의 의존을 경험하는 것 같다. 지난 40년 전 10명 중 단 5명 이하였던 것에 비해서 모든 노동인구 10명 중 8명은 고등학교를 마쳤다. 학교를 중퇴한 심각한 정서장애를 가진 학생들은 학교를 떠난 후에 몇 년 안에 잡혔던 졸업생들보다 3~5배 이상인 것 같다. 고등학교를 졸업한 뒤 몇 년 안에 고용된 학생들의 연간 평균 소득은 대체로 고등학교를 중퇴한 학생의 연봉보다 6,415달러가 많았다.

중퇴한 학생에 대한 사회적 경비는 증가하고 있다. 연방 정부의 죄수 5명 중 4명은 고등학교를 마치지 않았으며, 1인당 연간 투옥 경비가 대략 51,000달러이다(U.S. Select Committee, 1992). 중퇴자와 그 가족들을 위해 제공되는 연간 경비는 10년 전과 비교해서 연간 760억 달러 이상으로 추정되었다. 납세고지서마다 연간 800달러 이상이었다(Joint Economic Committee, 1991). 중학교를 연구한 내용 중에서 대조 집단의 학생들에게 학생 세입당(per pupil revenues, PPR) 추정되는 손실은 연간 63,000달러였다(25%가 중퇴했다면, n=14명×$4,500PPR). 이에 비해, 9학년을 통해 조사·연결에 참여했던 학생들의 학생 세입당 손실은 약 13,500달러였다(8%가 중퇴했다면, n=3명×$4,500PPR). 따라서 그 프로그램은 잠재적으로 그 지역의 학생 세입당 연간 49,500달러를 보유할 수 있었다. 고등학교 졸업이 삶에서 긍정적이고 생산적인 영역을 보장하지는 않는 반면, 학교에 남아 학업을 끝내고 졸업을 하는 것은 학생들이 부정적인 삶의 결과와 공통적으로 관련되는 파괴적인 활동에 참여하게 될 가능성을 줄인다.

실행 채택 시 이행 문제와 고려점

지난 10년 동안 조사·연결 모델은 12개 학교구역에서 초등학교, 중학교, 고등학교 학생들에게 시행, 개선되었다. 목표 학생들은 장애를 가진 학생들과 장애를 가지지 않은 학생들을 포함했다. 그 모델을 복제하기 위한 각각의 노력으로 몇몇 이행 요소들은 필수 과목을 유지해 왔다. 그것은 모델의 완전성을 유지하고 그 프로그램의 잠재적인 영향을 최대화하기 위해 이런 요소들이 도움을 준다는 것을 고수하는 우리의 경험이었다.

첫째, 조사·연결은 장기간의 중재(long-term intervention)가 될 것이다. 프로그램의 대상이 된 아동들은 몇 주 안에 해결되지 않을 것 같은 부정적인 학교 경험과 경력을 위해 참고되었다. 그 모델은 학교 직원뿐만 아니라 학생과 가족에게 최소 2년간의 수행이 이루어질 것이라는 가정을 기본으로 한다.

둘째, 지역과 시설 지도자들은 정서·행동장애를 가진 개별 학습자에게 영향을 미치기 때문에 그들이 체계적인 문제(systemic issues)에 대해 기꺼이 인급하는 것은 특별한 프로그램의 지원 욕구대로 결정적이다. 학생들의 학교 참여 정도에 영향을 미치는 특별한 정책과 실행은 학교 전반 규율 실행(특히 유기정학과 행정적 이동)과 일반적인 교육과정을 통해 장애를 가진 학생들이 참여하는 교수에 접근할 수 있는 사회적 촉진/학년 유지 정책, 기회를 포함한다. 예를 들어, 지원적 원조 원리는 유기정학의 대안으로 고려되었고, 또는 적어도 정학 날짜를 줄였으며, 그 후에 지도에서 제외되었다. 지원 원리는 조사·연결 직원에게 공간을 제공하였고, 직원 모임에서 프로그램의 업데이트를 위한 시간을 할당하였으며, 프로그램에의 기여를 위해 다른 학교 직원 또는 관리자를 출석시켰다.

셋째, 모니터는 신뢰, 실행, 알맞은 의사소통을 강조하면서 학교 직원들의 믿음(trust)을 얻기 위해 지도받았다. 그들은 다양한 직원 모임에서 비형식적인 학교 직원과의 대화, 비형식적인 메모, 간단한 소개를 통해 프로그램과 그들 자신을 소개함으로써 시작한다. 모니터와 그 프로그램 관리자는 전형적으로 그것의 중요성뿐만 아니라 프로그램에 대한 설명을 제공하기 위한 학생 자료를 유지하는 책임을 지는 각각의 관리자, 다른 시설 직원과 함께 개별적으로 만난다. 교사와 자원 직원들은 학생과 학교를 연결시키기 위한 미래의 시도뿐만 아니라 학생의 참여를 증가시키기 위한 과거의 노력에 대해 상담을 받는다.

넷째, 조사·연결 모니터는 학교마다, 프로그램마다 학생과 가족의 해당 담당 건수(caseload)를 따를 것이다. 특별한 시설 또는 학교군으로부터의 학생 의뢰는 지정된 모니터에게 할당되어 있는 반면, 만약 아동이 서비스 구역 내에서 다른 학교로 이동한다면 모니터가 계속 서비스를 하지 않는다. 10% 이하의 경우에는 모니터가 이동해야 하는 시설의 수를 줄이기 위해 모니터 사이에서 이동된다. 가정 방문과 저녁, 주말 시간이 많은 아동과 가족에게 효과적으로 닿기 위해 요구되기 때문에 융통성 또한 한정된 근로일 안에 형성된다. 더욱이 새로운 직원들은 그 프로그램에 대해 최소 2년의 의무를 이행하도록 요구된다. 시설과 믿음의 관계는 모니터를 위한 근본적인 도구이고, 둘 다 발달시키는 데 시간이 걸린다.

다섯째, 전문적 발전은 의도된 대로 그 모델이 이행되는지 확실히 하는 것을 도울 수 있는 다른 결정적인 요소이다. 모니터링 배치를 위한 학습 곡선은 가파르다. 프로그램 관리자로부터의 적절한 기술적 지원은 전문성 발달이 정기적으로 이루어지는 데 기본이 된다. 프로그램 관리자는 집단별 직원 모임을 매주 용이하게 한다. 그 모임은 적절한 절차와 실행을 재검토하고, 유용한 자원에 대한 정보를 교환하며, 사례 상담을 제공하고, 다른 전문가에 관한 역할을 명료화하며, 다른 전문가와 가족들에게 이 정보를 되돌려주는 의사소통 정책을 발전시킨다. 모니터가 가정-학교 협력에서 요구된 보고, 문제 해결과 갈등 해결에 이르는 범위 내의 주제에 관한 공동체와 구역 연수에 참여할 수 있는 시간이 있다.

여섯째, 최초의 의뢰 기준은 학년의 15% 이상의 출석률(장기 결석, 학교 지연, 수업 빠지기)이다. 어떤 점에서 그 모델은 학교와 교실에서 걱정거리가 되는 우발적인 신체적 폭행을 당하는 학생들을 위해 맞추어졌다. 그러나 학업적·사회적·행동적 수행은 형제 또는 부모의 학교 문제 경력뿐만 아니라 각각의 학생들을 위한 의뢰에 고려된다. 최종 의뢰는 학교 직원과 조사·연결 직원이 함께 결정한다.

일곱 번째, 학부모 봉사 예비교육은 가족 중심 실행의 기본인 수치를 반영한다. 모니터는 단지 아동이 아닌 가족에게 교육 관련 서비스를 지도하면서 가족 중심 예비교육을 가진다. 상호작용은 긍정(학부모의 능력에 대한 믿음)과 학부모가 어떻게 다양한 환경이 주어진 것을 느끼는지를 예상하는 민감성으로 특징지어진다. 모니터는 책임감이 있어야 하고, 아동의 교육적 과정에 관한 학부모의 요구에 귀 기울이고 주의를 기울여야 한다. 관계는 사실상 상호적이고 모니터는 아동을 위한 지원, 촉진, 그리고 성실한 보살핌을 전달하는 친절의 정도를 유지한다. 마지막으로 모니터는 정보와 서비스 접근성을 촉진시키면서 가족을 위한 자원으로서 역할을 한다.

학부모는 전화나 가정 방문을 통한 개인적 연락으로 프로그램에 대해 처음 소개받는다. 그들의 참여 가능성을 높일 유경험 모니터 요원 또는 학교 직원들이 방문을 한다. 인가를 받기 위한 조사·연결에 대해 쓰인 정보는 가정 방문, 전화통화, 자기 앞으로 쓴 편지, 도장 찍힌 봉투를 포함한 다양한 방법, 다양한 시도 접근을 이용하면서 가장 효과적으로 얻었다. 어떤 사람도 가정에 없고, 합법적인 보호자가 이용될 수 없을 때, 손으로 쓴 메모가 권유의 개인적 특성을 강조하기 위해 기록으로 남겨진다.

음성편지 메시지는 또한 같은 목적을 위해 남겨진다. 이런 정책은 정서·행동 과제를 지닌 도시 중학교 학생들의 학부모 사이에서 10% 이하의 거절률 결과로 나타났다. 학부모 허가와 참여를 얻기 위한 이런 노력은 조사·연결 중재의 첫 번째 단계로 보인다.

몇몇 학부모는 허가에 사인하기 전에 자녀와 함께 그 프로그램의 참여에 대해 이야기한다. 때때로 모니터가 학부모에게 그 프로그램에 대해 설명할 때 아동이 참여한다. 다른 사람들을 위한 프로그램의 학생들에 대한 첫 번째 소개는 학교에서 모니터에 의해 이루어진다. 학교에서 발견되지 않는 이런 학생들을 위해서 모니터는 가정이나 아동의 이웃 밖에서 아동을 찾아낸다. 학생 소개는 모니터가 그들의 역할과 프로그램의 목적을 기술하는 동안 얼굴을 마주 보는 대화로 시작한다.

참고를 위한 마지막 수행 문제는 평가이다. 모델은 특이하게 자료 기본 실행으로 설계되었다. 일상적으로 중재를 안내하기 위해 모은 정보는 프로그램 평가를 위해서도 사용될 수 있다. 학업 완수의 예언자가 학교 기록과 직원으로부터 모니터가 모은 동일한 변수라는 것과 일치하지는 않는다. 프로그램 직원들은 업데이트 기록을 모으고 유지할 시간을 요구한다. 비교 집단을 위한 자원들을 이용할 수 없을 때, 프로그램의 영향은 의뢰(referral) 이전에 1년 또는 몇 개월의 수행과 비교했을 때 그 프로그램에서 지난 4개월 동안의 수행을 기초선으로 변경하는 기능으로써 측정된다. 결석과 다른 참여 표시는 시간 퍼센트로 기록된다. 예를 들어, 결석 일수를 등록된 일수로 나눈다. 참여 정도의 상당한 변화는 학생들이 적어도 2년 동안 그 프로그램에 참여할 때까지는 예상되지 않는다(제10장의 프로그램 평가에 대한 좀 더 많은 정보 참조).

학생들이 학교에 계속 다니는 것에 대한 관점

학생과 학교의 연결을 촉진하기 위해 설계된 모델은 세 가지 주요 요소(모니터, 조사 절차, 연결 절차)에 의해 기술되었다. 그 요소들은 학업 실패에 높은 위험성을 가진 아동을 돕고 돌보는 성인(모니터)의 보호적 영향과 탄력성에 대한 연구에 의존한다. 더욱이 그 모델 요소들은 교육자와 가족 구성원들이 변화할 능력을 가지고 있다(학교 참여와 조사 절차)는 학업 완수의 예언에 초점을 맞춘다. 공동체 자문위원회 구성원들은 지속적·포괄적으로 균형 잡힌 실행 가능성의 문제를 제기했고, 그 실행 가능성은 학생의 참여와 중재(연결 절차) 간에 효과적이고 적절한 연결로 발전되었다.

우리는 가장 독특한 형태의 조사·연결 모델은 봉사(outreach)가 학생과 가족들, 친한 사람들 그리고 학생들을 대표하여 행동하리라 믿어지는 사람들에 의해서 제공되는 것이라고 가정한다. 모니터에 의해 사용되는 그 특별한 중재는 과거에 다른 사람들에 의해 시도되었던 정책과 똑같을지도 모른다. 그러나 모니터는 모든 핵심 요소와 장기간의 수행 노력으로 정립된 그들의 관계 덕분에 수행을 좀 더 성취할 것이다. 모니터를 믿을 수 있다는 것을 어떻게 알게 되었는지를 질문 받았을 때 한 학생은 이렇게 답했다. "그가 여름 내내 우리 집 앞에 나타났기 때문이에요." 다른 학생들은 다음과 같이 언급했다. "새로운 학교에서 수업을 받기 시작했을 때 그녀가 거기에 있었기 때문에 나는 그 사람을 진실로 믿을 수 있다는 것을 알게 되었어요." 지속적인 관계는 모니터가 학생과 학부모 모두에게 형식적인 교육의 지속적으로 수행을 설명하고 만들게 했다.

그 모델의 조사 요소는 몇몇 제한(학교 참여, 학교와의 동일시, 학업 과정)을 가진 교육자와 가족에 걸친 학업 완수 예언자에 초점을 맞춘 중재에 계속 노력을 기울이는 경향이다. 정서·행동장애를 가진 높은 비율의 학생들은 또한 많은 학교 밖 스트레스 요소를 경험하기 때문에, 교육자들은 학생이 성공하는 것을 도우면서 뒤엉킨 과제에 쉽게 당황할 수 있다. 가난, 학생 또는 가족 구성원의 약물 남용, 잦은 위기, 신체적·정신적 건강 과제와 같은 학교 밖 요소들이 학생의 학교 참여를 방해한다는 점에서 모니터에 의해 언급된다. 예를 들어, 학부모가 약물을 복용하고, 밤새도록 깨어 있고, 대낮까지 잠을 자기 때문에 학생은 제시간에 학교에 가기 힘들다. 하지만 학생은 정시까지 학교에 가기 위해 애쓸 것이다. 모니터의 역할은 첫째로 학생의 개인적인 근심을 들어주고 인식하는 것이다. 지시받은 보고 요구 사항을 따르는 것 외에, 모니터는 먼저 학생에게 개인적 알람시계를 주거나, 아침에 전화를 하거나, 학부모와 아동이 정각에 잠자리에 드는 것의 중요성에 대해 이야기해도 좋다.

기본 중재와 집중 중재인 두 단계의 연결 중재는 제한된 자원의 사용을 최대화하기 위해 발달되었다. 더욱이 우리는 때때로 모니터 시간 중 단 몇 순간만 필요로 하거나 다른 기간에 며칠간의 주의집중만 필요로 하면서, 학생들의 참여 정도가 다달이 변화했다는 것을 발견했다. 강력한 평가 중재 연결을 만들기 위해 데이터를 사용하면서, 모든 학생들에게 제공되는 최소의 반응이 정의되고 검증되었다. 이 모든 것은 낮은 학교 참여도를 보이는 학생에게 적당하고 개별화된 지원을 줄 수 있는 능력을 모니터에게 주었다.

참고 문헌

Bronfenbrenner, U. (1979). *The ecology of human development: Experiments by nature and design*. Cambridge, MA: Harvard University Press.

Bronfenbrenner, U. (1986, February). Alienation and the four worlds of childhood. *Phi Delta Kappan*, pp. 430-436.

Coleman, J. (1987, August-September). Family ties and schools. *Educational Researcher*, pp. 32-38.

Joint Economic Committee. (1991, August). *Doing drugs and dropping out: A report prepared for the use of the subcommittee on economic growth, trade, and taxes of the joint economic committee*. Washington, DC: Government Printing Office.

U.S. Select Committee. (1992, March). *On the edge of the American dream: A social and economic profile in 1992*. Select Committee on Narcotics Abuse and Control. Washington, DC: Government Printing Office.

자료

Check & Connect Web [online]. Available: http://ici.umn.edu/checkandconnect.

Christenson, S. L., & Conoley, J. C. (Eds). (1992). *Home-school collaboration: Enhancing children's academic and social competence*. Silver Spring, MD: National Association of School Psychologists.

Coley, R. J. (1995). *Dreams deferred: High school dropout rates in the United States*. Princeton, NJ: Policy Information Center, Educational Testing Service.

Delgado-Gaitan, C. (1991). Involving parents in the schools: A process of empowerment. *American Journal of Education, 100*(1), 20-46.

Finn, J. D. (1989). Withdrawing from school. *Review of Educational Research, 59*(2), 117-124.

Finn, J. D. (1993). *School engagement and students at risk* (U.S. Department of Education, National Center for Educational Statistics). Buffalo, NY: State University.

Masten, A. S., Best, K. M., & Garmezy, N. (1990). Resilience and development: Contributions from the study of children who overcome adversity. *Development & Psychopathology, 2*(4), 425-444.

McWilliam, R. A., Tocci, L., & Harbin, G. L. (1998). Family centered services: Service providers' discourse and behavior. *Topics in Early Childhood Special Education, 18*, 206-221.

Sinclair, M. F., Christenson, S. L., Hurley, C., & Evelo, D. (1998). Dropout prevention for high-risk youth with disabilities: Efficacy of a sustained school engagement procedure.

Exceptional Children, 65(1), 7–21.

Sinclair, M. F., Thurlow, M. L., Christenson, S. L., & Evelo, D. (1995). Check & Connect partnership for school success: Dropout prevention and intervention project targeting middle school youth with learning disabilities and emotional/behavioral disorders at risk for dropping out of school. In H. Thornton (Ed.), *Staying in school: A technical report of three dropout prevention projects for middle school students with learning and emotional disabilities.* Minneapolis: University of Minnesota, College of Education and Human Developments, Institute on Community Integration.

Statistical Abstracts of the United States. (1986). Washington, DC: U.S. Bureau of the Census.

Vygotsky, L. S. (1962). *Thought and language.* Cambridge: MIT Press.

Wagner, M. (1991, September). *Dropouts with disabilities: What do we know? What can we do?* A report from the national longitudinal transition study of special education students. Washington, DC: U.S. Department of Education, Office of Special Education Programs.

제 10 장

예방 프로그램의 성공 여부 측정

Stephanie H. McConaughy
Peter E. Leone

> 형식적으로 공포된 의무와 반대로, 대부분 공립학교에서의 실제적인 의무는 가장 공적으로 측정되는 것, 그리고 가장 폭넓게 인지되는 것에 기초한다. 학급에서 교사의 우선권 그리고 학급과 관련된 교수와 학습 과정을 결정하는 것이 실제적인 의무이다. 전통적인 미국 공립학교에서 교육과정 적용 범위와 평가에서의 고득점이 공립학교의 실제적인 의무를 구성한다는 것은 의심의 여지가 없는 것 같다.
>
> —Audette와 동료들, 이 책의 제3장

예방 프로그램은 학습, 행동, 정서 문제에 있어서 초기 반응이 특수교육과 같은 집중 중재를 요구하는 좀 더 심각한 문제로 발달되는 아동의 위험을 줄일 수 있다는 전제에서 작동한다. 학교는 아동들 간에 사회적 상호작용의 주요 활동무대이기 때문에, 프로그램이 사회적·정서적 문제를 예방하기 위한 이상적인 환경을 제공한다. 학교는 동시에 많은 아동들에게 접근하는 장점을 가지고, 일상 일과, 교육과정과 함께 예방 정책을 병행할 가능성을 가진다. 학교 환경에서 전체적 예방 프로그램(또한 '1차 예방'이라 불리는)은 학급 또는 전체 학교 시설과 같은 특별한 환경에 있는 모든 아동들을 포함한다. '2차 예방'이라 불리는 집중적인 예방 노력은 좀 더 심각하게 미래 문제가 위험하다고 간주되는 특별한 개인들을 대상으로 한다. 집중적인 예방 프로그램은 학생 개인보다는 오히려 위험하다고 간주되는 특별한 학교를 대상으로 할 수도 있다. 그러나 예방 프로그램이 '공적으로 측정되고' '폭넓게 인식되기' 전까지 두 가지 중재는 학교의 실제적 의무의 일부가 되지 않을 것이다.

이 장에서는 전체적이고 집중적인 노력을 포함하여 예방 프로그램의 성공을 측정하기 위한 절차를 의논한다. 행정가와 평가자에게 실질적인 예와 실행상의 권고를 제공하기 위해, 우리는 교수와 평가 절차 예에 대해 다른 장에서 기술되었던 다양한 프로젝트를 가져온다. 첫 번째 절은 학교 인구통계 요소, 학생 인구통계 요소, 그리고 학생 문제행동을 포함하면서 위험 상태를 확인하기 위한 사정 절차에 초점을 맞춘다. 다음으로 예방 프로그램의 결과 측정을 위한 절차를 의논한다. 그렇게 할 때, 우리는 행정가와 평가자들이 그 프로그램의 사용을 고려할 수 있게 기술적 측정과 공포된 지도에 대한 자세한 목록을 포함했다. 세 번째 절에서는 단일 사례와 집단 설계를 포함하여 다른 종류의 평가 설계를 기술한다. 우리는 또한 핵심 측정 문제를 언급하고, 행정가와 교육자들에게 프로그램 평가를 회피하는 공통적인 모험을 경고했다. 다섯 번째 절에서는 프로그램 평가자가 예방 프로그램의 지속 가능성을 확인하기 위해 핵심 관계자에게 어떻게 가장 효과적으로 결과를 전달할지를 토론한다.

예방 프로그램의 참가자 확인하기

학교 기본 예방 정책을 설계하는 첫 번째 단계는 어떤 학생이 그 프로그램에 참여할지를 결정하는 것이다. 일찍 정해질수록 전반적인 예방 노력은 학교 또는 학급과 같은 특별한 환경 내에 있는 모든 학생을 대상으로 한다. 예를 들어, 사회 기술 지도와 같은 전반적인 예방 프로그램은 학교 내 또는 지역 내의 모든 초등학생을 위한 교육과정의 표준적인 일부분으로 소개될 것이다. 또는 사회

기술 프로그램은 학생 수의 통계학 때문에 위험하다고 간주되는 특별한 학급 또는 학교에 있는 모든 학생들을 위해 이행될 것이다. 반대로 집중적인 예방 노력은 미래 문제에 위험하다고 간주되는 개인적 학생을 대상으로 한다. 집중적인 예방 프로그램은 단지 학급이나 학교에서 위험하다고 간주되는 학생만 참여할 것이다. 예방 프로그램 참여자를 선택하기 위해 행정가는 기술적 절차 또는 공포된 선별 절차에 의지할 수 있다.

기술적 확인 절차

기술적 확인 절차는 학생 또는 가족 인구통계 요소 또는 서비스로의 의뢰(referral)를 초래할 수 있는 특별한 유형의 학생 행동에 초점을 맞출 수 있다. **표 10.1**은 앞 장에서 언급한 예방 프로젝트의 수령자를 확인할 때 고려되는 많은 기술적 요소의 예를 열거한 것이다. 첫 번째 칸에는 검사되는 특별한 요소나 문제를 열거했고, 둘째 칸에는 측정 절차를 열거했다. 세 번째와 네 번째 칸에서는 다양한 확인 절차를 이용한 프로젝트와 그 프로젝트가 자세하게 의논되는 장을 확인한다.

이 책에서 기술된 프로젝트 행정가는 학교에서 전반적 예방 프로그램이나 집중 예방 프로그램을 이행할지 안 할지를 결정할 때 인구통계 요소를 고려했다. 예컨대 단일화된 규율 프로젝트에 참여하는 학교는 낮은 학교 성취율과 함께 높은 특수교육 배치율을 보였다. 일부 학교는 또한 범죄율이 높은 지역에 위치했다. 학습과 조사·연결 프로젝트의 연계는 학생의 이동률이나 장기 결석률이 높은 학교에서 이행되었다. 로뎀나무 정원 아동 프로젝트(Juniper Gardens Children's Project, JGCP)는 학습 면에서 뒤처진 학생들이 높은 비율을 차지하고 있는 학교에서 이행되었다. ABC 프로젝트는 특별한 서비스 접근이 제한된 시골 학교 또는 반(半)시골 학교에서 이행되었다.

매우 복잡한 측정 절차는 대체로 학교 전반 인구통계 요소를 확인하는 데는 필요하지 않다. 대신에 측정은 지역 뉴스나 경찰에 의해 보고된 높은 지역 폭력률이나 범죄율과 같은 사무실 또는 지역 기록의 시각적 조사, 표준화된 평가 점수와 단계, 또는 공적으로 이용 가능한 정보를 간단하게 포함한다. 학생 또는 가족 인구통계 요소 또한 고려된다. 예를 들어 몇 개의 프로젝트는 무료 급식 또는 저가 급식에 의해 표시되는 저소득층 가족의 수가 많은 지역이나 학교에서 이행되었다. 행정가들 또한 단일화된 규율과 조사·연결 프로젝트가 시행된 대로 폭력성 또는 높은 범죄율 지역에 살고 있는 가족의 학생들, 높은 장기 결석률과 지각률을 보인 학생들을 위해 예방 프로그램을 선택할 것이다.

학생 문제행동의 기술적 측정은 전반적 예방 프로그램을 어디에서 수행할지를 결정하기 위한 또 다른 데이터 자원을 제공한다. **표 10.1**의 마지막 부분은 단일화된 규율 프로젝트에서 교사로부터 공식 소견서의 이유가 되는 학생 문제행동의 설명을 열거한다. 학교 교사들은 **표 10.1**의 첫 번째 칸에 보이는 학업적·사회적 문제가 열거되어 있는 프로젝트 설계 소견서 양식(project-designed referral form)과 교사 원조 요구 양식(Teacher's Assistance Request Form)을 완성했다. 교사들은 4점 척도〔1=드물게(1주일에 한 번 이하), 2=한 번씩(1주일에 한 번), 3=가끔(1주일에 한 번 이상), 4=일정하게(매일)〕를 이용하여 문제 항목마다 자신의 학급에서 각 아동을 평가했다. 이런 자료의 컴퓨터 트래킹은 중재 프로젝트에서 교사를 훈련시킬 특별한 학급을 선택하기 위한 기초를 마련했다. 이 프로젝트에시 교사는 학급에 있는 모든 학생들을 위해 그리고 동일한 규율 모델을 지원하는 개별 학교 모두를 위해 동일한 관리 절차를 사용했다.

유사한 기술적 절차는 주어진 환경 내에서 모든 학생들을 포함하지 않는 집중 중재 정책을 위해 사용될 수 있다. 집중 중재는 학업, 행동, 정서 문제에 위험이 있을 것 같은 개별 학생들의 확인을 요구한다. 예를 들어, 행정가는 낮은 학업적 성취를 가진 개별 학생이나 높은 학업적 또는 사회적 문제율을 보인 학생들을 선택할 것이다. 이렇게 하기 위해서 행정가는 전반적인 규율 프로그램에서 사용되는 것과 같은 교사 평가 양식의 자기 버전을 발달시킬 수 있다. 그 평가 양식은 개별 학생들을 집중 예방 프로그램으로 보내기 위한 표준 절차를 제공할 수 있었다. '지역 기준' 또한 교사들이 학급의 모든 학생들의 평가 양식을 완성함으로써 형성될 수 있었다. 그 자료는 개별 학생과 학급이나 학교의

표 10.1 예방 프로그램 참여자를 확인하는 기술적 절차

무엇을 측정하는가?	측정 절차	프로젝트 예	장
학교 전반 인구통계 요소			
높은 특수교육 배치율	학교 사무실/지역 기록	단일화된 규율	5
낮은 학업 성취	표준화된 점수/단계	단일화된 규율	5
		로뎀나무 정원	2, 4
폭력/고범위 지역	정책/신문 기록	단일화된 규율	5
학생들의 높은 이동률/전학률	학교 출석 기록	학습 연결	7
		조사·연결	9
낮은 학교 참여(졸업 성적을 위한 기록에서)	학교 사무실/지역 기록	조사·연결	9
시골 또는 반 시골 환경	인구/지리	ABC 프로젝트	6
학생/가족 인구통계 요소			
낮은 수업/가난(예: 25,000달러 이하)	무료/저가 학교 급식	로뎀나무 정원	2, 4
		단일화된 규율	5
		학습 연결	7
		조사·연결	9
폭력/고범죄율 지역	정책/신문 기록	단일화된 규율	5
높은 장기 결석	학교 기록	단일화된 규율	5
높은 장기 결석, 지각, 수업 결석 등	모니터의 조사지 (매일 또는 매주)	조사·연결	9
학생 문제행동			
학업적 의뢰 문제 • 출석하지 않기 • 도움 요청하지 않기 • 빈약한 자아정체감 • 시간 안에 학교 숙제 완성하지 않기 • 학교 숙제 완성하지 않기 • 다른 학습자와 함께 협력하지 않기	교사 지원 요청 형식 컴퓨터 트래킹 체제	단일화된 규율	5
사회적 의뢰 문제 • 학급에서 잘못된 행동 하기 • 지도 방해하기 • 목소리 크기 • 잡담하기 • 소리 내어 말하기 • 토라지기, 울기, 자주 불평하기	교사 지원 요청 형식 컴퓨터 트래킹 체제	단일화된 규율	5

전형적인 것을 비교하기 위한 표준을 제공하기 위해 전 학급이나 학교에 걸쳐 평균을 낼 수 있다. 그러고 나서 학급이나 학교 평균보다 높은 문제 점수를 가진 개별 학생들은 집중 예방 프로그램에 참여하도록 초대될 수 있다. 컴퓨터 트래킹 프로그램은 뒤에 논의된 대로, 결과를 측정할 뿐만 아니라 확인 목적을 위해 개별 학생의 문제에 대한 기술적 자료를 기록하는 것을 도울 수 있다.

공포된 선별 절차

행동장애의 체계적 선별(Systematic Screening for Behavior Disorders, SSBD)은 위험성이 있는 학생을 확인하는 공포된 선별 절차의 좋은 예이다(Walker & Severson, 1990). SSBD는 **표 10.2**에 약술한 3단계로 구성되어 있다. 1단계에서는 학급 교사가 가장 '외향적' 또는 '내향적' 행동 특성에 가까운 10명의 학생들의 두 집단을 선택한다. 외향적인 특성은 개별 학교에서 부적절하다고 간주되는 방해적이거나 공격적인 행동을 포함한다. 내면적인 특성은 물러섬 또는 두려움과 같은 정서적 또는 감정적인 문제를 포함한다. SSBD는 각각의 행동 형태에 대한 좋은 예와 좋지 않은 예를 제공한다. 10명을 선택한 후에, 교사들은 그들의 문제 심각도에 따라서 그들을 단계별로 서열화한다. 그런 다음 위에서 세 번째 외향적 특성자와 내향적 특성자들은 2단계로 이동한다.

2단계에서는 학급 교사가 상위 3명의 외향적, 내향적 특성자 각각을 위해 세 가지 평가 척도를 완성한다. 결정적인 사건 목록(Critical Events Index, CEI)에는 나타나거나 나타나지 않는 것을 평가하는 서른세 가지 문제 항목이 열거되어 있다(예를 들어 절도, 짜증, 슬픈 감정). 연합 빈도 목록(Combined Frequency Index, CFI)은 5점 척도로 평가되는 열두 가지의 적응 행동과 열한 가지의 비적응행동을 포함한다. SSBD는 정상적 학생들의 가장 큰 예를 기본으로 한 CEI와 CFI를 대한 평균 점수뿐만 아니라 표준점수와 백분위수를 제공한다. SSBD의 표준 예를 나타내는 일정한 CEI와 CFI 분류 기준을 능가하는 학생들은 학급에서와 휴식 시간에 3단계 관찰을 위해 이동한다. 훈련된 관찰자는 각각의 환경에서 학생들에 대해 15분간 두 번의 관찰을 실행한다. SSBD 안내서는 관

표 10.2 행동장애의 체계적 선별

무엇을 측정하는가?	측정 절차	프로젝트 예	장
단계 1			
내향적인 학생들	교사 임명과 단계 평가하기	ABC 프로젝트	6
외향적인 학생들	교사 임명과 단계 평가하기	로뎀나무 정원	2, 4
단계 2			
결정적인 사건 목록	33개 항목(나타나는 것/나타나지 않는 것), 분류 기준	ABC 프로젝트 로뎀나무 정원	6 2, 4
연합 빈도 목록			
적응행동	12항목(5점 척도)		
비적응행동	11항목(5점 척도) 분류 기준		
단계 3			
직접 관찰		로뎀나무 정원	2, 4
학업 참여 시간	두 번의 15분 학급 관찰		
사회적 참여	두 번의 15분 휴식 관찰		

찰되는 행동의 정의와 코드화 절차를 제공한다. 점수는 학업 참여 시간과 사회적 참여에 대한 관찰로부터 얻는다. 코드화 체제 관찰에서 SSBD의 나이와 성별 규범적인 기준을 능가하는 학생들은 행동 또는 정서 문제 때문에 학업 실패의 위험이 높은 것으로 간주된다.

SSBD는 원래 의뢰 이전의 중재뿐 아니라 특수교육이나 다른 서비스를 위한 학생들을 선별하기 위해 설계되었다. SSBD는 다른 장에서 언급되었던 ABC 프로젝트와 로뎀나무 정원 아동 프로젝트를 포함하여 몇몇 집중 예방 프로그램에서 위험성이 있는 학생들을 확인하기 위한 선별 측정으로 사용되어 왔다. SSBD의 특별한 비율은 외향적 그리고 내향적 문제 모두에 초점을 맞춘다. 외향적인 문제를 가지고 있는 학생들은 종종 평가 또는 서비스를 위해 보내지는 반면, 내향적인 문제를 가지고 있는 학생들은 학급에서 거의 방해를 하지 않기 때문에 의뢰된 내용 이상의 위험성이 내재되어 있다.

행정가들은 학교의 인구통계 또는 특별한 프로그램의 목표에 따라서

SSBD 절차를 수정하거나 규범적 기준을 다르게 이용하기 위해 채택할지도 모른다. 예를 들어, ABC 프로젝트는 학급 크기가 작은 시골이나 반시골 학교에서 수행된다. 결과적으로 그것은 교사가 각각의 학급에서 10명의 외향적인 학생과 10명의 내향적인 학생을 선택하는 것이 가능하지 않다. 따라서 1단계 절차는 단지 5명의 외향적 학생과 5명의 내향적 학생을 선별하기 위해 수정되었다. 그것은 또한 작은 학급 크기 때문에 CEI와 CFI의 2단계 분류에 의지하는 것이 적당하지 않다. 여전히 SSBD는 첫 번째 선별에 유용하고, 그 첫 번째 선별은 결과를 평가하는 데 참가자와 대등한 대조군을 선택하기 위해 나중에 다른 학생들의 정보와 결합된다. 다른 연구에서 Gresham, MacMillan, 그리고 Bocian (1996)은 또한 그들의 목적에 맞추기 위해 SSBD-CEI 분류를 개조했다. 그들은 심지어는 CEI에 보고된 단 한 가지의 결정적인 사건도 학생들이 행동 학업 문제에 위험을 가지고 있음을 확인하기 위한 최초의 좋은 선별을 제공했다고 결론지었다.

규범적인 예를 기본으로 하는 커트라인 점수를 가진 표준화된 측정은 집중 예방 프로그램을 위한 위험한 상태를 정의하기 위해 경험적인 또는 '객관적인' 기준을 제공할 수 있다. SSBD는 규범적인 예를 기준으로 한 문제를 위한 커트라인 점수를 가진 표준화된 신별 측정의 좋은 예이다. 몇몇 다른 표준화된 시도 또한 선별 측정으로 작용될 수 있다. 교사 보고 양식(Teacher's Report Form, TRF), 뒤에 언급된 아동 행동 체크리스트(Child Behavior Checklist, CBCL)는 결과 측정 영역의 예이다. TRF와 CBCL 모두 문제 항목의 점수에서 '정상' 대 '치료'까지 범위를 정의하기 위한 커트라인 점수와 백분위수를 제공한다. 예를 들어, TRF 또는 CBCL의 전체 문제 항목에서 90% 이상의 점수는 정신건강 또는 특수교육 서비스를 위해 보내지지 않았던 아동들의 국가적으로 대표적인 큰 예에 의해서 획득된 점수에 기초한 '치료적 범위'에 있다고 간주된다.

표준화된 지도의 커트라인에 의하여 위험 상태를 정의하는 것은 확인 절차에서 '민감도' 내지는 '특이성'을 최대화할지 말지를 결정할 것을 요구한다. 민감도(sensitivity)는 '진짜 양성'의 부분인 대부분의 학생들이 예방의 성과 면에서 나중에 문제로 발달될 것 같은 것을 의미한다. 선별 측정에서 문제에 낮은 커트라인을 적용하는 것은 민감도를 최대화할 것이다. 이것은 예방 프로그램으로부터 가장 이익을 얻을 것 같은 아동을 놓치는 기회를 줄인다. **특이성**(specificity)은 '진짜 음성'의 부분을 의미하는데, 즉 대부분의 학생들이 나중에 문제로 발달되지 않을 것을 의미한다. 선별 측정에서 문제의 커트라인 점수를 높게 선택하는 것이 특이성을 최대화할 것이다. 이것은 예방 프로그램이 필요로 하지 않는 아동을 포함시키는 기회를 줄인다. SSBD 같은 선별 측정이나 TRF 또는 CBCL과 같은 지도의 커트라인 점수를 선택할 때, 행정가는 초기의 선택 과정에서 계산하고자 하는 범위가 얼마나 넓은지에 대해 주의 깊게 생각해야 한다.

단일 대 다중 확인 근거

집중 예방 프로그램을 위한 위험 상태를 평가하는 것은 단일 정보원천 또는 다중 정보원천을 사용함으로써 행해질 수 있다. 단일 정보원천에 의지하는 것은 확인 절차를 간단히 하는 장점을 가진다. 그러나 단일 정보원천을 이용하는 것은 다른 관점이나 다른 환경에서 위험하다고 간주될 수 있는 몇몇 학생을 놓치는 위험이 내재되어 있다. 반대로 학급 교사와 같은 한 가지 원천으로부터 위험하다고 간주된 몇몇 학생들이 특수교사나 학생들의 학부모와 같은 또 다른 원천에 의해서 위험하다고 간주되지 않을 수도 있다.

학교 기록은 **표 10.1**에 열거된 가족 또는 학생 인구통계 요소의 몇 가지에 의해서 위험한 상태를 확인하는 데 쉽게 사용될 수 있다. 교사 소견서 또는 교사 지명은 추가적인 정보를 제공할 수 있다. '다중 자료 모음/다중 방법' 선별 절차를 이용하는 것은 다중 정보원천을 이용하는 또 다른 방법이다. 예를 들어, SSBD는 위험 학생을 확인하기 위해 학급 교사의 지명과 단계 1, 2의 학생 평가, 단계 3에서의 다른 사람에 의한 직접적인 관찰에 달려 있다. 단계 3에서 SSBD 위험 기준을 넘은 학생에게, 교사와 학부모들은 또한 잠재력 있는 참가자들의 참가(pool)를 더욱 줄이기 위해서 TRF 또는 CBCL과 같은 표준화된 평가 척도를 완성할 수 있다. 관련된 TRF와 CBCL 문제 항목에서 경계선 또는 임상적 커트라인 점수 이상의 점수를 획득한 학생들은 그러고 나서 특별한 프로그램의 참가자로 모집될 수 있다. 예를 들어, TRF와 CBCL 외향적 항목에서 높은 점수를 획득한 학생들은 공격적 행동과 반사회적 행동을 감소시키는 데 초점을 맞추는 프로그램에 참여하도록 초대될 수 있다. TRF와 CBCL 내면적 항목에서 높은 점수를 획득한 학생들은 감정적 문제를 감소시키는 데 초점을 맞춘 프로그램에 참여하도록 초대될 수 있다. 또 다른 선택권은 학교 기록을 재검토하는 것이고, SSBD에서 확인한 학생이 특별한 프로그램에 적합한지를 결정하기 위해서 교사와 학부모를 인터뷰하는 것이다.

다원 확인 절차(Multisource identification procedure)는 대체로 일원 확인(single source identification)보다 좀 더 많은 시간과 노력을 요구한다. 그러나 그것들은 몇몇 다른 정보에 의해 위험하다고 간주되는 학생들에 대한 확인을 좁히는 이점을 가진다. 학생 행동은 종종 상황에 따라 다양하기 때문에 다원 확인은 일원 확인보다 바람직하다. 또 다른 경우에 행정가들은 가장 적절한 프로그램 참여자를 선택하기 위해서 확인 절차에 대해 주의 깊게 생각해야 한다. 몇몇 초기 선별 절차는 또한 프로그램 수행 전에 문제와 능력을 측정하기 위해 기초 자료를 모으는 데 이용될 수 있다. 예를 들어, 특별한 교실에서 개별 학생 또는 문제행동의 평균을 위해 초기 교사 문제 평가는 기초선 또는 '검사 이전' 자료로 이용될 수 있다. 이런 자료들은 그러고 나서 다음에 논의될 프로그램의 효과를 평가하기 위한 똑같은 측정의 결과 자료와 비교될 수 있다. 다음 절에서는 기초선과 결과 자료를 비교하기 위한 평가 설계를 논의한다.

예방 프로그램의 결과 측정

효과적인 예방 프로그램은 학생들의 행동에서 그리고 프로그램에 의해 목표화된 다른 영역에서 요구된 변화를 산출하는 것이다. 행동·정서 문제에 위험을 가진 학생에게 변화는 두 가지 방향으로 나타날 수 있다. (a) 프로그램에 의해서 목표화된 학생의 문제행동 감소, (b) 학생 능력의 개선 또는 프로그램에 의해서 향상된 긍정적 행동. 행정가와 평가자들은 학생의 행동 측면 모두에서 잠재적인 변화를 평가하는 결과 측정을 선택하도록 촉진된다. 예방 프로그램은 또한 교수 프로그램과 지원 서비스 같은 학교 환경의 넓은 측면에서의 변화뿐만 아니라 다른 학교 직원과 교사 그리고 학부모의 행동과 태도에서 변화를 산출할 수 있다. 추가적인 결과 측정은 예방 프로그램의 특별한 목표에 의해 변화하는 이런 영역에 초점을 맞출 수 있다. 적절하게 결과를 해석하기 위해서, 또한 프로그램 직원이 의도했던 대로 실제로 프로그램을 실행했는지 아닌지를 평가하는 것이 중요하다. 예를 들어, 교사는 실제로 사회 기술 교육과정에서 요구되는 모든 지도를 제공하였는가? 또는 교사는 실제로 학생들을 벌할 때 요구되는 단계를 따르는가? 이런 형태의 질문에 대답하는 것은 '프로그램 충실도'를 평가하는 데 요구된다. 확인, 선별과 함께 결과의 측정과 프로그램 충실도는 공포되거나 상업적으로 이용 가능한 도구뿐만 아니라 기술적 절차를 이용할 수 있다.

기술적 결과 측정

표 10.3에 다른 장에서 기술되었던 예방 프로젝트의 결과를 측정하는 데 사용된 다양한 기술적 절차를 열거하였다. 이런 것들은 학생 문제행동, 학생의 긍정적 행동 그리고 교사의 행동을 평가하는 절차를 포함한다. 공통적으로 기술적 절차에 사용되는 것은 표준 양식 또는 매일, 매주, 또는 매달을 기본으로 평가되는 체크리스트 항목이다. 각각의 항목은 나타나는지 또는 나타나지 않는지로 평가될 수 있고, 또는 발생 빈도에 따른 다점수 항목(예를 들어, 1=거의 없음, 2=가끔 또는 때때로, 3=종종, 4=일정하게. '절대 나타나지 않음'을 0점으로 사용하는 것은 좋은 생각이 아니다. 왜냐하면 사람들은 이 항목을 선택하려 하지 않기 때문이다.)으로 평가될 수 있다. 항목들은 또한 프로그램의 강도를 위해 평가될지도 모른다(예를 들어, 0=진실이 아니다, 1=조금은 진실이다, 2=매우 진실이다). **표 10.3**에 열거된 평가 항목 양식의 예는 표준화된 공식 소견서 양식(단일화된 규율 프로젝트), 교사 행동 보고 양식(로뎀나무 정원 아동 프로젝트), 모니터 조사지(조사·연결)이다. **표 10.3**은 각각의 양식으로부터 학생 문

표 10.3 기술적 결과 측정

무엇을 측정하는가?	측정 절차	프로젝트 예	장
학생의 문제행동 매일 공식 소견서 • 수용되지 않는 신체적 접촉 • 학급 방해 • 싸우기 • 학급 지도 따르지 않기 • 학급 규칙 위반 • 비속한 언어 • 다른 학생 위협하기	표준 공식 소견서 양식 25항목 컴퓨터 트래킹 체제	단일화된 규율	5
학급 규칙 위반 • 지시 즉각적으로 따르지 않기 • 과제 이탈 • 두서없이 떠들기 • 스스로 지키지 않기 • 다른 사람의 권리/소유권에 반응하지 않기	개인적 학생 행동 카드 5항목	단일화된 규율	5
학급 행동 문제 • 좌석/지정된 지역 이탈 • 신체적으로 다른 학생에게 공격적임 • 지시 따르지 않기 • 타인 괴롭히거나 방해하기 • 교사와 언쟁하기/말대꾸하기 • 다른 학생들과 언쟁하기 • 자신의/타인의 소유권 파괴하기	교사 행동 보고 양식 7항목 추정 빈도/주당	로뎀나무 정원	2, 4
학교 참여 • 지연 • 수업 결석 • 장기 결석 • 주거 이동/학교 이동 • 행동 소견서(의뢰) • 방과 후 남게 함 • 정학 • 과정 낙제 • 학점 증가	모니터 조사지 13항목 매달 기록됨	조사·연결	9

표 10.3 기술적 결과 측정 (계속)

무엇을 측정하는가?	측정 절차	프로젝트 예	장
학급 과제 이탈 행동 • 학급 방해 • 주위 두리번거리기 • 부적절하게 이야기하기 • 부적절한 과제 하기	직접 관찰 (1시간/회기당) 14항목	단일화 규율	5
학급/휴식 시 문제행동 • 신체적 공격 • 부정적 언어 표시 • 좌석 이탈/영역 이탈 • 휴식 시 부정적 또래 상호작용	직접 관찰 (2.5~3시간/회기당) 4항목	로뎀나무 정원	2, 4
학생의 긍정적 행동 학급 과제 수행 행동 • 질문에 대답하기 • 주의집중하기 • 손들기 • 전체적 과제 수행	직접 관찰 (1시간/회기당) 10항목	단일화된 규율	5
학급/휴식 시 긍정적 행동 • 학업 참여/과제 수행 • 학업적 요구 승낙 • 행동 요구 승낙 • 휴식 시 긍정적 또래 상호작용	직접 관찰 (2.5~3시간/회기당) 4항목	로뎀나무 정원	2, 4
• 적절하게 주의 요구하기 • 협력적 사회 상호작용 참여하기 • 적절하게 화 표현하기 • 좋은 과제 만들기 • 학급에 참여하기	교사 행동 보고 양식 5항목 (5점 척도)	로뎀나무 정원	2, 4

제행동의 예들을 열거한 것이다. 그 특별한 프로젝트는 이 장에서 **표 10.3**의 네 번째 칸에서 쓰여 열거되었다.

특별한 기간 동안의 평균화된 항목 또는 나타나는 점수 항목을 가진 학생의 비율에 따라 평균화된 항목들에 대한 평균과 표준편차는 결과 자료를 제공

표 10.3 기술적 결과 측정 (계속)

무엇을 측정하는가?	측정 절차	프로젝트 예	장
교사의 행동 칭찬 질책	직접 관찰 (2.5~3시간/회기당)	로뎀나무 정원	2, 4
모니터 학생 행동 적절한 목소리 톤 사용하기 예상되는 수집 절차 사용하기 • 행동 서술하기 • 위반된 규칙 서술하기 • 단일화된 결과 서술하기 • 격려 제공하기	평가 척도를 가진 직접 관찰 4항목	단일화 규율	5
공식 규율 의뢰	표준 공식 소견서 양식 컴퓨터 트래킹 체제	단일화된 규율	5
	공식 소견서 양식	갈등 해결/ 또래 중재	8

할 수 있다. 종합 점수는 같은 기간 동안 그 프로그램에 참여하는 학생들의 공식 소견서, 장기 결석, 또는 과정 낙제의 수와 같이 쉽게 조사될 수 있는 변수들로부터 구할 수 있다. 종합 점수는 또한 평가 척도이나 체크리스트에 있는 개인별 문제 항목의 점수를 합함으로써 얻어질 수 있다. 그러나 일별 출석 또는 공식 소견서와 같은 변수들의 원점수 계산(raw score tallies)은 학교가 높은 이동률을 보이거나 학생이 다른 시기에 프로그램이나 학교에 들어오거나 나갈 때, 또는 기초선 기간이 다를 때에는 변화의 표시로서 부족하다.

직접적인 관찰은 학생 문제행동을 측정하기 위한 또 다른 공통적인 기술적 절차이다. 예를 들어, 단일화된 규율 프로젝트에서 세 번의 1시간 관찰은 열네 가지의 다른 과제 이탈 행동을 측정하는 데 수행되었다. **표 10.3**은 전체 과제 이탈에 더하여 프로젝트 학급의 학생 대 비교 학급의 학생 간의 결과에 결정적인 차이점을 보인 네 가지의 과제 이탈 행동을 열거한 것이다. 로뎀나무 정원 아동 프로젝트에서 **표 10.3**에 열거된 네 가지 학생 문제행동은 수업 시간이나

휴식 시간에 2.5~3시간 회기로 관찰되었다.

표 10.3의 아래 단락은 직접 관찰 또는 교사의 보고에서 초점이 된 긍정적 학생 행동을 열거한 것이다. 단일화된 규율 프로젝트에서 **표 10.3**에 열거된 4개의 과제 수행 행동은 프로젝트 학생 대 비교 학급 학생들 간의 중요한 차이점을 보여 주었다. 로뎀나무 정원 아동 프로젝트에서 학생들의 긍정적인 네 가지 행동은 학급이나 휴식 시간에 관찰되었고, 학생들의 긍정적인 다섯 가지 행동은 매주 교사에 의해 보고되었다. 1년 후, 관찰은 로뎀나무 정원 예방 프로그램을 받은 학생들이 학업적 참여, 쉬는 시간의 긍정적인 또래 상호작용, 주목을 위한 적절한 요구에 있어서 제한 집단에 비해 좀 더 개선되었음을 보여 주었다.

직접적 관찰은 또한 교사 행동의 변화도 평가할 수 있다. 예를 들어, 로뎀나무 정원 아동 프로젝트에서 관찰자는 교사가 학생을 칭찬하거나 질책한 시간의 수를 기록하였다. 단일 규율 프로젝트에서 관찰자는 **표 10.3** 마지막에 열거된 교사의 행동을 주기적으로 평가하기 위해 특별한 코딩 체제를 사용하였다. 이런 행동은 학생을 벌하기 위한 프로그램 정책에 나타났다. 매년 봄, 가을에 계산된 평균과 표준편차는 프로그램 충실도 측정으로 이루어지는, 교사가 실제로 지시된 대로 정책을 사용하고 있었다는 것을 증명했다(공식 규율 의뢰에서의 감소는 갈등 해결/또래 중재 프로젝트뿐만 아니라 단일화된 규율 프로젝트에서 교사 행동의 추가적인 변화의 증거도 제공했다).

연구 프로젝트는 종종 독립적인 관찰자로서 수행할 수 있는 직원들을 고용하는 기쁨을 갖는다. 예방 정책이 학교 또는 지역 프로그램으로 편입될 때, 행정가들은 고유의 관찰자를 고용하고 선택해야 한다. 관찰자는 특별하게 이런 목적을 위해 고용된 학교 직원이 아닐 수도 있다. 더욱이 예산 제한 때문에 행정가들은 학교구역에 이미 고용된 사람들로 보충할 것이다. 어느 경우에나 관찰자가 관찰 방법에 있어서 적절한 훈련을 받고, 예방 프로그램에 직접적으로 포함되어 있지 않다는 것이 중요하다. 관찰이 프로그램 대 비교 집단 간에 이루어질 때, 관찰자는 개별 학생의 집단 연구과제에 대한 지식을 알아선 안 된다. 집단 연구과제에 대해 관찰자가 '안목이 없음(blind)'을 유지함으로써 프로그램 결과의 독립적인 측정이 될 것이다. '기능상 정의' 또한 측정하기 쉬운 용어로 관찰되는 각각의 행동을 기술해야 한다. ABC와 로뎀나무 정원 아동 프로젝트에서 독립적인 관찰자는 교사 보고를 보강했던 프로그램의 효과성의 중요한 증거를 보고했다.

공포된 결과 측정

심리학적 교육적 출판 업체는 예방 프로그램을 위한 결과 측정으로 사용될 수 있는 많은 다른 도구를 판매한다. 추가적 도구 또한 예방과 심리학적·행동적 평가의 연구자들에게 이용될 수 있다. 특히 표준화된 도구는 결과 평가를 위한 몇 가지 장점을 가진다.

- 큰 공동 항목들은 잠재적인 문제와 힘의 종합적인 평가를 가능하게 한다.
- 개인별 항목 세트는 대체로 쉬운 해석을 위해 척도와 종 점수로 함께 분류된다.
- 같은 도구들이 기초선에서 프로젝트 완수에 이르기까지의 변화를 측정하기 위해 몇몇 다른 시간에 실행될 수 있다.
- 개인별 또는 집단이 얻은 점수는 그들이 현저하게 높은 단계의 문제를 보이거나 낮은 단계의 능력과 힘을 보이는지 어떤지를 결정하기 위해 규범적인 예로부터의 유사한 점수와 비교될 수 있다.
- 그 도구는 신뢰도와 정당성을 위해 검사되었다.

다양한 도구들 사이에서 선택할 때, 행정가와 교사들은 그 도구가 적합한 규범적 표본과 신뢰성 및 정당성을 가지고 있는지를 결정하기 위해 해설서를 검토해야 한다. 가장 좋은 도구는 인구 중 크게 나타나는(규범적인) 예들로부터 유래한 다른 나이의 남녀에게 표준점수와 백분위수를 제공하는 것이다. 사용자들은 또한 특별한 프로그램에 의해 영향을 받을 것 같은 행동을 도구가 측정하는지 어떤지를 결정하기 위해 척도와 항목을 철저하게 검사해야 한다. 널리 알려진 모든 적절한 도구들을 재검토하는 것은 이 장의 범위를 벗어난다. 그러나 **표 10.4**는 다른 장에서 언급한 프로젝트에서 사용한 공포된 결과 측정의 형태를 열거한 것이다. 그 결과 측정은 교사, 직접적 관찰자, 학생 자신, 학부모에게 이행하는 정보 제공자의 형태에 따라서 분류된다. 각 정보 제공자의 카테고리 내에서 도구는 학생의 문제행동, 학생의 긍정적인 행동, 학교 또는 가족 분위기의 인식을 측정하기 위해 열거되었다〔우리는 교사의 태도, 학생의 갈등과 또래 중재의 인식, 학부모 권한의 인식, 가족 환경과 그들의 심리학적 기능을 포함하는 폭넓은 용어로 분위기(climate)를 사용하고 있다〕. 다양한 도구를 사용하는 프로그램은 **표 10.4**의 네 번째 칸에 열거된 장에서 언급된다. 학교 직원들은 그들이 관심을 갖는 도구의 기술적 해설서를 상담하도록 촉진된다. 각각의 도구를 위한 참고 서적은 이 장의 끝에 열거되어 있다.

특별한 예방 프로그램에 사용되는 결과 측정에 더하여, **표 10.4**는 두 가지 추천된 표준화 평가 척도를 열거한다. 학생 자기보고(Youth Self-Report, YSR)는 청소년들의 본인의 문제와 능력에 대한 인식을 평가하기 위해 추천되었다(Achenbach, 1991c). YSR은 11～18세 학생들에게 적당하다. 그것은 유사한 항목과 척도 점수를 포함함으로써 CBCL 및 TRF와 꼭 들어맞는다. YSR은 중·고등학교 학생들에게 사용될 수 있고, 반면에 아동 자기인식 프로필과 같은 다른 자기보고 척도는 초등학생에게 사용될 수 있다. 학부모 인가는 학생 자기보고 양식의 어떤 것을 수행하기 전에 얻어야 한다. 이런 양식들은 또한 채점되어야 하고 적당한 훈련을 받은 전문가에 의해서 해석되어야 한다.

행동·정서 평가 척도(Behavioral and Emotional Rating Scale, BERS)는 학생들의 정서적·행동적 힘을 평가하기 위해 추천된다(Epstein & Sharma, 1998). BERS는 교사와 다른 학교 직원들이 5～18세 학생들을 위해 수행할 수 있다.

BERS 해설서는 교사, 상담가, 장애 없는 2,100명 아동의 임상 평가에 기초한 표준점수와 백분위를 제공한다. 학부모들은 또한 BERS를 완성할 수 있다. 그러나 학부모 평가에 규범적인 예가 이용 가능할 때까지, 단지 BERS 원점수가 학부모 보고로부터의 결과를 평가하는 데 사용되어야 한다. **표 10.4**에 열거된 다른 평가 척도 몇 가지(CBCL, TRF, YSR)는 또한 행동·정서 문제와 함께 능력

표 10.4 공포된 결과 측정

무엇을 측정하는가?	측정 절차	프로젝트 예	장
학생 문제행동의 교사 보고 교사 보고 양식/5-18(TRF; Achenbach, 1991b) 항목: 내면화하기, 외면화하기, 종합적 문제, 수줍어함, 신체적 불만, 불안함/우울, 사회적 문제, 사고 문제, 주의집중 문제, 비행행동, 공격적 행동	표준화된 평가 척도 118항목—3점 척도 원점수, T점수, 백분위수	ABC 프로젝트 로뎀나무 정원	6 2, 4
교사-아동 평가 항목(T-CRS; Hightower et al., 1986) 항목: 실행하기, 부끄러워함/불안함, 학습 곤란	표준화된 평가 척도 18항목—5점 척도 원점수, 백분위수	학습연계	7
사회적 기술 평가 체제(SSRS; Gresham & Elliot, 1990) 항목: 내면화하기, 외면화하기, 과잉행동, 종합적 문제	표준화된 평가 척도 18항목—3점 척도 표준점수, 백분위수	ABC 프로젝트 조사·연결	6 9
학생의 긍정적 행동의 교사 보고 교사 보고 양식/5-18(TRF; Achenbach, 1991b) 항목: 학업 수행, 적응 기능화	표준화된 평가 척도 학업 과제—5점 척도 적응 기능화 4항목—7점 척도	ABC 프로젝트	6
교사-학생 평가 항목(T-CRS; Hightower et al., 1986) 항목: 좌절 인내, 단정적인 사회적 기술, 과제 지향	표준화된 평가 척도 18항목—5점 척도 원점수, 백분위수	학습연계	7
사회적 기술 평가 체제(SSRS; Gresham & Elliot, 1990) 항목: 협력, 주장, 자기조절, 종합적 문제	표준화된 평가 척도 30항목—3점 척도 표준점수, 백분위	ABC 프로젝트	6
행동·정서 평가 척도(BERS; Epstein & Sharma, 1998) 항목: 대인관계 능력, 가족 포함, 개인 내 능력, 학교 기능화, 정서적 능력	표준화된 평가 척도 52항목—3점 척도 원점수, 표준점수, 백분위수	[추천됨]	

표 10.4 공포된 결과 측정 (계속)

무엇을 측정하는가?	측정 절차	프로젝트 예	장
학교 분위기의 교사 인식 Maslach Burnout 목록 척도(Maslach & Jackson, 1981) 항목: 정서적 소모, 의뢰인 비인격화, 개인적 성취 부족	평가 항목 22항목—7첨 척도	학습연계	7
학교 분위기 조사(Smith, Miller, & Daunic, 1996) 항목: 소속감(collective identity), 학생 응집력, 상호 존중, 질서와 규율, 공동체 지원, 교사 효능, 인종 조화, 과제, 갈등	평가 척도 설계된 프로젝트 85항목—5점 척도 원점수, 평균, 표준편차	갈등 해결/ 또래 중재	8
학생 문제행동의 직접적 관찰 직접적 관찰 양식(DOF; Achenbach, 1986) 항목: 내면화하기, 외면화하기, 종합 문제, 수줍어함/부주의함, 예민함/강박, 관념적임, 우울함, 과잉행동, 주의 요구, 공격적임	표준화된 평가 척도 10분/회기당 96항목—4점 척도 원점수, T점수, 백분위수	ABC 프로젝트	6
학생 긍정적 행동의 직접적 관찰 직접적 관찰 양식(DOF; Achenbach, 1986) 항목: 과제 수행	표준화된 평가 척도 회기당 1분 간격 10회 전체 원점수	ABC 프로젝트	6
행동장애를 위한 체계적 선별(SSBD; Walker & Severson, 1990) 항목: 학업 참여 시간, 사회적 참여	시간 샘플링을 위한 표준 절차	로뎀나무 정원	2, 4
문제행동의 학생 자기보고 학생 자기보고/11-18(YSR; Achenbach, 1991c) 항목: 내면화하기, 외면화하기, 종합 문제, 수줍어함, 신체적 불만, 불안함/우울, 사회적 문제, 사고 문제, 주의력 문제, 비행행동, 공격행동	표준화된 평가 척도 102항목—3점 척도 원점수, T점수, 백분위수	[추천됨]	
긍정적 행동의 학생 자기보고 학생 자기보고/11-18(Achenbach, 1991c) 항목: 활동, 사회적·종합적 능력	표준화된 평가 척도 12항목—3점 척도 원점수, T점수, 백분위수	[추천됨]	

표 10.4 공포된 결과 측정 (계속)

무엇을 측정하는가?	측정 절차	프로젝트 예	장
아동을 위한 자기인식 프로필(Harter, 1985) 항목: 학교 교육 능력, 사회적 수용성, 운동 능력, 신체적 외형, 행동 수행, 전체적 자기가치	표준화된 평가 척도 36항목—4점 척도 원점수, 백분위수	학습연계	7
어린 아동을 위한 인지 능력과 사회적 수용의 그림 척도(Harter & Pike, 1984) 항목: 학교 교육 능력, 신체적/운동 능력, 사회적 수용, 어머니의 수용성(maternal acceptance)	표준화된 평가 척도 24항목—4점 척도 원점수, 백분위수	학습연계	7
또래 중재자 설문지(Smith, Miller, & Daunic, 1996) 항목: 만족, 일반화	평가 척도 설계 프로젝트 17항목—3~5점 척도 원점수, 평균, 표준편차	갈등 해결/또래 중재	8
학교 분위기의 학생 인지 갈등 해결 척도(Smith, Miller, & Daunic, 1996) 항목: 개인적 갈등/공격성, 규율 중재, 갈등 해결 형태, 외부 영향, 도움 필요성, 의사소통 영향, 집단 공격성	평가 척도 설계 프로젝트 25항목—5점 척도 원점수, 평균, 표준편차	갈등 해결/또래 중재	8
학생 태도 조사(Smith, Miller, & Daunic, 1996) 항목: 의사소통, 차이에 대한 개방, 학교 열중, 통제력	평가 척도 설계 프로젝트 42항목—5점 척도 원점수, 평균, 표준편차	갈등 해결/또래 중재	8
논쟁자 질문지(Smith, Miller, & Daunic, 1996) 항목: 만족, 효능, 충실도 절차 조사	평가 척도 설계 프로젝트 31항목—5점 척도, 예/아니요 원점수, 평균, 표준편차	갈등 해결/또래 중재	8

표 10.4 공포된 결과 측정 (계속)

무엇을 측정하는가?	측정 절차	프로젝트 예	장
학생 문제행동의 학부모 보고 아동 행동 체크리스트/4-18(CBCL; Achenbach, 1991a) 항목: 내면화하기, 외면화하기, 종합 문제, 수줍어함, 신체적 불만, 불안감/우울함, 사회적 문제, 사고 문제, 주의력 문제, 비행행동, 공격행동	표준화된 평가 척도 118항목—3점 척도 원점수, T점수, 백분위수	ABC 프로젝트 학습연계	6 7
사회적 기술 평가 체제(SSRS; Gresham & Elliot, 1990) 항목: 내면화하기, 외면화하기, 과잉행동, 종합 문제	표준화된 평가 측정 17항목—3점 척도 표준점수, 백분위수	ABC 프로젝트	6
학생 긍정적 행동의 학부모 보고 아동 행동 체크리스트/4-18(CBCL; Achenbach, 1991a) 항목: 활동, 사회적, 학교, 종합 능력	표준화 평가 측정 20항목—3점 척도 학업과제—4점 척도 원점수, T점수, 백분위수	ABC 프로젝트 학습연계	6 7
사회 기술 평가 체제(SSRS; Gresham & Elliot, 1990) 항목: 협력, 주장, 자기통제, 책임감, 종합적 사회 기술	표준화 평가 측정 38항목—3점 척도 표준점수, 백분위수	ABC 프로젝트	6
또래 중재자 학부모 질문지(Smith, Miller, & Daunic, 1996) 항목: 만족, 일반화	평가 척도 설계 프로젝트 16항목—3~5점 척도 원점수, 평균, 표준편차	갈등 해결/ 또래 중재	8
행동·정서 평가 척도(BERS; Epstein & Sharma, 1998) 항목: 대인관계 능력, 가족 포함, 개인 내 능력, 학교 기능성, 효과적 능력	표준화된 평가 척도 52항목—3점 척도 원점수, 표준점수, 백분위	[추천됨]	

표 10.4 공포된 결과 측정 (계속)

무엇을 측정하는가?	측정 절차	프로젝트 예	장
학부모 인지 권한/가족 분위기 가족 권한 척도—학교판(Koren, DeChillo, & Friesen, 1992; McConaughy, Kay, & Fitzgerald, 1999) 항목: 체제 지지, 지식, 능력, 종합 점수	개조된 평가 척도 34항목—5점 척도 원점수, 평균, 표준편차	ABC 프로젝트	6
학부모 스트레스 목록(Abidin, 1990) 항목: 아동 영역, 학부모 영역	평가 척도 101항목—5점 척도 원점수	학습연계	7

을 평가한다. 사회 기술 평가 체제(SSRS)는 문제뿐만 아니라 사회적 기술을 평가하는 또 다른 도구이다. BERS는 몇몇 영역의 능력에 독점적으로 초점을 맞추는 이런 도구와는 다르다. 따라서 BERS에 다른 측정의 종합 테스트(battery)를 추가하는 것은 문제의 변화뿐만 아니라 긍정적 행동의 변화를 포함하는 결과의 평가에 초점을 확대한다.

다중 결과 측정의 중요성

아동의 행동은 가끔 학교 대 집, 또는 한 교실 대 다른 교실과 같이 한 상황에서 다음 상황에 이르기까지 다양하다. 결과적으로 다른 상황에서의 정보 제공자 간(예: 교사 대 학부모)의 동의는 기껏해야 낮거나 중간 정도일 것이다(Achenbach, McConaughy, & Howell, 1987). 상대적으로 낮은 정도의 동의는 한 정보 제공자가 맞고 다른 사람은 틀렸음을 뜻하는 것이 아니다. 대신에, 그것은 아동의 기능화에 대한 다중 견해를 얻는 것의 중요성을 강조하는 것이다. 이것은 특히 학교 기본 예방 프로그램의 결과를 평가하기 위한 과제일 수 있다. 특별한 프로그램의 초점에 따라 교사들은 다른 지역이 아닌 일정한 지역 내에서 학생들의 기능화의 변화를 보고할 것이다. 동시에 학부모 또는 관찰자와 같은 다른 정보 제공자들은 교사에 의해 보고된 것과 유사한 변화를 보고하거나, 거의 또는 전혀 변화가 없음을 보고하거나, 교사에 의해 관찰되지 않은 다른 영역에서의 변화를 보고할 수도 있다. 특별한 프로그램은 또한 학생 행동의 변화뿐만 아니라 교사의 행동과 가족의 기능화에 대한 변화도 야기할 수 있다.

ABC 프로젝트는 다른 정보 제공자에 의해 보고된 결과에서 변화의 좋은 예를 제공한다〔좀 더 자세한 내용은 McConaughy, Kay, 그리고 Fitzgerald (1998, 1999, 2000)의 논설 참조〕. 공포된 몇몇 다른 측정법이 사용된 ABC 프로젝트는 학부모-교사 실행 연구(PTAR) 팀에 배치된 1학년과 2학년 학생 대 같은 학급 내의 PTAR 팀 이외의 제한 집단 학생들을 위한 결과를 평가하기 위해 **표 10.4**에 열거되었다. 교사들은 TRF와 SSRS를 완성했나. 독립적인 관찰사들은 학생들의 문제와 학급에서의 과제 수행 행동을 평가하기 위해서 직접 관찰 양식(DOF)을 사용했다. 학부모들은 CBCL, SSRS와 가족 권한 척도－학교판(FES－S)을 완수했다. TRF, SSRS, DOF, CBCL은 학생들의 문제와 능력을 측정하기 위해 종합 점수와 척도 점수를 제공하는 다항목 평가 척도이다. ABC 연구자들은 예방 정책을 이행하기 전후 각각의 측정에 대한 점수를 비교함으로써 결과를 평가했다. ABC 프로젝트의 2년이 끝날 무렵, 교사와 학부모 모두 학생의 규범 어김 행동의 감소를 보고했고, 학생의 사회적 기술의 개선을 보고했다. 동시에 교사와 관찰자들은 제한 집단과 비교했을 때 PTAR 학생들의 내면화 문제에서의 큰 감소를 보고했고, 반면에 학부모들은 제한 집단과 비교했을 때 PTAR 학생들의 외면화 문제에서의 큰 감소를 보고했다. PTAR 학생 대 제한 집단 학생들의 결과 차이는 PTAR 팀의 효과성을 증명했다. 그러나 학생 행동 변화의 특성은 정보 제공자들에 따라 달랐다. PTAR 학부모들은 또한 아동을 위한 학교 서비스를 찾는 데에 자신들의 권한이 개선되었다고 보고했다. 1년 대 2년의 결과를 비교함으로써, ABC 연구자들은 더욱이 2년간의 장기간 예방이 1년간의 단기간 예방보다 훨씬 더 효과적이었다고 증명했다.

학습연계 프로젝트는 **표 10.4**에 열거된 공포된 측정을 사용하는 다정보 제공자 결과 측정의 또 다른 예이다. 이 프로젝트에서 결과를 평가하기 위해 교사들은 교사-아동 평가 척도(T-CRS), TRF, 그리고 Maslach Burnout Inventory 개정판을 완성했다. 학생들은 아동을 위한 자기인식 일람표와 어린 아동을 위한 인지 능력과 사회적 수용의 그림 척도를 포함하여 능력과 또래 수용에 대한 자신의 인식을 평가하는 몇몇 도구를 완성했다. 학생들은 또한 표준화된 성취 검사를 받았다. 학부모들은 학부모 스트레스 목록(PSI)을 포함하여 CBCL과 몇몇 다른 심리학적 적응 측정을 완수했다. 학습연계 프로젝트 1년 후, 학부모와 교사 평가 척도는 학생들이 관여한 문제가 감소하고, 반대로 학생들이 관여하지 않은 문제는 증가하였음을 보였다. 학습연계 학생들은 또한 학업적 성취에서 개선을 보였으며, 학부모들은 집에서의 가족 갈등이 감소되었음을 보고했다.

로뎀나무 정원 아동 프로젝트에서 교사들은 행동·정서 문제에 위험을 가진 학생들을 선택하기 위해 **표 10.2**에 열거된 SSBD를 완수했다. 정서·행동장애를 가지고 있다고 확인된 추가 학생들 외에 이런 학생들을 위한 결과들은 예방 프로그램에 참여하지 않았던 학생들과 비교된다. 결과를 평가하기 위해 교사들은 **표 10.3**에 열거된 교사 행동 보고 양식을 사용하여 학생들의 문제행동과 긍정적 행동의 보고를 매주 제공했다. 독립적인 관찰자들은 학생 문제행동, 학생 긍정행동, 교사 행동, 그리고 학교 환경적 측면(예: 학업적 내용과 학생들의 교수 집단화)의 직접적인 관찰을 기록했다. 로뎀나무 정원 아동 프로젝트 1년 후, 관찰 자료는 학업적 참여와 휴식 시간의 긍정적 상호작용의 높은 비율을 의미했고, 제한 집단에 비해 프로그램 참여자들의 낮은 비율의 공격성을 의미했다. 교사 보고는 좀 더 많은 주의에 대한 적절한 요구를 보였고, 대조 학생들에 비해 프로그램 참여 학생들이 지시를 따를 때의 문제와 학습 일상사의 방해하는 문제가 좀 더 적음을 보였다. 관찰과 교사 보고 모두 제한 집단 학생들보다 프로그램 참여 학생들의 좌석 이탈 행동이 적음을 나타냈다.

위에서 언급한 세 가지 프로젝트 모두는 환경에 따라, 그리고 정보 제공자들의 보고에 상응하는 유사점과 차이점에 따라 학생의 행동에서 나타날 수 있는 변화성을 설명한다. 이런 발견은 다양한 잠재적인 프로그램 결과를 평가하는 평가 절차의 중요성을 증명한다. 다양한 결과를 평가하기 위해 행정가들은 **표 10.4**에 열거된 널리 알려진 도구를 선택할 수 있고, 많은 다른 상업적 이용 도구를 선택할 수 있다. **표 10.3**에 설명된 대로, 행정가와 연구자들은 널리 알려진 도구와 함께 그들의 기술적 도구 또한 사용을 위해 발달시킬 수 있다. 행정가들은 다양한 견해를 포함하는 결과 측정법을 선택하도록 촉진된다. 동시에 행정가들은 몇몇 다른 측정법을 완수하는 데 필요한 시간과 노력에 신경을 써야 하고, 평가되는 프로그램의 특별한 초점에 가장 적합한 것만을 선택해야 한다.

프로그램 평가 설계하기

중재 참가자를 선택하고 예방 프로그램의 효과에 민감한 측정법을 확인하는 것은 프로그램 평가의 중요한 측면이다〔Shadish, Cook, 그리고 Leviton(1991)에서 평가 설계의 구체적인 토론 참조〕. 프로그램 평가에서의 또 다른 중요한 단계는 예방 프로그램 효과(효과의 부재)의 증거를 제공할 수 있는 평가 설계를 선택하는 것을 포함한다. 학생 행동의 변화를 측정하는 것은 어렵지 않다. 평가자들의 과제는 분명하고 명확하게 행동 변화를 프로그램 이행과 연결할 수 있게 하는 평가 설계를 사용하는 것이다. 좋은 프로그램 설계는 행정가가 프로그램 참가자 간의 개선된 행동과 성과에 대한 잠재적인 해석으로 그 프로그램 외의 다른 요소들을 제외시킬 수 있게 할 것이다. 그런 다른 요소들의 예는 참가자들의 발달적 성숙, 학교 직원들의 변화, 다른 학교 프로그램이나 교육과정의 변화 또는 첨가이다. 평가 설계를 선택하는 첫 번째 단계는 참가자의 단일 사례에 초점을 맞출 것인지, 집단 사례에 초점을 맞출 것인지를 결정하는 것이다.

단일 사례 설계

단일 사례 또는 단일 과제 설계는 중재가 제한된 인원의 참가자나 지역을 목표로 하거나 제한 집단 또는 비교 집단을 실행할 수 없거나 이용할 수 없을 때, 프로그램의 효과를 측정하는 데 가장 적당하다. 단일 사례 설계는 특정한 개인의 시간의 흐름에 따른 변화를 보여 주는 장점이 있다. 단일 사례 평가 설계에서 개인별 학생, 교사, 학급, 또는 학교는 스스로를 비교하는 단일 사례를 나타내거나 또는 또 다른 단일 사례와 비교하는 단일 사례를 나타낼 수 있다. 단일 사례 설계의 구별되는 특징은 핵심 행동 또는 프로그램 효과의 다른 표시의 다양하거나 일관적인 측정이다.

단일 사례 설계에서 평가자는 무엇을 측정하는지, 언제 측정하는지, 어떻게 측정하는지를 주의 깊게 정의해야 한다. 종종 이것은 분명하게 정의된 불연속적인 행동의 직접적인 관찰을 포함한다. 그것은 또한 교사나 다른 사람들에 의한 행동 평가 또는 특별한 형태의 문제나 바람직한 긍정적 행동의 계산을 포함할 것이다. 예를 들어, 개별 학생을 목표로 한 단일 사례 설계에서 평가자는 학급 규칙 위반의 수를 셀 것이고, 학생의 교사에 의해 보고된 학급 또는 휴식 시간의 행동 문제를 셀 것이다. 또는 평가자는 불연속적인 시간에 걸쳐서 과제 수행 행동이나 과제 이탈 행동의 직접적인 관찰을 기록할 것이다. 학급이나 학교가 사례로 이용되는 단일 사례 설계에서 평가자들은 공식 규율 소견서의 수를 세거나 방과 후 오락 활동에 참여하는 학생의 수를 셀 것이다. 이런 자료는 매일 또는 매주를 기본으로 수집될 수 있었다. **표 10.3**에 열거된 많은 기술적 결과 측정은 단일 사례 평가 설계에 적절하다. 기능적 행동 평가(제2장 참조)는 평가자들이 특별한 행동의 선행 자극과 결과를 조사하는 단일 사례 평가의 또 다른 양식이다. 예방 프로그램의 효과를 평가하기 위해서 단일 사례 설계의 두 가지 형태와 중다 기초선 설계(multiple baseline design)와 기준 변동 설계(changing criterion design)가 아래에 논의한 대로 가장 적절하다.

중다 기초선 설계. 중다 기초선 설계는 프로그램 수행 이전의 기초선 기간 동안의 자료 수집으로 시작한다. 그 프로그램의 능력 또는 중재는 기초선 동안의 수행과 중재 후의 수행을 비교함으로써 측정된다. 중다 기초선 설계에서 기초선 기간은 각각의 사례에 따라 시간 길이가 다르고, 프로그램의 효과는 기초선에서 중재까지 이동하는 각각의 사례에 따라 예상된다. 중재는 때마침 다른 시점에서 독립적으로 각각의 사례 또는 대상에 체계적으로 소개된다. 프로그램 효과는 중재가 소개된 후에 목표인 행동 또는 지시가 예상된 방향으로 변할 때 증명된다. 때마침 다른 시점에서의 각 사례(학생, 학교 또는 학급)의 행동 변화는 일반적으로 프로그램 효과의 설득력 있는 증거로 간주된다.

그림 10.1은 다른 세 학급을 위한 규율적 의뢰에 대한 중다 기초선 설계를 나타낸다. 중재, 기술적 원조, 그리고 행동 중재 훈련은 세 학급에서 각각 교사에 의해 이행되었다. 때마침 다른 시점의 중재 후에 의뢰 수의 일정한 변화는 기술적 지원과 훈련이 바람직한 효과를 가져왔다는 증거를 제공했다.

기준 변동 설계. 기준 변동 설계 또한 중재의 소개에 따른 기초선 상태와 함께 시작한다. 중다 기초선 설계와는 반대로, 기준 변동 설계는 성공적인 수행을 위해 점점 높은 기준에서 개선된 행동으로 중재의 효과성을 증명한다. 즉, 참가자가 그 프로그램에서 미리 결정한 수행 기준에 도달함에 따라 기대와 강화 상태가 좀 더 높은 단계로 변화된다. 예를 들어, 만약 또래 중재 프로그램이 쉬는 시간 동안에 '이름 부르기', '괴롭히기', '싸움'을 감소시키기 위해 설계되었다면, 기준 변동 설계는 처음에는 목표행동의 30% 감소를 목표로 할 것이고, 시간이 지남에 따라 목표행동의 60% 감소, 그러고 나서 90%의 감소를 목표로 할 것이다. **그림 10.2**는 또래 중재 프로그램의 효과를 평가하기 위해 사용되는 기준 변동 설계를 나타낸다.

단일 사례 평가 자료의 분석은 대체로 시각적이다. 즉, 다양한 사례에 대해 시간에 따른 그래프로 나타난 자료점(data point)의 점검은 그 예방 프로그램이 기대한 효과를 가지는지 아닌지를 나타낸다. 단일 사례 자료의 통계 분석 또한 가능하지만, 가끔 대부분의 학교 기초 프로그램 평가에는 이용할 수 없다. 왜냐하면 변형이 추리 통계 사용 이전에 자료에서 만들어져야 하기 때문이다.

집단 설계

집단 설계는 예방 프로그램의 이행 전후 참가자의 행동과 수행을 측정하기 위해 기술적 결과 측정과 표준화된 도구를 사용할 수 있다. 단일 사례 설계와 반대로, 집단 설계는 많은 참가자들로부터 자료를 수집할 것을 요하고, 때맞추어

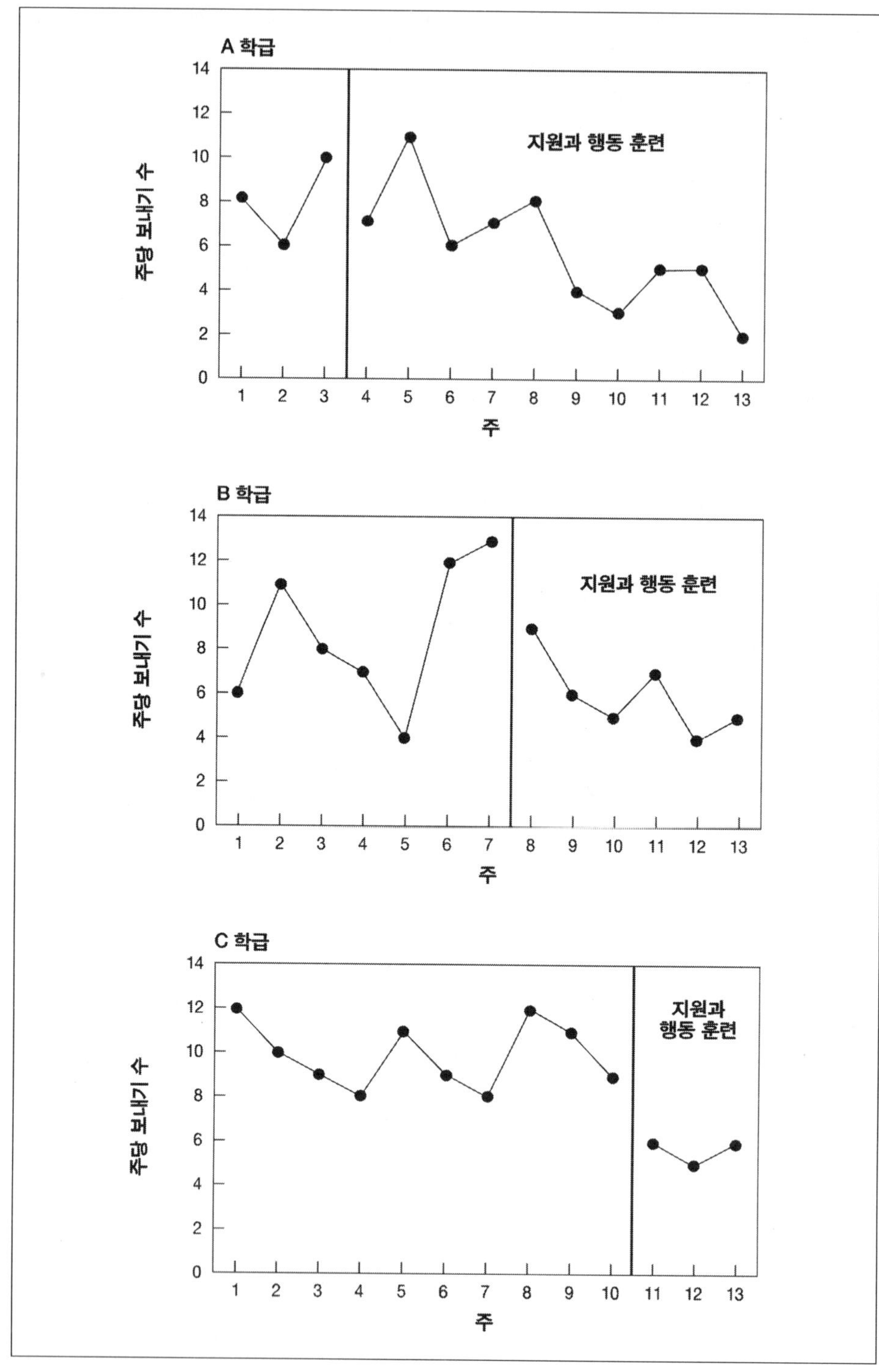

그림 10.1 학급에 걸친 중다 기초선: 규율적 보내기

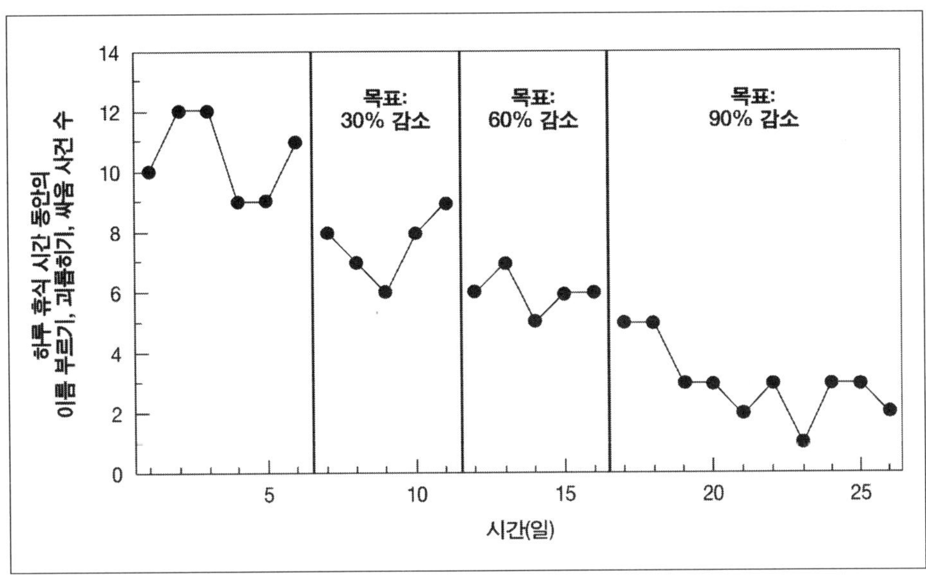

그림 10.2 기준 변동 설계: 또래 중재 프로그램의 성공 평가하기

두 시점 또는 그 이상의 시점에 참가자 수행의 평균을 계산할 것을 요한다.

실험 집단 설계. 실험 집단 설계는 프로그램에 참여하는 집단 수행과 프로그램에 참여하지 않는 비교 집단(제한 집단)을 비교하는 것이다. 프로그램을 받는 집단이 비교되는 제한 집단보다 행동에 있어서 변화를 더 보일 때, 평가자는 변화가 발달적 성숙과 같은 두 집단 모두에게 동일하게 영향을 미치는 다른 요소가 아닌 그 프로그램 때문이라고 결론을 내릴 수 있다. 예를 들어, ABC 프로젝트에서 PTAR 팀의 유익한 효과는 같은 학급에 있는 PTAR 팀 이외 제한 학생의 행동보다 PTAR 팀 학생 행동의 큰 변화에 의해서 증명되었다. 가능할 때마다 실험 집단 설계는 제한 집단 없는 집단 설계가 더 바람직하다.

제한 집단 없는 설계. 제한 집단을 이용할 수 없을 때, 집단 평가 설계는 프로그램 시행 후 집단의 실행과 프로그램 시행 전 같은 집단의 시행을 비교할 수 있다. 이것은 때때로 치료 전, 후로 언급된다. 프로그램 참가자의 표준화된 도구의 점수는 또한 표준화된 평가도구를 발전시키는 데 이용되는 규범적 표본의 유사한 점수와 비교될 수 있다. 예를 들어, 결과 자료가 TRF 또는 BERS와 같은 표준화된 도구의 교사 평가를 포함한다면, 프로그램 참가자를 위한 다양한 TRF 또는 BERS 척도의 집단 평균은 그 도구의 기술 해설서에서 이용할 수 있는 이런 정보를 추정하는 규범적 표본의 동일한 항목의 평균 점수와 비교될 수 있다.

평가자는 제한 집단 없는 집단 설계의 결과를 해석할 때 주의해야 한다. 제한 집단이 프로그램을 받거나 '치료'를 받는 집단의 같은 특성을 공유할 때, 제한 집단은 점수상의 변화에 대해 다른 가능한 설명을 '제한한다.' 치료 집단과 제한 집단 간의 비교 없이, 수행의 변화가 실험된 프로그램 외에 몇몇 다른 요소에 의한 것이었는지를 검사할 방법은 없다. 예를 들어, ABC 프로젝트에서는 학생의 사회적 기술의 개선이 실제로 학급 전반 사회적 기술 지도의 결과 때문인지 아닌지를 검사할 수 없다. 왜냐하면 사회적 기술 지도를 받지 않은 제한 집단이 없기 때문이다. 학생들이 지도 후에 사회적 기술이 좀 더 나아졌음을 증명했음에도 불구하고, 개선은 교사로부터 받은 특별한 지도 대신에 몇몇 다른 요소나 성숙에 의한 것이었을지도 모른다.

통계 분석. 단일 사례 평가 설계와 반대로 집단 설계는 전형적으로 결과 자료의 통계 분석에 의존한다. 집단 시행 분석은 추리 통계(inferential statistics) 또는 기술 통계(descriptive statistics)를 기초로 할 수 있다. 기술 통계는 프로그램 시행 전후의 특별한 문제행동을 보이는 예방 프로그램의 학생들 비율을 조사하는 것을 포함할 것이다. 실험 집단 설계에서 평가자는 프로그램 집단에서 문제행동을 보이는 학생의 비율과 프로그램 없는 제한 집단의 비율의 차이점을 비교할 수 있다. 카이제곱(chi-square) 같은 기술 통계는 문제를 보이는 집단의 학생 대 문제를 보이지 않는 집단의 학생의 비율상 차이를 조사한다.

T검사(*t*-test), 분산분석법(analysis of variance), 다변량해석(multivariate analysis)과 같은 추리 통계는 표본 또는 각각의 집단 점수 분산에 비례하여 평균 또는 평균 점수상 차이점을 조사한다. 추리 통계는 프로그램 효과의 증거로 점수상 변화를 보일 때 기술 통계보다 좀 더 강력하다. 추리 통계는 평가자가 집단 간 변화 또는 차이점이 무작위적이거나 기회 효과(설명되지 않은 분산)이

거나 프로그램 효과(설명되는 분산)인지를 판단할 수 있게 한다. 추리 통계는 또한 참가자의 특정한 하위 집단의 특성이 프로그램 결과의 어떤 형태와 연관이 있는지 없는지를 판단하는 데 이용될 수 있다.

평가자가 프로그램 결과를 검사하기 위해 기술 통계 또는 추리 통계 어느 쪽이든 필요한 통계 전문가를 가지거나 적절하게 통계 기술을 사용하는 것을 확실하게 하기 위해 평가 전문가와 측정법에 대해 상의하는 것이 필수적이다. 단체 평가 설계에 대한 기술 통계와 추리 통계 간의 선택은 또한 평가를 받고 있는 대상을 위한 책임자에 의해 부분적으로 영향을 받을 것이다. 예를 들어, 단일 학급 또는 단일 학교 내에서 이행된 예방 프로그램은 많은 학급, 학교 또는 학교 지역을 포함하는 프로그램보다 덜 강렬한 정도의 감독을 필요로 할 것이다. 상대적으로 적은 참여자를 가진 단일 학급 또는 단일 학교 중재의 평가에 있어서 기술 통계를 사용하는 단일 사례 설계 또는 단일 집단 설계는 프로그램 효과성을 증명하기 위해 필요한 모두일 것이다. 그러나 이런 경우까지도 평가자들은 특별한 프로그램을 위해 가장 적절한 결과 측정과 평가 설계 형태에 대해 주의 깊게 생각해야 한다.

측정 문제

평가자가 프로그램의 효과를 측정하기 위해 단일 사례 설계 또는 집단 설계를 선택할지에 상관없이, 측정 절차는 잘 증명된 신뢰도와 타당성을 가지는 것이 필수적이다. 신뢰할 수 있는 측정 절차는 반복적인 절차에 걸쳐서 안정적이고 일관적인 것들이다. 도구나 절차가 주어진 상황에서 어떤 중재 변화 없이 두 번 다르게 수행되었을 때, 그것이 동일한 또는 아주 유사한 결과를 제공할 때, 도구 또는 절차는 좋은 재검사 신뢰도를 가진다. 가장 좋은 도구는 높은 검사-재검사 신뢰도(test-retest reliability)와 평가자 간 신뢰도(inter-rater reliability) 모두를 보이는 것들이다.

타당한 측정 절차는 그것이 측정하고자 한 것을 측정하는 것이다. 예를 들어, 측정 절차의 예언적인 능력을 검사함으로써〔기준 타당성(criterion-related validity)], 또는 유사한 방법으로〔구인 타당도(construct validity)〕 한 점수와 특별한 도구로 한 대상 점수를 비교함으로써 몇 가지 방법으로 타당성이 검사될 수 있다. 평가자는 타당성에 대한 연구에서 널리 알려진 도구의 기술적 안내서를 검토해야 한다.

도구가 주어진 예방 프로그램으로부터 합리적으로 기대되는 특별한 형태의 행동 또는 결과를 측정했는지 아닌지를 결정하기 위해 도구의 항목과 점수를 검사하는 것 또한 중요하다. 만약 예방 프로그램이 초등학년 학생들 간의 공격적인 행동 발생을 감소시키기 위해 설계되었다면, 타당성 결과 측정은 아동의 공격적 행동의 직접적인 관찰 또는 적절한 정보 제공자에 의한 아동의 공격적 행동의 평가를 포함할 것이다. 학생의 학업 수행 또한 관심사가 되는 반면, 그 프로그램이 특별히 공격적 행동뿐만 아니라 학업 수행을 목표로 하지 않는다면 학업 수행에 대한 자료는 프로그램 효과의 타당한 측정이 되지 않을 것이다.

프로그램 평가 절차를 설계할 때, 행정가들은 선택한 결과 측정의 타당성과 신뢰도 모두를 고려해야 한다. **표 10.4**에서는 두 가지 추천된 널리 알려진 측정법에 더하여 다른 장에서 언급된 다양한 프로젝트에서 사용된 수용할 수 있는 신뢰도와 타당성의 표준을 가진 널리 알려진 결과 측정법을 열거하였다. **표 10.3**의 열기나 프로젝트 설계 측정과 같이 기술 측정을 사용할 때, 평가자들은 고유의 신뢰성과 타당도의 증거를 제공해야 한다.

프로그램 평가의 공통적인 위험 요소

예방 프로그램을 평가할 때, 몇 가지 잠재적인 위험이 존재한다. 먼저 위험을 예상하는 것은 평가 결과에 대한 부정적인 영향을 줄이거나 제거하는 것을 도울 수 있다. 한 가지 잠재적 위험은 동등하지 않은 치료와 비교 집단의 사용이다. 이런 문제를 피하기 위해, 학급에서 선택되었거나 또는 학교 단계에서 선택된 학생이든 간에 어떤 비교 집단의 학생들은 예방 프로그램에 참여하는 학생들과 공통적인 특성을 공유해야 한다. 만약 학생들이 문제행동의 격렬함 또는 많은 위험 요소를 기본으로 한 예방 프로그램에 선택된다면, 프로그램 없는 비교 집단 또한 유사하게 높은 위험 요소 또는 심각한 행동 문제를 가져야 한다. 만약 두 집단이 이런 선택 요소에서 다르다면 프로그램이 목표 집단을 위한 이로운 효과를 생산했다는 것을 입증하기가 아주 어려울 것이다. 예를 들어, 동등하지 않은 비교 집단의 부족은 학습연계 프로젝트에 의해 직면하는 문제였고, 그 프로젝트에 참가하는 학교에는 비교 학교보다 좀 더 높은 위험을 가진 학생들이 있다. 이런 불균형은 프로그램 평가자에 의해서가 아니라 학교 지역 행정가에 의해서 학교가 선택되기 때문에 발생했다. 결과적으로 두 학교에 있는 학생들의 결과는 프로그램을 시작하기 전에 존재했던 학교 간의 차이 때문에 주의를 가지고 해석되어야 한다.

동등하지 않은 치료와 비교 집단과 다르지 않은 또 다른 위험 요소는 통계학적 현상 용어인 '평균 회귀(regression to the mean)'이다. 이것은 점수 분포의 최극단에 있는 점수들이 두 번째 평가에서는 중간, 평균치에 좀 더 가까이 이동하는 경향이 있는, 공통적으로 관찰되는 통계학적 인공 산물이다. 평균 회귀는 예방 프로그램의 참여자가 검사 이전 또는 프로그램 이전 측정에서 최극단 점수를 기본으로 선택되었을 때, 그리고 같은 측정이 프로그램의 결과를 평가하기 위해 나중에 사용될 때 나타날 수 있다. 검사 이전 측정에서 극단적인 점수를 얻은 참가자들은 프로그램을 받든지 받지 않든지 상관없이, 평가받은 후에 평균에 좀 더 가까운 점수를 얻는 경향이 있다. 따라서 평균 회귀는 그 프로그램 자체만으로 변화의 해석을 손상시킨다. 평균 회귀의 문제는 결과 측정의 하나로 검사 이전 점수를 포함하지 않는 자격 기준을 기본으로 하는 프로그램 참가자를 선택함으로써 피할 수 있다. 예를 들어, ABC 프로젝트의 참가자들은 SSBD의 교사 평가에 의해서 처음에 선택되었다. 그러고 나서 유치원 교사의 TRFs 프로그램 이전 종합 문제 점수에 의해서 제한되도록 맞추어졌다. 그런 다음 치료와 제한 집단을 위한 시간 1에서 시간 2에 이르기까지 TRS 점수가 차이 나는 변화는 예방 프로그램의 효과 측정으로써 적절하게 해석될 수 있다. 왜냐하면 어떤 평균 회귀는 집단 모두에게 동일하게 영향을 미쳤기 때문이다.

평가자에게 세 번째 위험 인자는 프로그램 과정 동안 참가자들의 성숙이다. 교육자와 정신건강 전문가들은 종종 자신이 작업하는 아동들의 사회적·정서적·학업적 성숙을 촉진시키는 데 흥미를 가진다. 그러나 평가 설계에서 적절하게 설명되지 않는다면 프로그램 참가자들의 성숙은 예방 프로그램 자체의 영향보다는 시간의 지남에 따라 행동의 변화로 더욱 설명될 것이다. 프로그램에 참여하는 집단과 같은 나이와 같은 학년 단계를 가진 비교 집단을 사용하는 평가 설계는 프로그램 효과에 대한 성숙을 오해하는 경향이 적다. 단일 사례 설계와 연관된 빈번한 측정 때문에 성숙 효과는 집단 설계를 가지고 있는 것들보다 잠재적인 문제가 적다.

네 번째 위험 인자는 프로그램의 효과 면에서 경력의 영향을 걱정한다. 평가자와 측정 전문가들은 결과에 영향을 미칠 수 있는 참가자들의 독특한 경험 또는 프로그램의 측면을 의미하는 경력(history)이라는 용어를 사용한다. 예를 들어, 기초선 또는 치료 전 자료가 큰 휴일 직전에 학생들의 행동에서 수집되었다면 부적절한 행동의 정도가 보통보다 더 높았을 것이다. 예방 프로그램의 소개 후 힘든 행동의 현저하게 높은 정도의 이런 비교는 문제에서의 감소를 보여주는 프로그램의 효과를 인위적으로 과장할 것이다. 경력의 효과는 또한 새로운 직원이 예방 프로그램의 출발 이후에 고용되었을 때, 프로그램의 스케줄 또는 위치가 바뀌었을 때, 그리고 프로그램이 소개된 후에 학생들의 일상생활에서 다른 변화가 나타날 때 니타날 수 있다. 프로그램 평가자와 프로그램 직원 간의 좋은 의사소통은 결과에 영향을 미칠 수 있는 경력을 확인하는 데 도움을 줄 수 있다.

대부분의 평가 위험 인자들은 프로그램을 평가하는 개인이 프로그램에 작동하는 많은 내용, 프로그램이 어떻게 이행되는지 의미가 상통하는 내용, 프로그램 실행 중 프로그램을 관찰할 수 있는 기회를 가진 내용을 인지할 때 피할 수 있다. 평가자는 평가 설계, 프로그램 이행, 자료 수집, 자료 분석 직원들과 함께 사전 토론에 포함되어야 한다. 평가가 예방 프로그램을 계획하는 동안 고려되지 않을 때, 현존하는 자료로부터 중요한 프로그램 효과를 끌어내는 것은 매우 어려울 수 있다. 따라서 프로그램이 이행되거나 완성된 후에 이행된 평가의 타당도를 위협하는 것이 고려된다.

평가 정보 퍼트리기

프로그램 평가를 위한 주요한 이유는 특별한 프로그램이 바람직한 효과를 산출했는지 아닌지를 아는 것이다. 증명된 효과성은 미래에 예방 프로그램을 계속할지 말지에 대한 결정에 가장 먼저 고려되어야 한다. 프로그램의 성공을 보여주는 잘 만들어진, 분명하게 나타나는 평가 보고는 특히 예산 제한이 그것의 지속성을 위협할 때 프로그램을 유지하기 위한 토론을 지지할 수 있다. 반대로, 가망성이 있어 보이는 프로그램이 행정가가 참가자에게 긍정적인 영향을 확신하는 증거를 제공할 수 없을 때 예산 삭감에 좀 더 취약할 것이다.

평가 보고는 객관적이고 명백한 방법으로 핵심 관계자에게 발견한 것들을 퍼트려야 한다. 효과적으로 이것을 수행하기 위해서 보고서 작성자들은 의식 있는 청중의 명확한 판단력을 필요로 한다. 예를 들어, 전문적 청중 또는 신문 편집자들은 대체로 방법, 결과, 결론의 논의뿐만 아니라 통계적 분석에 대한 문헌 재검토와 상세한 설명을 포함하는 보고를 예상한다. 학교 행정가, 학교 위원회, 또는 입법자와 같은 다른 청중들은 대체로 그 프로그램이 무엇인지, 누구를 위한 것인지, 어떻게 평가되는지에 대한 설명에 가장 흥미를 가진다. 이런 청중을 위한 보고들은 프로그램의 주요 형태, 평가 방법, 효과성에 관한 핵심 발견, 제한점과 결론의 분명하고 간결한 설명을 보여야 한다. 평가도구, 통계 분석, 배경 문헌과 관계 있는 추가적인 정보는 흥미를 가진 무리들에 의한 검사를 위해 각주나 부록에 둘 수 있다.

이 장의 주요 초점은 예방 프로그램의 결과 또는 산물(product) 평가였다. 예방 프로그램의 성공을 측정하는 동등하게 중요한 측면은 과정(process) 평가를 포함한다. 과정 평가는 그 프로그램이 어떻게 이행되었고, 그 프로그램을 수행하는 사람들이 하고자 한 것을 잘 이행했는지 아닌지에 대한 분석이다. 이것은 또한 '프로그램 또는 치료 충실도' 평가로 불린다. 과정 평가를 위한 핵심 질문은 "프로그램이 의도한 참가자들의 목적을 이루고 만족시켰는가?", "프로그램이 의도한 대로 잘 수행되고 있는가?"이다. 예를 들어, 단일화된 규율 프로젝트 평가자는 학생 결과를 측정할 뿐만 아니라, 그들이 지시한 대로 규율 절차를 사용하고 있는지를 결정하기 위해 관찰된 교사의 행동 또한 측정했다. 관찰된 교사 행동은 **표** 10.3의 아래 부분에 열거되어 있다.

예방 프로그램의 성공을 측정하는 관점

이 장은 예방 프로그램의 성공을 측정하기 위한 절차에 초점을 맞추었다. 특별한 프로젝트를 기술한 다른 장에서 의거하여, 우리는 정서·행동 문제와 그 외 다른 요소에서 위험하다고 간주되는 개별 학생들을 확인하고 위험한 학교를 확인하기 위한 측정 절차의 윤곽을 그렸다. 우리는 또한 예방 프로그램의 결과를 평가하기 위한 측정 절차와 설계에 대해 의논했다. 매년마다 행정가와 학교 위원회는 그들의 자원을 모든 아동들의 욕구를 가장 잘 충족시키기 위해 어떻게 배분할지의 결정에 직면한다. 종종 이런 결정은 자금, 직원 배치, 건물 공간을 위한 경쟁적인 요구를 통해 분류하는 것을 포함한다. 정책적 압력은 또한 학교 자원과 프로그램에 관한 결정에 영향을 미칠 수 있다. 그런 과제에 직면했을 때, 주의 깊은 프로그램 평가는 효과적인 예방 프로그램을 보존하고 유지하기 위해 필수적이다. 프로그램의 성공에 대한 올바른 증거 없이는, 예방 옹호자들은 아동의 긍정적인 결과에 관계없이 그런 노력을 지속할 것을 결정자들에게 설득하는 압박을 받을 것이다.

참고 문헌

Abidin, R. R. (1990c). *Parenting Stress Index*. Odessa, FL: Psychological Assessment Resources.

Achenbach, T. M. (1986). *Direct Observation Form of the Child Behavior Checklist* (Rev. ed.). Burlington: University of Vermont, Department of Psychiatry.

Achenbach, T. M. (1991a). *Manual for the Child Behavior Checklist/4–18 and 1991 profile*. Burlington: University of Vermont, Department of Psychiatry.

Achenbach, T. M. (1991b). *Manual for the Teacher's Report Form and 1991 profile*. Burlington:

University of Vermont, Department of Psychiatry.

Achenbach, T. M. (1991c). *Manual for the Youth Self-Report Form and 1991 profile*. Burlington: University of Vermont, Department of Psychiatry.

Achenbach, T. M., McConaughy, S. H., & Howell, C. T. (1987). Child/adolescent behavioral and emotional problems: Implications of cross-informant correlations for situational specificity. *Psychological Bulletin*, *101*, 213-232.

Epstein, M. H., & Sharma, J. M. (1998). *Behavioral and Emotional Rating Scale*. Austin, TX: PRO-ED.

Gresham, F. M., & Elliott, S. N. (1990). *Social Skills Rating System*. Circle Pines, MN: American Guidance System.

Gresham, F. M., MacMillan, D. L., & Bocian, K. (1996). "Behavioral earthquakes": Low frequency behavioral events that differentiate students at-risk for behavioral disorders. *Behavioral Disorders*, *21*, 277 292.

Harter, S. (1985). *Manual for the Self-Perception Profile for Children*. Denver, CO: University of Denver.

Harter, S., & Pike, R. (1984). The Pictorial Scale of Perceived Competence and Social Acceptance for Young Children. *Child Development*, *55*, 1969-1982.

Hightower, A. D., Work, W. C., Cowen, E. L., Lotyczewski, B. S., Spinell, A. P., Guare, J. C., & Rohrbeck, C. A. (1986). The Teacher-Child Rating Scale: A brief objective measure of elementary children's school problem behaviors and competencies. *School Psychology Review*, *3*, 393-409.

Koren, P. E., DeChillo, N., & Friesen, B. J. (1992). Measuring empowerment in families whose children have emotional disabilities: A brief questionnaire. *Rehabilitation Psychology*, *37*, 305-321.

Maslach, C., & Jackson, S. E. (1981). *Maslach Burnout Inventory*. Palo Alto, CA: Consulting Psychologists Press.

McConaughy, S. H., Kay, P., & Fitzgerald, M. (1998). Preventing SED through Parent-Teacher Action Research and social skills instruction: First year outcomes. *Journal of Emotional and Behavioral Disorders*, *6*, 81-93.

McConaughy, S. H., Kay, P., & Fitzgerald, M. (1999). The Achieving Behaving Caring Project for preventing ED: Two-year outcomes. *Journal of Emotional and Behavioral Disorders*, *7*, 224-239.

McConaughy, S. H., Kay, P., & Fitzgerald, M. (2000). How long is long enough? Outcomes for a school-based prevention project. *Exceptional Children*, *67*, 1-14.

Shadish, W. R., Cook, T. D., & Leviton, L. C. (1991). *Foundations of program evaluation: Theories of practice*. Newbury Park, CA: Sage.

Smith, S. W., Miller, M. D., & Daunic, A. P. (1996). *Conflict resolution/peer mediation project*. Available: Department of Special Education, P.O. Box 117050, University of Florida, Gainesville, FL 32611.

Walker, H. M., & Severson, H. (1990). *Systematic screening for behavior disorders*. Longmont, CO: Sopris West.

제 11 장

효과적 예방 실행

Bob Algozzine

국회는 10~14세 아동들이 살인과 다른 심각한 범죄를 저지르는 건수가 증가하고 있다는 것을 발견한다. 존스보로, 아칸소 주의 비극은 불행하게도 모두 미국에서 아주 공통적으로 발생하는 일이다.

—폭력적·반복적 아동 범죄자의 책임과 갱생(사회 복귀)

사회에서의 아동 폭력성 유포에 대한 잘못된 생각들이 많이 있다. 그리고 종종 그 문제를 둘러싸고 있는 성급한 토론 허식을 걷어내는 것이 중요하다. 이런 무서운 사건 주변의 환경을 주의 깊게 재검토하여 그것으로부터 알아내는 것이 아주 중요한 반면, 우리는 또한 나라에 걸쳐 모든 학급의 모든 학생들에게 부적절하게 두려움의 구름을 드리우는 것에 조심해야 한다. 아동 폭력의 경우, 통계학적으로 말해서 학교는 아동들이 있기에 가장 안전한 장소 중에 하나라는 것을 말하는 것이 중요하다.

—아동 폭력에 대한 초당파 작업 집단의 마지막 보고

교육 연구자, 행정가, 교사, 그리고 다른 학교 직원들은 학교에서의 행동에 대한 걱정이 새로운 일은 아니라는 것을 아주 잘 알고 있다(예: Algozzine et al., 2000; Brooks et al., 2000; Gable, 1996; Gunter & Denny, 1996;

Kauffman, 1996; Lloyd & Heubusch, 1996; Mathur & Rutherford, 1996; Nelson et al., 1998; Sugai et al., 2000; Wehby & Symons, 1996; Whelan & Simpson, 1996). 학부모 또한 미국 학교에 대한 의견을 공유할 때 걱정을 표명한다. 투표 후의 여론 조사는 '공립학교가 직면하고 있는 가장 큰 문제'로서 문제행동, 규율과 안전성을 열거한다(예: Langdon & Vesper, 2000; Rose & Gallup, 1999). 학교의 규율과 안전성에 대한 걱정은 중학교, 고등학교에 제한되지 않는다. 점차적으로 초등학교 학생들이 폭력 활동에 포함되고, 그 뒤 학년에서 문제를 예방하기 위한 노력들이 초등학교에서 시작되어야 한다(Kamps & Tankersley, 1996; Kauffman, 1999; Taylor-Greene et al., 1997).

학교 폭력 예방하기

행정가, 교사 그리고 다른 학교 직원들은 어떻게 학교를 안전하게 만들지에 대한 다양한 조언에 직면한다. 1998년 6월 13일에 Clinton 대통령은 교육부와 연합법무부에 성인들이 아동을 학교에 무사히 유지시키는 것을 도울 수 있는 초기 경고 안내서를 개발할 것을 지시했다. 『초기 경고, 직질한 반응: 안전한 학교를 위한 안내서(Early Warning, Timely Response: A Guide to Safe Schools)』(Dwyer, Osher, & Warger, 1998)는 학교에서의 폭력 예방, 중재, 위기 반응에 대한 연구의 간단한 요약을 나타낸다. 그것은 안전한 학교의 특징을 기술하고, 폭력, 문제행동과 관련된 초기 경고 증상에 지시를 제공하고, 학교 직원들이 '폭력과 다른 문제행동을 예방하고, 중재하고, 문제 아동을 돕고, 일이 발생했을 때 폭력성에 반응'할 수 있는 중재의 범위를 정한다(U.S. Department of Education, 1998, pp. 1-2). 공공의 도메인 발표(www.ed.gov/offices/OSERS/OSEP/earlywrn.html)에서 이용 가능한 정보와 Dwyer, Osher, Hoffman(2000)에 의해 표현된 정보를 사용하면서, 그들은 우리 책에서 초점을 맞추는 연구를 기본으로 하는 실습을 지원하고 강화하고 촉진하기 때문에, 우리는 여기에서 지침을 요약한다.

안전하고 민감한 학교의 특징

적절하고 기대되는 학업과 사회적 행동이 학교를 다니는 학생들의 삶에서 우세할 때, 대부분의 학교는 안전하다. 잘 기능화된 학교는 교수, 학습, 안전 그리고 사회적으로 적절한 행동을 촉진한다. 학교는 강한 학업적·행동적 목표를 가지고 학생들이 그것을 성취하도록 지원하며(제2, 3, 4, 5, 6, 9장 참조), 학교 직원과 학생 간의 긍정적인 관계를 촉진하고(제5, 8, 9장 참조), 의미 있는 학부모와 공동체의 참여를 촉진한다(제6, 7장 참조). 효과적인 학교에서의 대부분의 예방 프로그램은 다중 요소를 언급하고 안전과 질서는 사회적·정서적·학업적 학생의 발달과 관련이 있다는 것을 인식한다. Dwyer와 대학 동료들(1998, pp. 3–5)에 의해서 이렇게 하는 정책이 다음과 같이 하는 학교에 작용한다.

- **학습 성취에 초점 맞추기.** 효과적인 학교는 개인적 차이를 인정하면서 모든 학생들이 학업적으로 성취할 수 있고 적절하게 행동할 수 있는 태도를 전달한다. 그것을 충족시키는 것은 학생, 가정, 학교의 책임이라는 것을 이해하면서 예상이 분명하게 전달된다. 충분한 자원과 프로그램은 예상이 확실하게 충족되도록 돕는다. 필요한 지원을 받는 학생들은 좀 더 사회적으로 바람직하게 행동할 것이다.

- **중요한 측면에서 가족 포함하기.** 성장과 학교 안팎으로 포함되는 가족을 가진 학생들은 학교 성공을 좀 더 경험할 것이고, 반사회적 활동에 덜 포함될 것이다. 학교 공동체는 학부모가 학교에서 환영받는 느낌을 받도록 해야 하고, 그들의 참여에 방책을 알려 주며, 아동의 교육에 긍정적으로 가족이 참여하도록 해야 한다. 효과적인 학교는 또한 가족이 아동에 대한 걱정을 표현하도록 지원하고, 걱정하는 행동을 말하고자 할 때 가족이 도움을 받을 수 있게 지원한다.

- **공동체와의 연계 발달시키기.** 모든 사람들은 학교를 개선하기 위해 임해야 한다. 가족과 가까운 유대를 가지고, 서비스를 지원하고, 공동체 정책을 가지고, 신뢰를 바탕으로 한 공동체를 가지며, 일반 공동체를 가지는 학교들

은 가치 있는 많은 자원으로부터 이익을 얻을 수 있다. 이런 연계가 약할 때, 학교는 폭력의 위험을 증가시키고 폭력에 위험을 지닌, 그것에 영향을 받는 아동에게 서비스하기 위한 기회를 감소시킨다.

- **학생과 직원 간의 긍정적인 관계 강조하기.** 연구는 필요할 때 지원을 제공할 수 있는 어른과의 긍정적인 관계가 학생 폭력을 예방하는 데 가장 결정적인 요소 중 하나라는 것을 보여 준다. 학생들은 종종 안내, 지원, 지시를 받기 위해 학교 공동체에 있는 어른에게 의지한다. 몇몇 아동들은 고립감을 극복하기 위해 도움을 필요로 하고, 다른 사람들과의 연계를 발달시키는 데 지원한다. 효과적인 학교는 어른들이 아동과 함께 좋은 개인적 시간을 보낼 수 있는 기회가 있다는 것을 확신한다. 효과적인 학교는 또한 학생들 간의 긍정적인 대인관계를 촉진한다. 그들은 학생들이 다른 학생들을 돕는 것을 촉진하고, 다른 학생들이 필요로 할 때 도움을 받을 수 있도록 지원할 때 편안하게 느낄 수 있도록 촉진한다.

- **안전 문제에 관해 공공연하게 토론하기.** 학생들은 죽음, 폭력 그리고 총기의 사용에 대한 잘못된 생각과 많은 다른 인식을 학교에서 갖게 된다. 학교는 감정 다루기, 적절한 방법으로 화 표현하기, 갈등 해결하기를 위한 적절한 정책뿐만 아니라 총기의 위험성에 대해 아동들에게 가르치면서 폭력의 위험을 줄일 수 있다. 학교는 또한 학생들이 본인의 행동에 책임을 지고, 자기가 한 선택이 자신에게 책임 지우는 결과를 가진다는 것을 아동에게 가르쳐야 한다.

- **동일한 존중을 가지고 학생들 대하기.** 많은 학교에서 갈등의 대부분의 원인은 직원과 또래 모두에 의한 민족성, 성별, 인종, 사회적 계급, 종료, 장애, 국적, 성적 취향, 신체적 외모, 몇몇 다른 요소로 인한 학생들의 불공평한 대우와 선입견에 의한 인지적 문제 또는 실제 문제이다. 불공평하게 대우 받아 온 학생들은 희생양이 되거나 폭력의 대상이 될 것이다. 몇몇의 경우에는 희생자들이 공격적인 방법으로 반응할 것이다. 효과적인 학교는 큰 공

동체와 학생들에게 모든 아동이 가치 있고 존중받는다는 것을 알린다. 공동체의 관심과 의식을 증명하는 분위기를 형성하기 위해, 예를 들어 건물 전체에 걸쳐서 두드러지게 아동의 미술품 전시하기, 학업 작품 전시하기, 학생들의 다양성 인정하기와 같은 신중하고 체계적인 노력이 있다.

- **학생들이 걱정을 공유할 수 있는 방법 만들기.** 또래들은 종종 잠재적인 학교 폭력에 대해 먼저 아는 집단일 것이다. 학교는 학생들이 위험한 상황을 초래할 수 있는 문제행동을 안전하게 보고할 수 있는 방법을 만들어야 한다. 잠재적 폭력성을 보고한 학생은 보호되어야 한다. 학교가 학생과 어른 간에 긍정적인 관계를 지원하고 촉진시켜, 그 결과 학생들이 잠재적으로 위험한 상황에 대한 정보를 제공할 때 안전함을 느끼는 것이 중요하다.

- **아동들이 느낌을 표현할 때 안전함을 느낄 수 있게 돕기.** 아동들이 학교 직원에게 요구, 두려움, 걱정 등을 표현할 때 안전함을 느끼는 것은 매우 중요하다. 그들이 돌보는 어른들에게 접근하지 않을 때, 행동을 실행할 가능성이 높아지면서 고립감, 거부감, 실망감이 좀 더 나타날 것이다.

- **학대받거나 무시당한다고 의심되는 아동을 의뢰하기 위한 적당한 체제 가지기.** 의뢰 체제는 적당해야 하고 연방정부와 주정부의 지침을 반영해야 한다.

- **아동을 위한 확장된 일별 프로그램 제공하기.** 학교 등교 전과, 방과 후 프로그램은 폭력성을 줄이는 데 효과적일 수 있다. 효과적인 프로그램은 잘 감독되고 상담, 지도, 멘토링, 문화 예술, 공동체 서비스, 클럽, 컴퓨터 접근성, 과제 도움과 같은 다양한 범위의 선택 사항과 지원을 아동에게 제공한다.

- **좋은 시민 자격과 특성 촉진하기.** 학업적 임무 외에 학교는 학생들이 좋은 시민이 되는 것을 도와야 한다. 먼저 학교는 헌법과 권리장전(애국심, 종교의 자유, 표현·언론의 자유, 동등한 보호/차별 없음, 정당한 법의 절차/공평)에 발표된 시민의 가치를 나타낸다. 학교는 또한 정직, 친절함, 책임감, 다른 사람을 존중함과 같은 지역 공동체의 공유된 가치를 강화하고 촉진한

다. 학교는 학부모가 아동에 대한 최초의 도덕 교육자이고, 학부모가 학교와 함께 협력해서 일한다는 것을 알아야 한다.

- **문제를 확인하고 해결책을 위한 과정 평가하기.** 학교는 공공연하고 객관적으로 학생과 직원에게 잠재적으로 위험한 환경과 학교 공동체 구성원들이 위협을 느끼거나 협박을 느끼는 상황을 조사해야 한다. 학교 안전은 문제를 확인하고 해결책 방향의 과정에 관한 자료를 모음으로써 과정을 지속적으로 평가한다. 더욱이 효과적인 학교는 대부분의 학생, 가족, 그리고 공동체와 이 정보를 공유한다.

- **학생들이 성인의 삶과 일터로 변화하는 것 지원하기.** 아동은 미래를 설계하고 성공의 결과를 초래하는 기술을 발달시키는 데 원조가 필요하다. 예를 들어, 학교는 학생에게 공동체에 있는 보호하는 성인들과 학생들이 연결하는 것을 도울 수 있는 공동체 서비스 기회, 체험학습 계획, 실습 제도(apprenticeship)를 제공할 수 있다. 초기에 이런 관계가 형성되었을 때, 이런 관계는 아동에게 미래의 희망과 안전을 촉진한다.

이 책 전체에 걸쳐서 우리가 지시한 대로, 특히 학생, 교사, 행정가, 학부모, 공동체의 학교 폭력성, 다른 심각한 걱정과 관련된 일종의 반사회적·공격적 반응의 전조 증상으로 보이는 문제행동의 발달을 예방하기 위해 많은 것들이 이루어질 수 있었다. 효과적인 연구 기초 실행을 적절하게 가지는 것은 학교 공동체가 문제행동을 예방하게 한다. Dwyer과 그 외의 저자들(1998)이 제시한 대로, 중요한 단계는 문제 아동의 초기 전조 증상을 배워서 효과적인 중재가 제공될 수 있게 하는 것이다.

초기 전조 증상

대부분의 경우, 아동들은 삶의 초기에 공격적인 행동을 나타낸다. 만약 지원을 제공하지 않는다면 심각한 공격성과 폭력으로 진행적 발달 형태로 지속될 것이다. 그러나 연구는 또한 아동들이 긍정적이고 의미 있는 성인과의 연결을 가질 때, 그것이 집이든 학교든 공동체든 간에 폭력성의 잠재력이 상당히 줄어든다는 것을 보여 준다. Dwyer와 그 외 저자들(1998, pp. 8-11)이 제시한 대로, 다만 '초기 전조 증상'의 어떤 것도 혼자서 학교에서 폭력적이거나 공격적으로 될 학생을 예언하는 데 충분하지 않다. 초기 전조 증상을 개별 아동에 필적하는 체크리스트로 사용하는 것은 부적절하고 잠재적으로 위험하다. 오히려 초기 전조 증상을 따르는 것(동등하게 의미 있지 않고, 심각성 순으로 나타나지 않는)은 도움을 필요로 하는 이에 대해 결정을 내릴 때 도움으로 단지 제공된다.

- **사회적 퇴출.** 몇몇 상황에서 사회 접촉으로부터의 점차적 그리고 결국 완전한 퇴출은 문제 아동에게 중요한 요소일 수 있다. 퇴출은 종종 우울증, 거부감, 학대, 무가치함, 자신감의 결여에서 나온다.

- **고립감과 혼자라는 과도한 감정.** 연구는 고립되어 있고 친구가 없어 보이는 아동의 대부분은 폭력적이지 않다는 것을 보였다. 사실 이런 감정은 때때로 문제가 있거나, 퇴출됐거나, 또는 사회적 관계의 발달을 방해하는 내적 문제를 가지는 아동과 청년의 특징이다. 그러나 연구는 또한 몇몇의 경우는 고립감과 친구가 없는 것은 공격적이고 폭력적으로 행동하는 아동과 연관이 있다고 보였다.

- **과도한 거부감.** 성장하는 과정에 그리고 사춘기 발달 과정 중에 많은 젊은 사람들은 정서적으로 고통스러운 거부감을 경험한다. 종종 문제를 가진 아동은 정신적으로 건강한 또래로부터 고립되어 있다. 거부에 대한 그들의 반응은 많은 배경 요소에 달려 있다. 지원 없이는 그들은 폭력을 포함하는 부정적인 방법으로 자신의 정서적 고통을 표현하는 위험에 있을 것이다. 비폭력적인 또래로부터 거부되는 몇몇 공격적인 아동들은 차례로 폭력적인 경향을 강화하는 공격적인 친구를 찾는다.

- **폭력의 희생** 신체적 또는 성적 학대를 포함하여 공동체, 학교, 가정에서 폭력의 희생이 되는 아동들은 때때로 본인에게 또는 다른 사람에게 폭력적으로 되는 위험이 있다.

- **괴롭힘을 당하고 학대당하는 느낌.** 가정이나 학교에서 일정하게 괴롭힘과 놀림을 당하고, 조롱거리로 뽑히고, 굴욕감을 느끼는 아동들은 처음에는 사회적으로 움츠리게 될 것이다. 만약 이런 감정을 말하는 데 적당한 지원을 제공받지 못한다면, 몇몇 아동들은 가능한 공격 또는 폭력을 포함하는 부적절한 방법으로 발산할 것이다.

- **학교의 낮은 관심과 빈약한 학업 수행.** 빈약한 학업 성취는 많은 요소의 결과일 수 있다. 아동의 학습 능력을 제한하는 만성적인 상태가 되는 빈약한 수행이 있거나 수행에서의 격렬한 변화를 보이는지를 고려하는 것이 중요하다. 낮은 성취자가 좌절감을 느끼거나, 보잘것없다고 느끼거나, 혼나는 느낌을 갖거나, 모욕적으로 느낄 때와 같은 몇몇 상황에서 공격적 행동과 행동화가 나타날 것이다. 문제의 진짜 본성을 결정하기 위해 학업적 수행 변화의 정서적·인지적 이유를 평가하는 것이 중요하다.

- **글과 그림을 통한 폭력성 표현.** 아동과 청소년들은 종종 생각, 느낌, 욕구, 의도를 그림과 이야기, 시, 그리고 다른 언어적 양식으로 표현한다. 많은 아동들은 내용에 취했을 때 대부분이 해롭지 않은 폭력성 테마에 대한 작품을 만든다. 그러나 시간이 지남에 따라 일관되게 특별한 개인(가족 구성원, 또래, 다른 성인들)을 지시한 글이나 그림의 폭력 과잉 대표는 정서적 문제와 폭력 잠재력의 징후가 된다. 그런 징후를 잘못 진단할 때 진짜 위험성이 있기 때문에, 그것의 의미를 결정하기 위해 학교 심리학자, 상담가 또는 다른 정신건강 전문가와 같은 자격이 있는 전문가의 지도를 구하는 것이 중요하다.

- **방치된 화** 모든 사람들은 화는 낸다. 화는 자연적인 감정이다. 그러나 최소의 자극제에 반응하여 자주 그리고 강렬하게 표현되는 화는 본인에게 또는 다른 사람에게 잠재적인 폭력행동의 전조 징후가 될 수 있다.

- **충동적이고 만성적인 때리기, 협박하기, 겁주기 행동의 형태.** 아동들은 종종 밀거나 경미한 공격의 행동을 보인다. 그러나 아동의 삶 초기에 지속적으로

나타나는 다른 사람들 때리기, 겁주기와 같은 몇몇 경미한 공격적 행동이 방치된다면 나중에 좀 더 심각한 행동으로 확대될 것이다.

- **규율 문제 경력.** 학교나 가정 모두에서의 만성 행동과 규율 문제는 근본적인 정서적 욕구가 충족되지 않음을 의미할 것이다. 이런 충족되지 못한 욕구는 행동화와 공격적인 행동으로 나타날 것이다. 이런 문제들은 아동이 규범과 규칙을 위반하고, 권위에 도전하고, 학교에 참여하지 않고, 다른 아동들, 성인과 함께 공격적 행동에 참여하는 사전 준비 단계가 된다.

- **폭력행동과 공격행동의 과거 경력.** 지원과 상담을 제공하지 않는다면 공격 또는 폭력행동의 경력이 있는 아동들은 반복해서 이런 행동을 할 것이다. 공격적 그리고 폭력적 행동은 다른 개인을 향할 수 있으며, 동물에게 잔인한 행동으로 나타날 수 있거나 방화를 포함할 것이다. 초기에 다양한 환경에 걸쳐서 반사회적 행동을 자주 보이는 아동들은 특히 미래의 공격적·반사회적 행동의 위험을 가진다. 유사하게 겁주기, 일반적인 공격, 완강한 반항과 같은 공공연한 행동에 참여하는 아동과 절도, 야만행위, 거짓말하기, 속이기, 방화와 같은 은밀한 행동에 참여하는 아동들 또한 좀 더 심각한 공격적 행동의 위험이 있다. 연구는 발생 연령이 초기 전조 증상을 해석하는 데 핵심적인 요소일 것이라고 제시했다. 예를 들어, 12세 이전의 어린 나이에 공격성을 보이고 약물 남용을 하는 아동들은 좀 더 나이가 들어 그런 행동을 시작하는 아동들보다 나중에 폭력성을 더 보일 것이다. 그런 증상을 보일 때, 행동 전문가와 함께 아동의 경력을 재검토하고 학부모의 관찰과 통찰을 구하는 것이 중요하다.

- **편파적인 태도와 차이를 참지 못함.** 모든 아동들은 좋아하는 것과 싫어하는 것이 있다. 그러나 인종, 민족성, 종교, 언어, 성별, 성적 취향, 능력과 신체적 외모를 바탕으로 다른 사람을 향한 강력한 편견이 다른 요소들과 함께 했을 때, 다르다고 인식되는 사람들에 대항하여 폭력적인 공격을 초래할 것이다. 싫은 집단과의 관계 또는 장애나 건강 문제를 가지고 있는 사람들을

자진해서 괴롭히는 것 또한 초기 전조 증상으로 치료되어야 한다.

- **약물과 알코올 사용.** 건강하지 않은 행동과 관계없이 약물 사용과 알코올 사용은 자기조절력을 감소시키고, 아동과 청소년을 가해자 또는 피해자로 또는 둘 다로 폭력성에 노출시킨다.

- **폭력 집단과의 연합.** 강탈, 협박, 다른 학생들을 향한 폭력적 행동을 포함하여 반사회적 가치와 행동을 지지하는 폭력 집단은 학생들 사이에서 두려움과 스트레스를 일으킨다. 그들과 연합하는 학생들뿐만 아니라 그들의 행동을 모방하거나 따라 하는 이런 집단의 영향을 받은 아동들은 어떤 상황에서 폭력적 또는 공격적인 방법으로 이런 가치와 행동을 선택할 것이다. 폭력 집단과 연관된 폭력과 세력 싸움은 종종 상해와 죽음을 일으키는 약물 사용과 관계하여 공통적으로 발생하는 것이다.

- **총기에의 부적절한 접근, 총기 소유, 총기 사용.** 부적절하게 총기를 소유하거나 총기에 접근하는 아동과 청소년들은 폭력성의 상당한 위험을 보일 수 있다. 연구는 그런 젊은이들이 희생자가 될 높은 가능성 또한 가지고 있다고 보고한다. 가족들은 아동이 총기와 다른 무기에 접근하는 것을 제한하고 모니터링하고 관리함으로써 부적절한 접근과 사용을 줄일 수 있다. 공격, 충동성, 또는 다른 정서적 문제의 경력이 있는 아동들은 총기나 다른 무기에 접근해서는 안 된다.

- **심각한 폭력의 위협.** 근거 없는 위협은 좌절의 공통적인 반응이다. 대안적으로 자신에게 또는 다른 사람에게 위험한 행동을 저지를 것 같은 아동의 가장 신뢰할 수 있는 표시 중 하나는, 폭력을 사용하는 자세하고 특별한 위협이다. 나라 전체에 걸친 최근의 사건들은 분명히 자신 또는 다른 사람에 대항하여 폭력을 저지르는 위협이 아주 심각하게 받아들여져야 한다는 것을 의미한다. 이런 위협의 특성을 이해하고 그것들이 실행되는 것을 예방하는 조치가 이루어져야 한다.

책임감 있는 행동을 지지하는 실행

적절한 학업적·사회적 행동 교수에 관해 '같은 페이지에 있는', 이 책에서 기술된 내용과 같이 학교 전반의 노력을 기초로 한 실행계획과 연관된 박식한 직원개발은 학교를 학습을 위한 좀 더 안전하고 긍정적인 장소로 만드는 데 도움이 된다. 『우리 아동의 안전 보호: 실행 안내(Safe-guarding Our Children: An Action Guide)』(Dwyer & Osher, 2000)는 '어떻게' 안전한 학교를 발달시키는지에 대한 추가적 정보를 제공한다. 학교 전반의 예방, 그리고 중요한 행동적 요구를 가진 학생을 위한 초기 중재와 강력한 서비스는 토론된 증거 기초 접근법 사이에 있고, 다시 그것들은 이 책에서 언급된 연구 기초 실행의 핵심이다.

효과적인 학교 전반 중재(schoolwide intervention)는 모든 아동의 행동과 학업적 수행을 개선시키기 위해 설계된다(Dwyer & Osher, 2000, pp. 2-4). 학교 전반 기능은 다음을 포함한다.

- 적절한 행동의 모범을 보이고 정서적 지지의 분위기를 형성하며, 모든 학생들과 작업을 수행하는 인정 많고, 돌보고, 존경스러운 직원
- 사회적 기술과 문제 해결 기술을 가르치고 강화하는, 모든 아동을 위한 발달적으로 적절한 프로그램
- 긍정적인 학교와 학급 행동을 지지하도록 훈련받은 교사와 직원
- 교육과정과 효과적인 교수 실행에의 참여
- 아동과 가족 중심의 문화적으로 충분한 접근법
- 가족, 기관, 공동체 조직 간의 상호적 관계

이런 접근법만으로 많은 학생들의 심각한 문제행동을 예방하는 데에 충분하지만, 그것들이 모든 학생들의 욕구를 완전히 말하지는 않을 것이다. 그러나 효과적인 기초는 추가적인 중재를 필요로 하는 학생을 확인하고, 추가적 중재(초기 중재와 집중 중재)의 효과성을 증가시키는 것을 좀 더 쉽게 만든다. Dwyer와 Osher(2000)는 『우리 아동의 안전 보호』의 제2장에서 좀 더 자세하게 학교 전반의 기초에 대해 기술한다.

학생들이 학교 전반의 노력의 틈을 통해 실패할 때, 초기 중재는 학업적 실패와 행동 문제를 예방하기 위해 필요하다. Dwyer와 Osher(2000)는 적절한 기초에 함께 초기 중재가 대부분의 모든 학생들에게 충분하다고 제시하고, 『우리 아동의 안전 보호』 제3장에서 초기 중재가 어떻게 초기 전조 징후에 반응하도록 이용될 수 있는지를 기술한다.

학교 전반 노력 또는 초기 중재에 의해서 욕구가 완전하게 언급될 수 없는 학생들은 집중 중재를 요한다. 집중 중재는 학생의 요구와 강도에 따라 개별화된다. 이런 중재는 종종 다른 학교와 공동체 지원뿐만 아니라 개별화된 특수교육 서비스와 같은 다양한 협력 서비스를 포함한다. 『우리 아동의 안전 보호』 제4장의 초점은 최근에 아동과 청소년 그리고 가족에게 필요한 집중 중재를 제공하기 위해 성공적으로 사용되고 있는 중재 접근법과 실행에 의거한다.

학교에서 문제행동 예방하기

학교에서 일반적인 학습 상태를 개선하는 노력은 부적절한 행동을 예방하고 적절한 행동을 가르치는 데에 초점을 맞춘다. 효과적인 행동 지도는 효과적인 학업 지도만큼이나 중요하다. 예를 들어, Nelson과 대학 동료들(1998)은 "만약 교사들이 규범을 학생들에게 가르치고 일정한 방법으로 그들을 감독하는 수고를 한다면 사회적 규범에 따라 학생들이 행동할 것이다."라고 논의했다(p. 4). 그들은 방해행동이 나타나지 않았거나 침해받거나(즉, 예방적 초점) 또는 교정되는 것(즉, 치료적 초점)을 확신하면서 모든 학교 환경 내에서, 그리고 환경에 걸친 직접적인 중재를 강조하는 모델을 제안했다. 그들은 문제의 특성에 따라 다양한 다른 형태의 학생들(즉, 전형적, 위험한, 대상 학생)이 다른 형태의 중재를 필요로 한다고 하였다(**표 11.1** 참조). 학교 전반 중재(예: 효과적인 교수, 학교 전반 규율)는 문제에 위험이 있지 않은 학생들을 위해 적절하다. 목표 또는 집중 중재(예: 갈등 해결, 화 관리)는 방해행동 문제로 발달될 위험이 있는 학생들에게 적절하다. 집중적이고 포괄적인 중재(예: 공동체 기본 서비스 연결, 학

표 11.1 모든 아동의 욕구를 충족시키기 위한 예방과 치료 단계

학생 형태	중재 접근법
전형적 학생 (문제의 위험이 없음)	학교 전반 중재(예방적, 치료적) 효과적 교수 실행 학교 전반 규율 계획 학교 전반 학급 관리 정책 방해행동 초기에 잡기 지정된 학급으로 이동하기 행동에 대해 생각하기 보고를 듣고 학급에 재참여하기
위험한 학생 (방해행동 형태로 발달하거나 나타냄)	목표 중재(예방적, 치료적) 집중 교수/상담 분노 조절하기 갈등 해결책 자기조절 중재 기본 1대1 상담자 중재 집중적인 학업 중재
공동체 중재 (방해 행동 형태를 나타냄)	집중적 포괄적 중재(치료적) 공동체 기본 연결 사회적 서비스 기관 연결

출처: Adapted from Nelson, Crabtree, Marchand-Martella, & Martella, 1998, p. 5, Table 1.

교와 공동체 협력 관계)는 일정한 방해행동 형태를 나타내는 학생에게 적절하다.

Kamps와 Tankersley(1996)는 1차, 2차, 3차 단계의 예방책을 기술하면서 유사한 관점을 나타냈다. 1차 예방책은 전체 인구의 생활 상황을 개선시킨다. 2차 예방책은 그것들을 제거하도록 지원을 제공함으로써 상처받기 쉬운 개인들의 삶을 개선시키거나(보호), 그들의 기능화를 개선시킨다(교정). 3차 예방책은 기능화에서 더 악화되는 것을 저지함으로써 장애를 가진 개인의 삶을 개선한다. Kamps와 Tankersley는 행동적 예방을 고려하고 다음 상황에서 가장 효과적이고 효율적으로 장애를 이끈다.

- 어린 아동과 함께 시작한다.
- 상호 협력자로 학부모를 포함한다.
- 교차 상황, 다양하고 예방적 중재를 포함한다.
- 행정가, 교사, 또래, 그리고 다른 중요한 사람들을 치료계획에 포함한다.
- 자연적 환경 내에서 유지와 일반화뿐만 아니라 자기관리를 포함한다.
- 가족, 학교, 서비스 제공자 간의 협력을 포함한다.

효과적이라고 발견된 예방 실행이 이 책에서 기술된다. 그러나 만약 학교에서 1~2명의 교사 또는 적은 수의 학급에 의해서 단독으로 사용된다면 그들 중 어떤 것도 효과적이지 않을 것이다. 효과적인 예방 실행을 형성하는 것은 전체 학교 공동체의 노력을 요구한다.

모두 함께 만들기

폭력성을 감소시키고 규율 문제를 예방하는 것은 어떤 한 집단과 개인의 책임이 아니다. 행정가는 효과적인 중재를 확인하고, 이행하고, 지지하는 지원이 필요하다. 교사는 학업적인 것을 가르치는 것뿐만 아니라 행동을 교수하는 것을 도울 필요가 있다. 학생들은 적절한 사회적·행동적·학업적 규범을 배워야 하고 학습과 증명에 있어서 관리되어야 한다. 학부모들은 학교를 아동을 보내는 좀 더 안전하고 긍정적인 곳으로 만드는 데 협력자로 참가하는 지원을 필요로 한다. 폭력성을 줄이고 규율 문제를 예방하는 것은 계획을 요한다.

Sugai(2000)는 학교에서 행동을 개선하기 위해 다음과 같은 안내 지침을 제공했다.

- 실행을 확인하고 이행하고 가장 좋은 실행을 평가하기 위해 팀 기반 접근법을 이용하라. 행정가, 교사, 학교심리학자, 다른 지원 직원들 그리고 학부모를 포함시켜라. 예산, 직원, 자원 배분으로 개선 노력을 지

원하라.

- ◆ 연구로 증명된 실행을 사용하라.
- ◆ 행동 교수를 예방적으로 만들어라. 적절한 사회적 행동을 가르치고, 적절한 사회적 행동을 시범 보이며, 학생들이 기대되는 행동을 실행하거나 유창해질 수 있는 기회를 제공하고, 많은 긍정적인 피드백을 제공하라.
- ◆ 지속적인 행동적 지원을 제공하라. 문제의 강도가 높아짐에 따라 중재의 강도도 증가시켜라.
- ◆ 결정을 안내하기 위해 자료 기초 체제를 사용하라. 작용하는 것과 작용하지 않는 것뿐만 아니라 최근에 적절한 것에 관해 박식한 직원을 배치하라. 학교 목표의 일부분으로 행동에 대한 자료를 이용하라.

폭력성과 심각한 행동적 에피소드를 초래한 잘못된 행동 기회는 무질서하고 규율화되지 않은 학교에서 훨씬 크다(Dwyer & Osher, 2000; Dwyer et al., 1998; U.S. Department of Education, 1998). 효과적인 학교는 높은 기대를 형성하고 사회적으로 적절한 행동지원을 제공하는 학교 전반 캠페인을 이행하고 있다. 그들은 긍정적인 행동을 강화하고 공격적인 행동에 대한 처벌을 강조한다. 모든 직원, 학부모, 학생, 공동체 구성원들은 문제행동, 그들이 그것을 방해할 수 있는 것, 그리고 어떻게 그들이 긍정적인 행동을 강화하고 보상할 수 있는지에 대해 안다. 차례로, 전 학교 공동체는 책임감 있게 행동하는 데 헌신한다. 효과적이고 안전한 학교는 분명하고 넓은 범위의 공평한 학교 전반 규칙을 발달시키고 일정하게 집행한다. 규칙과 규율 절차는 협조적으로 전체 교육 공동체의 대표에 의해서 발달된다. 그것들은 모든 무리들과 분명하게 전달되지만 가장 중요한 것은 모든 사람들이 일정하게 그것을 따르는 것이다. 효과적인 학교는 이 책에 기술한 것처럼 정책을 이행한다.

참고 문헌

Algozzine, B., Audette, B., Ellis, E., Marr, M. B., & White, R. (2000). Supporting teachers, principals—and students—through unified discipline. *Teaching Exceptional Children, 33*(2), 42–47.

Brooks, K., Schiraldi, V., & Ziedenberg, J. (2000). *School house hype: Two years later.* Washington, DC: Justice Policy Institute [Online]. Retrieved March 23, 2001, from the World Wide Web: www.cjcj.org/schoolhousehype/shh2.html

Dwyer, K. P., & Osher, D. (2000). *Safeguarding our children: An action guide.* Washington, DC: U.S. Departments of Education and Justice, American Institutes of Research.

Dwyer, K. P., Osher, D., & Hoffman, C. C. (2000). Creating responsive schools: Contextualizing Early Warning, Timely Response. *Exceptional Children, 66*, 347–365.

Dwyer, K., Osher, D., & Warger, C. (1998). *Early warning, timely response: A guide to safe schools.* Washington, DC: U.S. Department of Education.

Gable, R. A. (1996). A critical analysis of functional assessment: Issues for researchers and practitioners. *Behavioral Disorders, 21*(1), 36–40.

Gunter, P. L., & Denny, R. K. (1996). Research issues and need regarding teacher use of classroom management strategies. *Behavioral Disorders, 21*(1), 15–20.

Kamps, D. M., & Tankersley, M. (1996). Prevention of behavioral and conduct disorders: Trends and research issues. *Behavioral Disorders, 21*(1), 41–48.

Kauffman, J. M. (1996). Research to practice issues. *Behavioral Disorders, 21*(1), 55–60.

Kauffman, J. M. (1999). How we prevent the prevention of emotional and behavioral disorders. *Exceptional Children, 65*, 448–468.

Langdon, C. A., & Vesper, N. (2000). The sixth Phi Delta Kappa poll of teachers' attitudes toward the public schools. *Kappan, 81*, 607–611.

Lloyd, J. W., & Heubusch, J. D. (1996). Issues of social validation in research serving individuals with emotional and behavioral disorders. *Behavioral Disorders, 21*(1), 8–14.

Mathur, S. R., & Rutherford, R. B. (1996). Is social skills training effective with students for emotional or behavioral disorders? Research issues and needs. *Behavioral Disorders, 21*(1), 21–28.

Nelson, J. R., Crabtree, M., Marchand-Martella, N., & Martella, R. (1998). Teaching behavior in the whole school. *Teaching Exceptional Children, 30*(4), 4–9.

Rose, L. C., & Gallup, A. M. (1999). The 31st annual Phi Delta Kappa/Gallup poll of the public's attitudes toward the public schools. *Kappan, 81*, 41–58.

Sugai, G. (2000). Instituting school-wide behavioral supports. *CEC Today, 6*(7), 5.

Sugai, G., Sprague, J. A., Horner, R. H., & Walker, H. M. (2000). Preventing school violence: The use of office discipline referrals to assess and monitor school-wide discipline interventions. *Journal of Emotional and Behavioral Disorders, 8*, 94–101.

Taylor-Greene, S., Brown, D., Nelson, L., Longton, J., Gassman, T., Cohen, J., Swartz, J., Horner, R. H., Sugai, G., & Hall, S. (1997). School-wide behavioral support: Starting the year off right. *Journal of Behavioral Support, 7*, 99–112.

U.S. Department of Education. (1998). *Early warning, timely response: A guide for safe schools.* Washington, DC: Author. Available online: www.ed.gov/offices/OSERS/OSEP/earlywrn.html

Wehby, J. H., & Symons, F. J. (1996). Revisiting conceptual issues in the measurement of aggressive behavior. *Behavioral Disorders, 21*(1), 29-35.

Whelan, R. J., & Simpson, R. L. (1996). Preparation of personnel for students with emotional and behavioral disorders: Perspectives on a research foundation for future practice. *Behavioral Disorders, 21*(1), 49-54.

자료

Algozzine, B., Audette, B., Ellis, E., Marr, M. B., & White, R. (2000). *Demography of disruptive behavior and the need for discipline.* Manuscript submitted for publication.

Brophy, J., & Good, T. L. (1986). Teacher behavior and student achievement. In M. C. Wittrock (Ed.), *Handbook of research on teaching* (pp. 328-375). New York: Macmillan.

Colvin, G., Kameenui, E. J., & Sugai, G. (1993). Reconceptualizing behavior management and school-wide discipline in general education. *Education and Treatment of Children, 16,* 361-381.

Gall, M. D., Borg, W. R., & Gall, J. P. (1996). *Educational research* (6th ed.). White Plains, NY: Longman.

Kauffman, J. M. (1997). *Characteristics of emotional and behavioral disorders of children and youth.* Columbus, OH: Merrill.

Kerr, M. M., & Nelson, C. M. (1989). *Strategies for managing behavior problems in the classroom.* Columbus, OH: Merrill.

Marr, M. B., Audette, R., White, R., Ellis, E., & Algozzine, B. (in press). School-wide discipline and classroom ecology. *Special Services in the Schools.*

Stallings, J. (1975). Implementation and child effects of teaching practices in Follow Through classrooms. *Monographs of the Society for Research in Child Development, 40*(7-8, Serial No. 163).

Stallings, J. (1980). Allocated academic learning time revisited, or beyond time on task. *Educational Researcher, 8*(11), 11-16.

Sugai, G., & Horner, R. H. (1999). Discipline and behavior support: Preferred processes and practices. *Effective School Practice, 17*(4), 10-22.

White, R. (1996). Unified discipline. In B. Algozzine (Ed.), *Problem behavior management: An educator's resource service.* Gaithersburg, MD: Aspen Publishers.

White, R., Algozzine, B., Audette, B., Marr, M. B., & Ellis, E. (in press). Unified discipline: a school-wide approach for managing problem behavior. *Intervention in School and Clinic.*

White, R., Marr, M. B., Ellis, E., Audette, B., & Algozzine, B. (In press). Effects of school-wide discipline on office referrals. *Journal of At-Risk Issues.*

찾아보기

《ㄱ》

갈등 해결 … 166

강화 … 19

검사-재검사 신뢰도(test-retest reliability) … 241

결정적인 사건 목록(Critical Events Index, CEI) … 216

공동체 협력 관계 … 161

교사 보고 양식(Teacher's Report Form, TRF) … 218

교사-아동 비율 척도(Teacher-Child Rating Scale, T-CRS) … 159

교사-아동 평가 척도(T-CRS) … 233

교수 생태학 … 104

교수전략 … 72

교실 중재 … 5

규율 소견서 … 104

긍정적 행동지원 모델 … 37

기능적 분석 … 33

기능적 평가 … 33

기본 중재 … 196

기준 변동 설계(changing criterion design) … 236, 237

≪ㄴ≫

내면적 … 14

≪ㄷ≫

다변량해석(multivariate analysis) … 240
다중요소 중재법 … 85
단일화된 규율(UD) … 98, 107
대인관계 기술 … 70
또래 중재 … 164

≪ㅁ≫

멘토링 … 16

≪ㅂ≫

바른 행동 놀이 … 24
반응대가 … 32
반응하는 교실 … 74
분산분석법(analysis of variance) … 240
비밀봉투 기법 … 23

≪ㅅ≫

사실에 의한 경영 … 54
사회성 기술 … 65
샘플링 절차 … 200
성취-행동-보호 프로젝트〔Achieving Behaving Caring(ABC) Project〕 … 120
수용 … 18
수준등급 … 200
시간표본 절차(time sampling procedure) … 106
실행계획 … 136
실행 단계 … 149

≪ㅇ≫

아동부모위원회(Parents' Committee of the Child) … 123
아동 행동 체크리스트(Child Behavior Checklist, CBCL) … 218
연합 빈도 목록(Combined Frequency Index, CFI) … 216
예방 프로그램 … 4, 211
외현적 … 14
의사소통 기술 … 70

《ㅈ》

자기관리 … 4, 77
자기조절 … 77
자료 분석 … 135
자료 수집 … 134
저추론 관찰 시스템(low-inference observation system) … 106
정서적/사회성 기술 … 72
조사·연결 모델(Check & Connect model) … 188
종합적인 예방 전략 시스템 … 2
좋은 학교 … 46
중다 기초선 설계 … 236
중재 범위 … 37
중재 충실도 … 37
지도력 … 53
집단강화 … 22
집단 중재 … 5, 196

《ㅊ》

차별적 주의 … 20
처벌 … 21
체계적 사고 … 54
체제 단계 … 149
체크리스트 … 70
총체적 질 경영 … 6
총체적 질 교육 … 44
친사회 행동기술 … 72, 76

《ㅌ》

타임아웃 … 32
토큰법 … 35

《ㅍ》

평가자 간 신뢰도(inter-rater reliability) … 241
포괄적인 중재 … 37
프로그램 단계 … 149

《ㅎ》

학교 개선 … 110
학교 왕따 … 73
학교 중재 … 5
학급 개선 … 110
학부모-교사 실행 연구(Parent-Teacher Action Research, PTAR) … 120
학부모 연락관 … 125
학생 개선 … 111
행동·정서 평가 척도(Behavioral and Emotional Rating Scale, BERS) … 227

행동계기(momentum) … 20
행동장애를 위한 체계적 선별(Systematic Screening for Behavior Disorders, SSBD) … 122
행동장애의 체계적 선별(Systematic Screening for Behavior Disorders, SSBD) … 216
행동지원 시스템 … 2
행동지원책 … 3
협력적 문화 … 154
협력적인 행동 관리 … 25
화제통 … 62
회피 … 34

≪기타≫

Stallings Observation System (SOS) … 104
T검사(t-test) … 240

역자 소개

조정연

대구대학교 특수교육학과 학사/석사
대구대학교 정서행동장애아교육 전공 문학박사
현, 대구사이버대학교 행동치료학과 교수
국제행동분석학회 아동 · 청소년 행동치료 한국지부장
초록꽃행동치료연구소 소장

저·역서 및 논문

특수아동상담(2008, 박학사)
특수아동이해(2009, 학시사)
행동치료사 직업윤리(2010, 박학사)
국내·외 실행기능의 향상을 위한 프로그램(중재) 동향분석(정서행동장애연구, 2010)
부적응행동으로 의뢰된 초등학생의 지능수준에 따른 BGT 반응특성 비교 연구(특수아동연구, 2009)
악기놀이활동이 자폐성 장애아동의 학습참여와 상동행동에 미치는 효과(발달장애연구, 2009)

문제행동예방
성공적 예방전략 핸드북

발 행 일	2011년 4월 20일 초판 1쇄 발행
편 저 자	Bob Algozzine · Pam Kay
역 자	조정연
발 행 인	구본하
발 행 처	도서출판 박학사
주 소	서울시 마포구 서교동 460-26 동아빌딩 2층
전 화	(02)3142-3764~5
팩 스	(02)3142-3766
웹사이트	www.pakhaksa.co.kr
등록번호	제10-2230호

가격 15,000원 ISBN 978-89-91633-86-5